自治体職員の
「自治体政策研究」史

松下圭一と多摩の研究会

小

JN119446

公人の友社

目　次

はじめに

　1986年5月23日、2年がかりで準備を進めた「自治体学会」が誕生した。
　近代日本の夜明けを象徴する横浜開港記念館で「発起人会議」と「設立総会」
を開いた。
　発起人会議には135人、設立総会には620人が出席した。
　出席者の顔ぶれは、自治体職員、市民、学者、シンクタンク職員、コンサ
ルタント、ジャーナリスト、団体役員、自治体首長など、およそ学会の設立
総会とは思えないほどに多彩な顔ぶれであった。いずれの顔も2年がかりで
進めてきた自治体学会の設立を喜び合う和やかさに満ちていた(森2006:54)[1]。

　日本で初めて、市民、自治体職員、研究者を会員とする学会設立場面の描
写である。「まるで維新を動かした幕末の志士たちのような異様な熱気を今で
も鮮明に覚えている。『世の中が変わる』と感じた瞬間だった」とその場にい
た者は記している (鏡2014：27)[2]。いまでこそ、自治体職員の学会加入は珍
しいことではないが、当時、自治体における政策研究はまだ途についたばか
りである。専門家ではない自治体職員を一般会員とする学会の設立は、前例
のないことであった。さらにいえば、学会の設立に自治体職員が関わったこ
とが画期的である。自治体における政策研究の歴史を遡るとき、1986年の
自治体学会設立は、自治体における政策研究が社会的に認められた、記念碑

1　森啓（2006)「自治体学の20年・自治体学会設立の経緯」公人の友社
2　鏡論 (2014)「職員の政策研究〜市職員として、介護保険原点の会のメンバーとして」
　『地方自治職員研修2月号』公職研

的出来事だったのである。では、どうして自治体職員が学会設立に参画することになったのか。背景には、1970年代後半に発生して1980年代に全国的に展開した、自治体職員による自主研究活動があった。任意団体として職務時間外に自主的な活動を行う自主研究活動は、その後、自主研究グループの全国的な連携に発展をしていく。この経緯を追うと、1986年に設立された自治体学会は、1980年代に展開した自主研究活動ブームの流れが収斂された先の一つとしてみることができる。

　戦後の自治体政策研究のトピックは、革新自治体にはじまり、自治体シンクタンクの設立、自治体職員の自主研究ブーム、1980年代に自治体政策研究をテーマにする学会が複数団体設立された後に、大学における政策系学部の設置、政策研究科大学院の設置と続き、第一次地方分権改革につながっていく。その過程には、元自治体職員による実務家教員の誕生もあった。自治体職員の自主研究グループ活動が自治体学会設立に関与した一連の流れは、自治体政策研究史の大きなうねりの中において、中心的な出来事だったのである。

　自治体政策研究は、政治家が革新市政を、自治体がシンクタンクを、自治体職員が自主研究グループ活動を、といった様に、各々に活動が行われていた。そのなかで、1970年代の革新自治体の時代から2000年の第一次地方分権改革と同じ時代にかけて活動し、自治体学会設立に関与した自主研究グループの一つに「多摩の研究会」がある。武蔵野学派や松下研究会とも呼ばれているこの研究会は、東京多摩地域を中心とした自治体職員が、松下圭一の指導により市民目線の自治体政策研究を実践してきた自主研究会である。なお、多摩の研究会は、複数の研究会を指した本書における総称であり［第3章3参照］、正式な名称ではない。研究会は、自治体職員による初の政策研究書の執筆、通達行政の研究、政策法務概念の創出、自治体学会の設立支援と運営への関与、介護保険制度制定の支援、第一次地方分権改革への情報提供など、自治体における政策研究の歴史のなかで、その展開に影響を与えてきた。本書では、その客体がどのような活動体であり、どのような研究が行われ、自

治体政策研究の展開にどのように関わってきたのか、その全体像を明らかにすることによって、その背景を読み解くための資料である。

　一方、多摩の研究会は秘密結社のような秘匿性をもって活動をしてきた経緯がある。なお、本書における秘匿性とは、メンバーを積極的に公表しないこと、研究会における発表内容を本人の同意なく公表をしないことを指したものであり、以下、秘匿性と表現する。もとより、自主研究活動は自治体の職務として行われるものではないことから、制度による届け出の必要がないため、公式な記録は存在していないが、これらの理由もあり、研究会の全体像に言及をした先行研究は管見の限り見当たらず、活動の詳細はこれまでに明らかにされてこなかった。

　また、自主研究活動は勤務時間外に有志が集い活動するその性格から、長期に渡り継続して行う活動は一般に困難であり、数年で解散または活動停止に陥る団体もある。そのせいか、歴史の長い団体は活動の記録をホームページに残し、記念誌を作成する団体もある。その一方で、多摩の研究会は意図を持って活動の記録を残してこなかった。同時代をともに活動した関係者には認知されている存在であるものの、その実態や系譜は当事者のみが知るところなのである。

　松下は1991年の『政策型思考と政治』のあとがきにおいて、「私は、10年前、ほぼ50歳でマス・メディアないしジャーナリズムでの発言をやめた（松下1991：362）[3]」と述べている。いわゆる総合雑誌等での評論をやめたとする期間は、松下が市民参加の実践を経た後に、自治体職員の自主研究グループ活動を支援していた期間と重なり、自治体学会の設立と運営に関与をしていた期間でもあった。松下が論壇での発言をやめた期間は、自治体政策研究に深く関与をしていた期間だったのである。それは、秘匿性を持つ活動形態であったが故に、松下の活動の足跡が少ない期間でもある。当時、自治体政策研究を共に行った者にとってはその存在を身近に感じたかもしれないが、松

3　松下圭一（1991）『政策型思考と政治』財団法人東京大学出版会

下の論評を中心に追っていた者にとっては、活動が見え難い期間でもあった。ところが、2000 年を過ぎると、森啓（2000）[4]、天野巡一（2004）[5]、鳴海正泰（2007）[6]など、複数の関係者がこの期間に行われた研究会の活動について、その活動内容の一端を記すようになる。

　そこで本書は、これまで明らかにされてこなかった多摩の研究会の活動史について、散逸する資料の整理と当事者へのインタビューにより調査を行った。そこから明らかになった多摩の研究会の輪郭は、地方自治に特化した研究テーマを設定し、研究者とともに理論的な議論を行うことで、住民自治のための政策手段として制度設計や政策実施のために議論を行い、自治体政策研究を行う活動体であった。そして、市民目線をもって政策的手法を用いた課題解決を行うのは、居住者としての市民であり、労働者としての公務員である自治体職員と研究者であった。このことは、自治体学会の研究手法及び構成員と同様であり、多摩の研究会は自治体職員による政策研究活動のパイオニアであるとともに、自治体学会のプロトタイプだったのである。

　さらに、多摩の研究会の活動における秘匿性は秘密主義ではなく、参加する自治体職員が職場において不要な軋轢を受けたり、レッテルを貼られたりしないようにメンバーの立場を松下が思いやったものであり、偏見を持ってその職員を評価することをよしとしない、松下の自治体政策研究における運営方針であったことも明らかになった。

　自治体職員による自主研究活動の展開は、これまで国が策定した政策の実施機関と考えられていた自治体こそが政策開発の現場であるという、概念の転換をもたらす活動でもあり、自治体や自治体職員による政策研究活動を促進させてきた原動力の一つである。そして、それを切り開いたのが、武蔵野方式の市民参加により自治体の政策の実務に出会い、自治体職員の自主研究

4　森啓（2000）『職員の政策水準　如何にして上昇した』公人の友社
5　天野巡一（2004）『自治のかたち、法務のすがた～政策法務の構造と考え方～』公人の友社
6　鳴海正泰（2007）「自治体学会設立で開いた扉」『都市問題2007 年11 月号』後藤・安田記念東京都市研究所

活動を支援した松下であった。

　本書において、多摩の研究会の概要を明らかにすることは、同時代を共に活動した自治体職員や研究者に向けて、当時、見えなかったものを明かすことに目的を置いたものではない。松下の自主研究グループ活動の支援や、そこから展開した学会設立につながる活動を振り返りながら、その活動が何であったのかを示すこと自体が、この研究論文の意義だと考える。

　自治体学会が設立された1986年の頃に若手であった自治体職員が定年退職を迎えている。その一方で、2010年頃から、自治体職員による自主研究グループ活動は再び全国的に活性化し、四半世紀を経て第2次自主研究ブームとも呼ばれる様相を見せている。この第2次世代は、FacebookなどのSNSを活用して交流型の学習会を開催する特徴があり、1980年代のそれとは活動の方向性が異なっている。そもそも、自主研究活動の研究テーマや活動方法は自由であるが、それを前提に傾向を捉えるならば、第1次自主研究ブームは主に自治体業務の課題についての研究や改善を目的に活動を行っていたのに対し、第2次自主研究ブームでは自治体職員間の交流やネットワーク活動に重点を置いている違いがある。さらに、2020年以降における新型コロナウイルス感染症の感染蔓延期には、Zoomに代表されるWeb会議ツールによるオンラインイベントに活動の場をシフトすることで、物理的な距離を超えた交流を行っている。

　ところが、双方の研究会に参加する機会のある筆者が気づいたことがある。それは、1970年代から活動を行っている第1次自主研究ブーム世代と、第2次自主研究ブーム世代の間には交流が見られないばかりか、相互に関心の対象になっていないことである。両者の中心メンバーの世代が異なることも一因だが、お互いに関心の対象とならないのは、活動目的が異なるからにほかならない。どの時代においても、公務や家庭と並行して自主研究活動を継続することは時間と労力の負担が大きいものであり、活動への情熱を持った自治体職員の活動である点が共通している。そこで課題に感じるのは、自治体職員の自主研究グループ活動という同じカテゴリーにおいて、自治体政策研

究におけるロールモデルと呼べる世代が退職していく中で、自主研究世代間の断絶がおきていることである。

　自治体における自主研究グループ活動の存在は、職員のサークル活動と同様の位置づけである。自治体が策定する人材育成計画等において、職員の自己啓発を促進する方策としての自主研究活動支援を掲げる一方で、自主研究が自治体政策研究分野の開拓に参画する可能性を秘めた活動であることを認識している組織は少ないと思われる。自治体の業務は、社会状況に応じて変化していくものであり、今後も、予測できなかった事態に対して経験や知見を動員して対処することに、世代の違いはない。これまで明らかにされてこなかった多摩の研究会の活動をとおして自治体政策研究の黎明期を知ることは、歴史を振り返り未来につなぐものであり、これからの自治体職員が学ぶべきことやヒントがあるものと考える。

　本研究では、多摩の研究会は独自の秘匿性を持って活動を行っていたことから、存在する文献資料が限られるため、調査の多くを当事者へのインタビューに頼っている。インタビューに際しては、質問項目を事前にインタビューイーに送付し、先行研究に断片的に記された記録との整合性の確認や、その背景の聞き取りを中心に行った。その過程では、貴重な文献資料の提供や教示を受けるとともに、これまでの先行研究に書かれていない事実や、アクターの活動を聴き取ることができた。これらは1次資料としての意味を有すると考え、検証可能な研究とするために、インタビューイーの了承を得た上でインタビュー記録を巻末に資料として掲載していることを申し添える。

第1章　自治体職員研修と自主研究活動

1　研究の背景及び目的

　1980年代、行政誌の座談会に現役自治体職員が登場し、自治体職員が論文を寄稿するようになる。それまでは、行政学者や専門家の名前が並んでいた業界誌に、一般の自治体職員が登場する変化が起きた。彼らは、自治体職員の中でも自主研究活動を行っている点に特徴があり、その背景には、1980年代に全国的に活性化した自治体職員による自主研究グループ活動があった。1984年に刊行された『自主研究実践ハンドブック－地方自治体活性化のために[7]』によれば、1970年代後半に自治体職員による自主研究グループ活動が産声を上げ、1980年代には全国的に展開をしている。

　また、同書により1982年から83年に実施された自主研究グループ調査では、全国656のグループが報告されている。この調査は公務として行われたものではなく、任意の自主研究活動の一環として行われたものであるが、全国21名の職員研修担当者である自治体職員が設立した研究会によるものであり、職務としても自主研究グループに近い立場で実施されたものである。それでも、活動を公表していない団体や、少人数の団体、調査期間の前後に活動を停止または開始した団体など、同会の調査に計上されなかった自主研

7　地方自治体活性化研究会（1984）『自主研究実践ハンドブック－地方自治体活性化のために』総合労働研究所

究グループは一定数存在していたと思われる。この調査を実施した自治体活
性化研究会は、「自主研究活動を総体的に振り返ってみると、1983年の調査
では全国で1,000を超す自主研究グループが確認されている（本年、当研究
会で再度の調査を実施する予定）[8]」と述べており（自治体活性化研究会1989：
52）[9]、調査の過程において、それ以上の団体数が存在する感触を掴んでいた
記録が残されている。

　また、森は『自主研究実践ハンドブック』において紹介された自主研究グルー
プ数について、次のように述べている。

　　　1980年代の初頭に自治体に政策研究の波が起きた。当初は自主研究グ
　　ループの小波（さざ波）であった。それが次第にうねりとなり潮流となっ
　　て全国に広がった。その頃、職員の自主研究活動はブームにも似た状況
　　となり、研究グループの数は全国で2000とも3000とも言われた。研
　　究報告書が出版され話題を呼び、自治体向けの雑誌がこれを特集した。
　　波がうねりとなったのは自主研究活動の相互交流が広がったからである。
　　（森2003：10）[10]

　自主研究グループは届出義務のない任意の活動団体であることから、その
数はどの時代においても正確に把握されていない。地方自治体活性化研究会
の調査は職務として行われた悉皆調査ではなく、自主研究活動としての調査
であり、そもそも、全数調査がかなわない中での調査結果である。実際には、
より多くの自主研究グループが存在したと思われるが、実数を示した貴重な
調査である。その調査で特に注目できるのが、北海道から沖縄県まで一様に
自主研究グループが存在していたことであり、自治体組織にその存在が認知

8　再調査の実施を確認することはできなかった。
9　自治体活性化研究会（1989）「自主研究活動は職員・自治体をどう活性しうるか」『月
　　刊自治研8月号31巻8号No.359』自治研中央推進委員会事務局
10　森啓（2003）『自治体の政策形成力』時事通信社

されていたことである。

　また、神奈川県庁においても、県庁職員の自主研究グループ調査を行っている。当時の長洲知事が積極的に自主研究活動を奨励しており、職務として調査を行っていた。（下線は引用者）

> 　神奈川県の長洲知事は、昭和50（1975）年初当選直後から職員の能力開発・人材育成に重大な関心を示し、まず政策形成に寄与するための各種のプロジェクト・チーム制度を創設し、昭和52（1977）年には公務研修所に研究部を設置、あわせて職員の公募参加を主体とした研究チームを発足させるとともに、職員の自主的な学習、研究意欲を奨励するなど、さまざまな試みに着手したのである。とくに、「自主研究」活動については、就任直後の50（1975）年5月に、庁内放送を通じて「自発的な研究グループが続々と登場して上司あるいは直接知事に提言してくれることを期待しています。」と呼びかけたのである。この知事の呼びかけにこたえ、とくに若い職員の間から数多くの「自主研究」グループが誕生し、現在では実に70グループ、のべ1,000人を越える職員がさまざまなテーマで研究活動を行っている。（川口1981：266）[11]

　これは、革新自治体であった神奈川県ならではの事例であるが、一つの県庁組織に70の自主研究グループが存在していた記録である。

　さらに、神奈川県は自主研究グループの全国実態調査を行っている。森田徳は「全国の自治体に政策研究の機運が高まってきていると言われるが、その実態はどうなのであろうか」とした上で、神奈川県自治総合研究センターが（社）地方行財政調査会に依頼して、1984年7月1日現在の全国調査を行った実態について、次のように述べている。

11　川口和夫（1981）「自治体職員の「自主研究」活動の現状と課題」『ジュリスト増刊　総合特集No.22 地方の新時代と公務員』有斐閣

　この調査で、自主研究の状況も調査したが、照会先は自治体である。ところが自主研究は、職員の自主活動なのであって、自治体がこれを把握し切ることは難しいものであり、その活動状況はこの調査に現れたものより広いと想像される。自主研究が行われている、とする自治体は38%（66/175）、約4割の自治体に達しているが、実数はもっと多いと考えてよいのではないか。自治体が自主研究の実態を把握するのは、自主研究に対する支援制度を設けて、これを通じてであるのが一般的である。ちなみに、この調査で自主研究ありとする自治体のうち91%（60/66）が支援制度（助成金、部屋の使用、勤務時間内活動、報告書の印刷、発表の機会の設定等）を設けている。これらの支援を受けない職員の自主研究はたくさんあって、例えば支援制度には被支援グループになる条件があり、この最低構成員数に達しないグループや個人で行う政策研究は対象外にされている。また、自発的な研究であるため、研究に着手するのにも中止するのにも何の制約もないのであり、もともと研究しているかどうかを所属に知らせる必要もないものである。従って、自主研究の実態を正確に自治体が把握しきることは困難だと考えられる。（地方自治通信1985：53）[12]

　前述の神奈川県自治総合研究センターが（社）地方行財政調査会に依頼した調査について、大島（1986）は『自治体の先端行政　現場からの政策開発（1986）[13]』に「自主・政策研究と職員研究」として執筆をしている。**表1**は、調査における全国の自主研究活動の実態調査結果である。

12　地方自治通信（1986）「地方自治通信1985年2月183号」地方自治センター
13　松下圭一編（1986）『自治体の先端行政　現場からの政策開発』学陽書房

表1　自主研究の実態調査（1984年7月1日現在）

	自治体名	グループ数	平均構成員数	平均年齢	支援の有無	助成金支出の有無
（都道府県）						
1	北海道	42				
2	青森県	11	6人	34歳	○	○
3	山形県	30	19人	32歳	○	○
4	茨城県	11	6人	40歳	○	
5	栃木県	4	7人	32歳	○	○
6	群馬県	26	8人		○	
7	埼玉県	25	12人	28歳	○	○
8	東京都				○	
9	神奈川県	78	10人	35歳	○	○
10	山梨県	7	9人	35歳	○	○
11	石川県				○	○
12	福井県	10	9人		○	○
13	岐阜県	10	6人	32歳	○	○
14	静岡県	139	9人	30歳	○	○
15	滋賀県	86	5人	32歳	○	
16	大阪府	3	14人	29歳	○	
17	兵庫県	30	9人	33歳	○	○
18	和歌山県					
19	岡山県	12	7人	34歳	○	
20	広島県	13	10人	38歳	○	○
21	山口県	40	10人	29歳	○	○
22	徳島県	17	12人		○	○
23	愛媛県	19	14人	31歳	○	
24	福岡県	12	13人		○	○
25	長崎県	8	7人	30歳	○	○
26	熊本県					
27	大分県	15	8人	32歳	○	○
（特別区）						
28	墨田区	2	12人	35歳	○	○
29	大田区	3	16人	28歳	○	○
30	荒川区	3	9人	39歳	○	○
31	練馬区	4	16人		○	○

32	江戸川区	6	16人	31歳	○	○
（市）						
33	横浜市	11	12人	30歳	○	○
34	川崎市	1	8人	31歳		
35	広島市	74	12人	32歳	○	○
36	福岡市					
37	相模原市	9	9人	32歳	○	○
38	金沢市	10	15人	33歳	○	○
39	岐阜市	3	22人	35歳	○	○
40	静岡市	14	10人		○	○
41	尼崎市	19	10人		○	○
42	姫路市	5	10人	28歳		
43	岡山市	3	6～3人	30歳	○	
44	旭川市	13	10人	33歳	○	○
45	長野市	2	5人	34歳	○	○
46	豊橋市	1	6人	27歳		
47	那覇市	1	15人	30歳	○	
48	釧路市	5	18人	34歳		
49	青森市	1	14人	30歳	○	
50	郡山市	5	10人	40歳		
51	前橋市	5	12人	33歳	○	○
52	下関市	1	9人	27歳		
53	徳島市	1	15人	32歳	○	
54	久留米市	6	12人	33歳	○	○
55	帯広市	3	9人	30歳	○	
56	苫小牧市					
57	足利市	4	75人	34歳	○	○
58	津市	2	14人	35歳	○	○
59	米子市	1	10人	33歳	○	
60	出雲市	5	8人	28歳	○	○
61	赤穂市	4	15人	35歳	○	○
62	武蔵野市	1	6人	29歳	○	○
63	岸和田市	1	20人	34歳	○	○
64	柏市	8	7人	30歳	○	○
65	西宮市	7	9人	36歳	○	○

66	深谷市	1	22 人	34 歳		
67	小松市	3	10 人	30 歳	○	○
合　計		896				
平均人数			約 11 人			
平均年齢				約 32 歳		
支援制度 設置率					82.1%	
助成金 支出率						68.7%

※明確に把握されてないものは空欄とした

出典：大島（1986：271-272）を基に筆者作成

　この調査からは、静岡県 139、滋賀県 86、神奈川県 78、広島市 74 のように、自主研究グループ数は自治体により偏差があること、その構成人数の平均は約 11 人であり、年齢の平均は約 32 歳であることなど、当時の自主研究グループ活動の様子の一端をうかがい知ることができる。この調査対象となった自治体は、都道府県、特別区、政令市を含めた一部の自治体であり、組織の規模や地域性についての偏差があることから、全ての自治体の傾向として捉えることはできない。しかし、その後に同様の調査が実施されていないことからも、地方自治体活性化研究会が実施した調査と合わせて貴重な資料である。

　では、なぜ、1980 年代に自治体職員による自主研究グループ活動が展開したのか。その背景には、自治体職員の高学歴化があった。オイルショックによる社会経済の低迷により、民間企業への就職が狭まった大卒者の就職先として自治体が注目され、自治体職員の高学歴化が進んだのである。当時の自治体は、一部の革新首長により環境問題や福祉問題など、国の画一的な政策では対応できない都市部の政策課題に取り組んでいた。そこに新しい光を感じた大学生が、自治体を就職先に選んだのである。その結果、国家公務員よりも自治体職員の大卒者比率が高くなり、自治体内には革新的な政策に関心を持つ若手職員が増加した。そして、実務の現場では、先進的な取り組みを提案する若手職員に対して、前例踏襲的で保守的な上司や先輩職員との意見の相違が発生していく。このような状況のなかで、自分たちの意思で自由

に意見を言える場として自主研究グループ活動が注目され、自主研究活動が
一斉に広がった。職場における一種のフラストレーション解消の場としての
側面を持ちながら、自主研究グループ活動は時代の潮流になり、後に現場発
の自治体政策研究を発展させる原動力の一つになったのである。自主研究活
動の展開はその後、全国自主研究交流シンポジウム、全国自治体政策研究交
流会議と展開し、全国自治体学フォーラムで全国的な組織化への機運を高め
た後に、自治体学会の設立へと展開をしていった。1980 年代には、自治体
政策を研究テーマとする学会が複数設立 [14] されていることからもわかるよう
に、自治体政策研究は時代の要請を受けて拓かれた研究分野として、学会の
設立というかたちで社会的な認知を受けたのである。その流れのなかで、自
治体現場において政策研究に関心を持った職員の道標が自主研究グループ活
動であるとともに、自治体職員と研究者が近接する場が自主研究グループ活
動であった。その後、自治体政策研究は、大学教育における政策系の学部や
学科の設立に広がり、大学院の政策系研究科の設立や自治体職員が働きなが
ら通学できる社会人大学院が開設されるなど、展開をしていった。そこから
は、学位を取得した自治体職員が研究者として大学で登壇するケースもうま
れ、実務家教員が誕生するキャリアパスの一つにもなったのである。

　自主研究活動について、第 1 次自主研究ブームから自治体政策研究の流れ
を辿る意味は、自治体が政策を実践する場とは考えられていなかった時代に、
自治体政策研究が自主研究活動というかたちで自然発生し、その流れが自治
体政策研究の発展に寄与していたことを明らかにするとともに、自主研究グ
ループ活動の功績を再確認することにある。当時、自主研究活動が自然発生
した背景には、地域社会や自治体組織が抱えた課題の解釈を求められていた
ことがあった。このような意味からも、1980 年代に自主研究グループが全
国的に活性化した背景と展開のプロセス、自治体政策研究が発展した関係を
知ることは、第一次地方分権改革以降の自治体における政策研究のあり方と

14　地方自治経営学会(1984 年設立、2014 年 3 月解散)、日本地方自治研究学会(1984
　年設立)、自治体学会(1986 年設立)、日本地方自治学会(1986 年設立)

可能性を再考する機会になると考える。

　そこで本書では、1970年代に始まる自治体職員の自主研究グループ活動について、自治体政策研究を実践してきた多摩の研究会とその系譜の実態を明らかにした。多摩の研究会とは、1970年代の自主研究グループ活動創生期に発足した、松下圭一の指導により市民目線の政策研究を実践する、東京多摩地域を中心とした自治体職員の自主研究会である。研究会は、自治体職員による初の政策研究書である『職員参加』[15] の執筆や、自治体学会の設立と運営への関与、第一次地方分権改革への情報提供など、自治体政策研究史の展開に関わってきた。しかし、秘匿性をもって活動をしてきた期間が長いことから、その活動の輪郭はこれまで明らかにされていない。さらに、多摩の研究会を調査することは、同時に松下圭一と自治体政策研究の関係についての調査でもある。松下は、1959年の「日本の政治的底流」、1960年の『大都市における地域政治の構造』調査で地域政治の仕組みに関心を持ち、1971年に武蔵野市政に市民委員としてかかわることで市民参加を実践している。その後、1970年代後半から多摩の研究会における職員参加の支援や、1986年の自治体学会設立につながる一連の流れは、松下の関心が地方政治から地方自治に移った時期であり、自治体政策研究を実践していた期間でもあった。

　自治体政策研究の発展においては、様々なアクターが活動を展開していた。地方の時代は政治家や研究者が、革新自治体は首長が、自治体シンクタンクは自治体が、そして、自主研究会は自治体職員がといった様にである。多様なアクターが自治体政策研究活動を行っていた黎明期の自主研究活動と自治体政策研究の関係、その形成過程を改めて確認することの意義は、当時を知る者への思い出話ではなく、自治体政策研究史の一部を明らかにすることであり、今後の自治体政策研究と自治体職員の人材育成を考える際の知見がそこにあると考える。

　第1章では、自治体組織における職務上の研修と自主研究活動の違い、自

15　松下圭一編（1980）『職員参加』学陽書房

主研究活動の先行研究における扱いについての整理を行う。

2 用語の定義

(1) 自治体職員研修

　1947年の地方自治法施行以降、時代の要請に応えるために自治体では職員研修や職員人材育成方針の策定が行われてきた。そして、自治体職員の研修については、1951年に施行された地方公務員法第3章の「職員に適用される基準」の第7節に定められている。

　（研修）
　第39条　職員には、その勤務能率の発揮及び増進のために、研修を受ける機会が与えられなければならない。
　2　前項の研修は、任命権者が行うものとする。
　3　地方公共団体は、研修の目標、研修に関する計画の指針となるべき事項その他研修に関する基本的な方針を定めるものとする。
　4　人事委員会は、研修に関する計画の立案その他研修の方法について任命権者に勧告することができる。

　この地方自治体職員の研修の趣旨について、橋本勇は「職員の能力開発の方法は、自律的なものと他律的なものとに分けることができる」とした上で、能力開発と研修について、次のように述べている。

　　職員の能力開発が行われることは、能率の向上をもたらし、地方公共団体の利益となるものであるから、地方公共団体の当局としても、直接、

間接に研修を奨励し実施することが必要とされているのである。(橋本 2002：805)[16]

では、1951年に地方公務員法が施行されて以降、これまでにどのような研修が行われてきたのだろうか。稲継裕昭は「研修という言葉からは、職場外研修(Off-JT)、とりわけ職員研修所での合同研修がイメージされる場合が多く、任命権者もそれを重視してきた」とし、「地方公務員法が制定されて以降、徐々に充実した内容になっていった」と述べ、研修所研修の変遷を**表2**のように分類している(稲継 2008：82-84)[17]。

表2　地方公共団体における研修所研修の歴史

時代区分	主な変化	研修内容	具体的な方法
昭和20～30年代 研修定着の時期	各自治体が研修所研修に取り組み始めた時期	①新規採用研修 ②新任監督者研究研修	①講義を中心に編成 ②人事院が体系化したJST(人事院的監督者研修方式)が中心
昭和40～50年代 階層別研修体系化の時期	高度経済成長やその歪への対応に応えるための、環境変化に対応する研修の開始	従来の研修に加えて、階層別研修の体系化と専門研修等の充実	従来の講義中心から参加型研修への模索
昭和60年代以降 人材育成研修の時期	安定成長下、低成長下で、公務研修のニーズに変化	行財政改革に対応する研修の実施	政策法務研修、課題開発型研修の模索

出典：稲継(2008)を基に筆者作成

時代の変化に伴う地方自治体における研修の歴史について、稲継(2008)は昭和20年から30年代を研修の定着期、昭和40年から50年代を階層別研修体系化の移行期、昭和60年代以降を人材育成型研修転換期、平成に入ってからは、政策法務研究や課題解決型研修の模索期として、研修内容の変遷

16　橋本勇(2016)『新版　逐条地方公務員法〈第4次改訂版〉』学陽書房
17　稲継裕昭(2008)「プロ公務員を育てる人事戦略－職員採用・人事異動・職員研修・人事評価」ぎょうせい

を述べている。

　かつて、地方自治の仕事は国が決め、県が調整して市区町村へ指示を出し、市区町村は決められたとおりに執行するものといわれていた。しかし、1947年に地方自治制度の基本法となる地方自治法が制定され、2000年の地方分権の推進を図るための関係法律の整備等に関する法律（地方分権一括法）が施行されるまでの間、日本の経済や社会環境は変化を続け、地域の社会資本整備に対する要請や環境問題への対応など、自治体が取り組む課題は増加していった。その間に、自治体側では地方の時代が提唱され、革新自治体が台頭し、先進自治体では独自の政策が実践されてきた。その後、地方分権一括法による改正が行われ、この時を境に、自治体は国の機関委任事務実施機関から地方自治のための政策立案から実践までを担う機関に、求められるその役割が大きく変化をした。社会環境の変化に伴い自治体及び職員に必要とされる能力も変化を求められ、それらに対応できるよう、自治体職員を育成するための研修内容も時代に合わせて変化をしてきたのである。

　では、自治体職員に求められる能力の変化に対応するために、職員研修はどのような変化を重ねたのであろうか。職員研修を実施する研修所の変遷について、石川義憲が「地方公務員のための研修機関等の沿革（石川2007：3-4）[18]」において、整理したものが表3である。

　石川によると、戦後、地方公共団体の職員の質的向上が求められることとなったため、都道府県を中心に独自に研修機関を設置する動きが拡大した。1950年代になると、より高度な研修機関の設置が期待され、自治省（当時）により自治大学校が設置される。その後、日本経済の発展とともに地方公共団体は多様な行政を幅広く担当することとなった結果、自治大学校への入校希望数に対して受け入れに応えることができない状況になっていく。それを補完するため、1987年に(財)全国市町村振興協会が市町村職員中央研修所（市町村アカデミー）を千葉市に設置し、同様に、地域の国際化を担う人材育成

18　石川義憲（2007)「日本の地方公務員の人材育成」政策研究大学院大学比較地方自治研究センター

表3 地方公務員のための研修機関等の沿革

時代区分	沿革	背景
戦後	地方公共団体、特に都道府県を中心に、独自に研修機関を設置する動きが拡大。	地方行政の運営を直接担う地方公共団体職員の質的向上が求められた。
1950年代	1953年に自治大学校設置法制定、同年に自治省（現、総務省）の付属機関として自治大学校を設置。1958年に自治研修協議会を設置。	講師や施設の確保の観点から、高度な研修機関の設置が期待された。
1980年代	1987年に（財）全国市町村振興協会が、市町村職員中央研修所（市町村アカデミー）を設置。	日本経済の発展とともに地方公共団体は多様な行政を幅広く担当することとなり、地方公務員数は増加、市町村の人材育成が急務となる。
1990年代から2000年代前半	1993年に（財）全国市町村振興協会が、全国市町村国際文化研修所（国際文化アカデミー）を設置。公共政策等を専門とする大学院が相次いで設置される。	日本の経済社会の国際化にともない、地方公共団体においても、地域の国際化を担う人材育成が急務となった。実務経験者を対象とした大学院講義が実施された。

出典：石川2007を基に筆者作成

が急務となったことから、同協会が全国市町村国際文化研修所（国際文化アカデミー）を滋賀県大津市に設置している。そのほか、1990年代から2000年代前半にかけては相次いで公共政策等を専門とする大学や大学院が設置され、そこで実務経験者を対象とした研修が行われるなど、職員の研修先は拡大していった（石川2007：3-4）。

一方、地方自治の歴史に大きな展開を与え、第二の公務員制度改革といわれる2000年の地方分権一括法の施行にあたり、国はその具体的な方策である地方分権や行政改革を実践する自治体職員の人材育成について、地方分権一括推進法の議論と並行して研究を進めてきた。

自治体が国の政策の執行機関であった時代には、自治体職員に求められる能力の性質に特徴があった。機関委任事務制度や通知・通達行政の時代における優秀な職員とは、上司等からの照会に対し、法令や通達の存在を示した上でその解釈を明確に伝えることができる職員であった。また、前例のない案件が発生した場合には、国や県などの上級機関に照会をした上でその指示

に忠実に従うため、回答を待ってから対応することが求められていたのである。つまり、上級官庁の指示通りか前例を確実に踏襲することが優秀な職員とされていた。そこには自治体としての政策の視点はなかったのである。

　しかし、1970年代に入ると、基礎自治体は公害や福祉などの地域固有の問題に対応を求められる状況が発生し、1990年代には新たに情報公開やIT化の対応など、都道府県や省庁に判断を求めているだけでは対処しかねる状況が発生していた。そして、地方自治において能動性や自立性が決定的に求められるようになったのが、2000年の地方分権一括法の施行である。自治体組織や個人は、従来の上級官庁依存型の発想や前例踏襲型の仕事の進め方など、自治体組織の発想や行動様式を根本的に改める必要性が生じていたのである。地方分権は、国が全国の市区町村を一括管理することができない多様な地域特性があることを改めて認めたものと捉えることもできる。それは、地域ごとに異なる産業や地域の活性化、少子化や高齢化などの各種課題に対する取り組みを、国から地方に委ねる自治の実質的な転換でもあった。

　そして、地域においてその舵取り役を業務として担うのは、一人ひとりの自治体職員である。しかし、2000年を境に自治体職員に求められる能力が従来の受け身から能動性を求めるように180度転換しても、終身雇用制度である日本の自治体においては 欧米に見られるジョブ型雇用ではないため、職員を新たに雇用することはない。職員がその認識と行動を変革することにより、第一次地方分権改革後の地方行政を担うことが求められていたのである。従来の国や県の意向を注視する姿勢から、地域の実情に応じた課題に対応して展開するなど、政策の企画や立案、様々な調整を行う責任が求められるようになる。市民の目線で地域の将来と政策を考え、実践する能動的な職員と組織に変化することが求められたのである。

　1996年12月に地方分権推進委員会から内閣総理大臣に対し、機関委任事務制度の廃止を中心とした第一次勧告が行われた。この変革に対応する地方自治体職員の人材育成について、自治省（当時）が地方分権時代に求められる人材を育成するための検討及び発出した通知は**表4**のとおりである。それま

で国は地方自治体の人材育成や研修にかかる通知等を発出しておらず、1997
年11月14日の「地方自治・新時代に対応した地方公共団体の行政改革推進
のための指針の策定について「平成9（1997）年11月14日付自治整第23
号自治事務次官通知」が最初の通知となる。

表4　人材育成関連通知

通知日	研究・通知名
1995年5月12日	地方分権推進法制定（5月19日公布）
1996年12月20日	地方分権推進委員会第一次勧告
1996年12月[19]	地方行政運営研究会第13次公務能率研究部会報告書「地方公共団体職員の人材育成－分権時代の人材戦略－」[20] ※1997年2月に全地方公共団体に配布
1997年11月14日	地方自治・新時代に対応した地方公共団体の行政改革推進のための指針の策定について（平成9年11月14日付自治整第23号自治事務次官通知）※いわゆる地方行革指針
1997年11月28日	地方自治・新時代における人材育成基本方針策定指針について（平成9年11月28日付自治能第78号自治省行政局公務員部長通知）
1999年7月8日	地方分権一括法制定（7月16日公布）
2004年8月1日	地方公務員法及び地方公共団体の一般職の任期付職員の採用に関する法律の一部を改正する法律の運用について（平成16年8月1日付総行公第54号総務省自治行政局公務員部長通知）※「研修に関する基本的な方針」の策定責務
2005年3月29日	地方公共団体における行政改革の推進のための新たな指針（平成17年3月29日付総行整第11号総務事務次官通知）※「集中改革プラン」の策定
2014年5月14日	2016年4月施行「地方公務員法及び地方独立行政法人法の一部を改正する法律」（平成26年法律第34号）※人事評価制度の導入義務

出典：筆者作成

　これらの通知文中に、自主研究活動に対して一定の意義を認めている記

19　和田裕生（1997）「地方公共団体職員の人材育成」『地方自治』No.593、地方自治制
　度研究会/編
20　総務省ホームページ「地方行政運営研究会第13次公務能率研究部会報告書」
　https://www.soumu.go.jp/news/971127b-1.html（閲覧日:2022年4月5日）

述が、1996 年の地方行政運営研究会第 13 次公務能率研究部会報告書や、1997 年に通知された、地方自治・新時代に対応した地方公共団体の行政改革推進のための指針の策定において確認できる。

　1996 年 12 月に自治省（当時）の地方行政運営研究会第 13 次公務能率研究部会（座長大森彌東京大学教授）がまとめた報告書「地方公共団体職員の人材育成－分権時代の人材戦略－」では、地方分権を推進する上で留意すべき総合的な取り組みの展開について、地方公共団体が取り組むべき人材戦略の方向性を「各地方公共団体において、人材育成に関し現場の総点検を実施すること」、「首長のリーダーシップのもと人材育成基本方針を確立し、総合的、計画的な取り組みを具体的な行動として展開すること」とし、改革の具体的な枠組みを示している（和田 1997：38-56）。

　　　自己啓発の組織的推進　─個人の自覚任せから組織的な支援、推進へ─
　　　職場研修の計画的実施　─場当たり的な職場研修から計画的・自覚的な
　　　　　　　　　　　　　　　　職場研修へ─
　　　職場外研修の改革充実　─与えられる研修から参画する研修へ─

　この報告書を踏まえて、自治省は 1997 年 11 月 14 日に「地方自治・新時代に対応した地方公共団体の行政改革推進のための指針の策定について」を発出した。「行政改革推進上の主要事項について」の「5　人材の育成・確保関係」において、「①職員の能力開発を効果的に推進するため、人材育成の目的、方策等を明確にした人材育成に関する基本方針を策定すること」として、人材育成の推進を通知している。

　この指針では、地方公共団体における職員研修は「職員自身が自発的に取り組む自己啓発」、「職場において上司・先輩等が仕事を通じて行う職場研修」、「日常の職場を離れた所で実施する職場外研修」の 3 つが柱であるとしている。そして、自己啓発について、「人材育成は本人の意欲、主体性があって初めて可能になるものであるから、自己啓発は人材育成の基本であると考えられる」

とした上で、「自己啓発のきっかけづくり」と「自己啓発に取り組みやすい職場風土づくり」は個々の職員の自主性に委ねるだけではなく、「組織として取り組む必要があることから、そのための具体的な方策について検討すること」としている。

　その後、平成9（1997）年11月28日には「地方自治・新時代における人材育成基本方針策定指針について」を自治省行政局公務員部長名で発出し、各自治体に対して地方公共団体が政策形成能力の向上等を図るための人材育成の目的、方策等を明確にした人材育成基本方針を策定する際に留意・検討すべき事項の指針を示した。通知では「人材育成基本方針策定指針のポイント」として「学習的風土づくり等の総合的取組の推進」、「職員研修の充実、多様化」、「人材育成推進体制の整備等」の3点を示した上で、「職員研修の充実、多様化」の具体例を**表5**のとおり示している。

表5　職員研修の充実、多様化の具体例（下線は引用者）

取り組みの種類	具体的な取り組み例
自己啓発	他の地方公共団体や民間企業の職員等と接触・交流する機会の提供、自己啓発度チェックリストの配布、自主研究グループ支援制度整備、通信教育の紹介・斡旋、学習・研修成果結果の発表の場の提供
職場研修	管理監督者の啓発、職場研修マニュアル等の作成・活用、職場研修推進運動の展開
職場外研修	研修所研修、派遣研修（都道府県、市町村、広域行政圏、大学院、民間、自治大学校、市町村職員中央研修所、全国市町村国際文化研究所）、広域での共同研修
職種階層別研修	保健福祉関係専門職員の研修、議会事務局等職員の研修、研修担当職員の研修

出典：筆者作成

　その後、平成16（2004）年8月1日に発出した「地方公務員法及び地方公共団体の一般職の任期付職員の採用に関する法律の一部を改正する法律の運用について」では、人材育成基本方針策定について、「法改正による改正後の地公法第39条第3項の規定による『研修に関する基本的な方針』の策定は、この『人材育成基本方針』中の研修に関する基本的な方針を定めることにつ

いて法律上の責務としたものであること」とし、自治体に計画の策定を求めている。

　続いて、平成17（2005）年3月29日に総務事務次官が発出した通知では、「地方公共団体における行政改革の推進のための新たな指針」の「人材育成の推進」において、「分権型社会の担い手にふさわしい人材を育成することが重要な課題であり、平成16（2004）年6月の地方公務員法の改正により「研修に関する基本的な方針」を定めることについて法律上の責務とされたことを踏まえ、人材育成に関する基本方針を策定し、人材育成の観点に立った人事管理、職場風土や仕事の推進プロセスの改善等を行うことにより、総合的な人材育成に努めること」としている。

　これらの通知や法改正を受けて、自治体では人材育成基本計画を策定することとなった。2016（平成28）年5月31日に総務省が開催した「地方公共団体における多様な人材の活躍と働き方改革に関する研究会（第1回）[21]」の資料によれば、計画の策定状況は47都道府県（100%）、20指定都市（100%）、1,625市区町村（94.4%）であり、全体では1,692団体（94.6%）が人材育成基本方針の策定を行っている。

　また、この人材育成計画について、2008年に一般社団法人日本経営協会が各地方自治体の研修実施状況をまとめたものが「平成20年度職員の人材育成に関するアンケート調査報告書[23]」である。当時の全市区町村1,809団体に発送し、有効回収数708団体、回収率39.1%を得ている。そのなかで、現在実施している教育研修について、回答を示したものが図1である。

　この調査では、外部で行う集合研修や研修担当部門が実施する集合研修な

21　総務省（2015）「人材育成基本方針の策定状況及び改定状況」総務省ホームページhttps://ww.soumu.go.jp/main_content/000422962.pdf（閲覧日：2021年5月31日）
22　総務省「地方公共団体における人材育成・能力開発に関する研究会 令和元年度報告書」https://www.soumu.go.jp/main_content/000677545.pdf（閲覧日：2022年4月5日）
23　一般社団法人日本経営協会（2008）「職員の人材育成に関するアンケート調査報告書」一般社団法人日本経営協会ホームページhttp://www.noma.or.jp/Portals/0/999_noma/pdf/result200903_02.pdf（閲覧日：2021年5月31日）

表6 「人材育成基本方針の策定状況」について（令和元年7月1日現在）[22]

団体区分	団体数 （R1.7.1 現在）	策定している	策定していない	策定率
都道府県	47	47	0	100.0%
指定都市	20	20	0	100.0%
市	772	760	12	98.4%
特別区	23	23	0	100.0%
町	743	697	46	93.8%
村	183	154	29	84.2%
市区町村計	1,741	1,654	87	95.0%
全団体計	1,788	1,701	87	95.1%

出典：総務省 HP より引用

図1 実施している教育研修

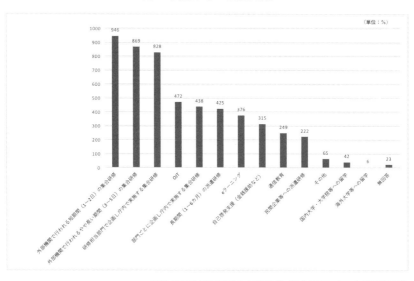

出典：2008 年度職員の人材育成に関するアンケート調査報告書

どの Off-JT に重点が置かれ、自己啓発支援、通信教育などの自己啓発分野の研修実績が低調である。国が指針で「人材育成は本人の意欲、主体性があって初めて可能になるものであるから、自己啓発は人材育成の基本であると考えられる」とする、自己啓発分野の研修及び支援の実態については改善の余

地が残されていることが読み取れる。

（2）自主研究活動

　自治体で組織的な研修が実施されてきた一方で、自治体職員が組織や職
務を離れ、個人の意思で行う自主研究活動が全国的に展開した時代がある。
1984年に出版された『自主研究実践ハンドブック』では全国656の自主研
究グループを紹介しており、1980年代に自主研究活動が全国的に展開した
ことが記されている。同様に、自主研究活動の記述を国の研究会や通知にも
みることができる。1996年の「地方行政運営研究会第13次公務能率研究部
会報告書」では「基本となる人材育成手法の改革」の具体的方策に自主研究
グループを取り上げている。また、自治省（当時）が1997年に通知した「地
方自治・新時代における人材育成基本方針策定指針について」では「自己啓
発は人材育成の基本であると考えられる」とした上で、「自主研究グループ支
援制度整備」をその具体策として検討することとしている。この自主研究グ
ループについて、先行研究における定義は次のとおりである。

　大森彌による定義
　　自主研究＝現任の職務と所属組織から離れて、有志のグループを形成
　　し、自ら研究のテーマと手法を決定し政策研究を行う方式。（大森1987：
　　195）[24]

　松下圭一による定義
　　基本となる自主研究グループの活動をめぐっては、次の点に留意したい。
　　第1に自主研究グループはフォーマルな組織方式にこだわらない方がよ
　　いということである。やわらかい組織としては呑み屋型ないしピクニッ

24　大森彌（1987）『自治体行政学入門』良書普及会

ク型のサークルでよいのである。第2には、自主研究グループは、既成
の組織職務の枠組みをはなれた職員個人の自由な参加による研究活動で
あるため、今のところ、庁内幹部あるいは労働組合から違和感をもたれ
ることが多い。とくに人事派閥、政治派閥ととられることのないよう慎
重でありたい。(松下 1987：39) [25]

森啓による定義

自主研究とは

（1）自治体の職員が任意にグループを結成し

（2）自主的にテーマを定めて

（3）勤務時間外に行う

（4）政策研究である

と定義することができる（1992：24) [26]

溝口泰介による定義

市町村職員が少人数のグループをつくり、勤務時間外に地方自治法やま
ちづくりに関する調査研究を行うことがある（本書では、市町村職員に
よる自主研究活動を念頭に論じている）。気の合う仲間が集まり、自由な
議論を行うグループもあれば、文献調査や先進地視察をとおして、研究
成果の報告を行うグループもある。市町村職員によるこのような自主的
な調査研究活動を、一般に「自主研究活動」といい、自主研究活動を行
うグループのことを「自主研究グループ」と呼ぶ。(2005：127-148) [27]

　これらの先行研究における自主研究グループの定義を整理したものが**表7**
である。

25　松下圭一（1987)『都市型社会の自治』日本評論社
26　森啓（1992)『自治体の政策研究―職員研究所の改革問題―』公人の友社
27　溝口泰介（2005)『地方分権時代における自主研究活動とその支援のあり方』福岡
　県市町村研究所研究年報

表7 自主研究グループの定義

研究者	職務との関連	組織	活動内容
大森彌	現任の職務や所属組織から離れて活動	有志のグループを形成	自ら研究のテーマと手法を決定し政策研究を行う
松下圭一	組織職務の枠組みをはなれる	フォーマルな組織方式にこだわらない方がよい、自由な参加	研究活動
森啓	勤務時間外	任意にグループを結成	自主的にテーマを定める政策研究
溝口泰介	勤務時間外	少人数のグループ	自主的な調査研究活動

出典：筆者作成

　自主研究は制度に基づいた活動ではないことから、自治体における活動支援制度の呼称を含め、定まったものはないものの、先行研究における自主研究グループの定義は概ね一致をしている。また、職務命令による自主研究やテーマが課された研究など、自主、自律的ではない活動も存在しており、その形態はさまざまである。そこで、本書における自主研究グループの定義を先行研究の例から次のとおりとする。

　1　自治体職員を中心とした有志による構成
　2　地方自治に特化した研究テーマ
　3　勤務時間外に活動
　4　職務命令ではない任意の活動
　5　組織に属さない活動

　本書の研究対象の中心とする自主研究グループは、思想信条にとらわれず、手弁当で参加者が集い、地域の地方自治に特化した研究テーマを設定し、テーマの設定と発表は職員が行うとともに、自治体職員を中心とした研究会を指すものとする。自主研究グループの形態は数多いと思われるが、職員同士の

図2 自治体における研修の分類（下線は引用者）

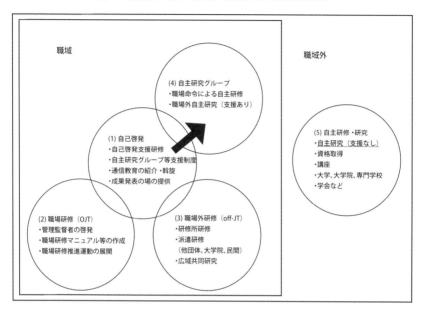

出典：筆者作成

仲良しグループや、特定の思想・信条を同じくしたグループ、派閥のために集ったグループではない研究会であり、自由な発想に基づく政策、制度づくりを議論する自治体職員による研究会を指すものである。この自主研究活動について、「地方自治・新時代に対応した地方公共団体の行政改革推進のための指針」における研修との位置付けを示したものが**図2**である。図中の「職域外（5）自主研修・研究」のうち、「自主研修（支援なし）」としたものが本書における研究対象領域である。

　図中の「職域外（5）自主研修・研究」には、地域住民とともに活動するまちづくり系の活動も存在しており、これらの活動も自治体政策の研究や住民自治に関する自主研究である。その他にも、自主研究グループには自治体に幅広く広がる業務の一部に特化したものから、自己啓発、地域活動、趣味的な要素が混ざるものまで、その活動内容は多岐にわたっている。これらの自主研究グループの研究領域について、地方自治体活性化研究会が1982年

から1983年にかけて実施した全国590の自主研究グループ調査結果の分類
を行っている。その分類を一覧にしたものが**表8**である。

表8 地方自治体活性化研究会による「自主研究グループ分野一覧（590）」

分野No.	行政分野	研究分野	グループ数	比率（四捨五入）
1	社会福祉	老人・障害者・母子・児童福祉、生活保護、保険、年金、児童館活動、保育	91	15
2	教　育	学校・社会・幼稚園教育、青少年の健全育成、市民体育、公民館・図書館活動	24	4
3	市民生活	消費生活（消費者運動）、経済活動（産業振興・地場産業）、コミュニティ活動、健康（医療保健）、婦人問題、同和問題	104	18
4	農・林・水産	農・林・水・畜産、農漁村問題、過疎対策	67	11
5	環境問題	環境衛生（ごみ処理）、環境保全（公害防止）、防災、交通安全、緑化	43	7
6	都市問題	都市計画（総合計画、都市の現状とビジョン）、都市再開発、都市問題	59	10
7	建設・土木	建築、土木、道路、河川、橋梁、上下水道、港湾	20	3
8	税・財政	税・財政、財務会計	9	2
9	自治制度	行政のあり方、市民参加、文化行政	50	8
10	法制研究	地方自治法、地方公務員法、行政法	20	3
11	職員研修	職員の能力開発	11	2
12	技術革新	情報システム、ロボット	54	9
13	海外事情	国際交流、都市の国際化	11	2
14	その他	教養	27	5

（昭和57年8月〜昭和58年6月調査）
出典：地方自治体活性化研究会（1984：374）より引用

（3）自治体政策研究

本書では、自治体職員による自主研究グループの活動テーマを選定して調
査を行うものとし、その対象を「自治体における政策研究分野」とする。自

治体の幅広い業務の中には土木や建築、福祉や衛生分野などの専門の職域や職員が存在しているが、それらには専門性を高める参照先として、民間業界を含めた各種団体が存在している。その一方で、自治体の政策研究分野においては、参照先としての専門家集団が 1980 年代の学会設立まで存在していなかった。このことから、自治体政策研究の分野は自治体現場からボトムアップ的に必要性の声が上がったことで、新たな研究領域の開拓につながったと考えるためである。

この「政策研究」について、大森は「政治行政の研究者にとっては、この言葉は、別に新奇でも訴求力のあるものでもない」とした上で、次のように述べている。

> 「自治体職員による政策研究」といえば、あるひびきをもっているように思える。なぜかといえば、いままで、自治体職員は、他からは研究するほどの力（資質・能力）はないとみなされ、自分たちも研究などとは無縁であると思ってきたきらいがあったからである。なにより研究というのは本業の実務とは違うし、行政職員の役割ではないと考えられてきた。さらにいえば、そもそも研究というのは大学などの研究者が行うもので実務家には、そんな暇はないし必要もないというのが、どうやら従来の考え方であったといえよう。（大森 1987：15）

当時の自治体職員にとって、「自治体職員による政策研究」は新しく生まれた概念であった。このことについて森は次のように述べている。

> 行政学の政策研究は特定の政策を事後的・実証的・分析的に調査研究する政策科学です。自治体の政策研究は地域社会の具体的な問題、例えば老人介護問題、都市景観、環境保全、文化、産業、地域の活性化などの待ったなしの課題について、自治体職員がグループで手分けをして、問題設定と解決方策を考え出しその成果を政策提言することですから、行政学

とは方向と方法が異なります。（森 1995：35）

　この 1980 年代における自治体職員の政策研究について、両者は次のように定義をしている。

大森彌の定義
　自治体職員による「政策研究」とは、要約的に言えば、自治体が責任をもって解決（取り組む）すべき課題とその解決方法を、自治体職員が調査研究することを意味している。（大森 1987：194）

森啓の定義
　政策研究とは「地域独自の公共課題を発見しその課題を解決する方策を探ること、そしてそのために、現状を調査分析し基礎概念や理論枠組みを創出すること」である。（森 2003：28）

　これらの先行研究を踏まえ、本書の自主研究活動における研究対象としての「政策研究」の定義を次のとおりとする。

　　1　自治体政策についての研究であること
　　2　国ではなく自治体の視点であること
　　3　自治体現場の課題を解消するための方策が含まれていること
　　4　他の自治体においても展開できる汎用性を備えていること

　政策研究とは、従来の国政における政策を自治体職員が研究をするのではなく、自治体職員が自治体行政における課題解決を自治体の現場で実現するための要素を見出し、それを実践していくための行政技術を研究する活動である。その特徴として、国における政策研究が省庁毎の縦割りであるのに対して、自治体現場では横串しで組織横断的に政策を研究する点を挙げることができる。

3　先行研究の概要

　自治体職員の自主研究活動における先行研究について、大矢野修が「自治
体では、1980年代以降、政策自立を志向する自治体職員による『政策研究』
活動が全国的に広がっていく。…＜略＞…しかし、自治体職員による『政策
研究』については、その固有の課題ないし独自性について論及した文献は必
ずしも多くない（大矢野2000：1）[28]」と示すように、政策研究を対象にした
自主研究活動の先行研究は少なく、それらを概観したものは更に少ない。**表
9**は、自治体職員による政策研究をテーマにした自主研究グループ活動を取
り上げた先行研究について整理をしたものである。

表9　先行研究の整理

著者	研究年代	研究主体・著者	内容
地方自治体活性化研究会(1984)	1970-1980年代、1982-83年全国調査	自治体職員（元職員研修担当職員が中心）	・全国縦断66選・自主研究グループ ・事例にみる自主研究活動Q&A・ヒントとコツ ・ケース検討・自主研究活動20のトラブル ・あなたの職場診断＜アンケート＞ ・自主研究活動の位置づけ ・自主研究グループ総覧590 ・自主研究活動助成一覧
田村明・森啓・村瀬誠(1986)[29]	1970-1980年代	行政学者、ジャーナリスト、自治体職員	・政策研究と政策形成 ・自治体政策研究の課題と展望 ・政策研究と自治体学 ・政策システムと自治体職員 ・政策研究の実践的課題 ・政策研究の実践 ・政策研究の基礎

28　大矢野修（2000）「自治体の政策研究と政策情報誌」『公共政策』日本公共政策学会
29　田村明・森啓・村瀬誠（1986）「自治体における政策研究の実践－ローカル・ガバメントの展望を拓く－」総合労働研究所

森啓 （2000）	1970-1990 年代	研究者（元自治 体職員）	・自治体職員の政策水準 ・自治体職員の政策理論の生成 ・自主研究会の叢生 ・自主研究から政策研究へ ・まちづくり能力 ・政策能力とは何か ・能力形成を拒む壁 ・能力は如何にして身につくか
溝口泰介 （2005）	1980-2000 年代	福岡県市町村研 究所職員	・自主研究活動の概要 ・政策研究の一環としての自主研究 　活動 ・自主研究活動を支援する制度の導 　入 ・福岡県内市町村における自主研究 　活動の現状と課題 ・自主研究活動の支援のあり方 ・地域に密着した自主研究活動

出典：筆者作成

　1980年代の自治体職員の自主研究活動の隆盛について、森は「雨後の
タケノコのごとく自主研究グループが叢生した」と記しているように（森
2000：12）、1980年代に全国各地で展開された自主研究活動は、自治体職員
の自主研究活動史におけるトピックである。ところが、これらの先行研究に
各団体の研究テーマや設立時の様子は記されているものの、その後の活動展
開や他団体との連携、全国的な組織発展への関与など、活動を時系列的に捉
えた先行研究は管見の限り見当たらない。自主研究活動に記録の作成や研究
の拡張・連携が求められていないことは、その性格から自然な結果であるが、
組織化された理由や、自治体政策に影響を及ぼした経緯を調査する際には、
不足かつ必要としている情報である。本書では、自治体における政策研究の
発展に影響のある活動を行った自主研究グループについて、その活動を時系
列的な調査を行うことにより、これまで整理されていない1980年代に全国
的に活性化した自主研究活動の背景と、その展開を明らかにするものである。

4　論文構成及び研究方法

　本書は、理論提唱や理論検証、先行研究評価を行う論文ではなく、歴史説明の視点で構成するものとし、記述は自治体政策研究の展開を背景に、自治体職員による自主研究活動の歴史を説明することに重点を置いている。テーマとする自治体職員による自主研究活動と自治体政策研究の関係を検証するために、まず、自主研究活動を実践した団体の活動史を調査し、時代や社会背景と合わせて確認する必要がある。そのために、日本の自治体政策の展開に関わったとされる松下圭一が主導した、多摩地区の自治体職員による自主研究グループの系譜を研究対象とし、その展開と活動の歴史、関与した研究会の全国組織化との関係を時系列的に明らかにすることで、自治体職員の自主研究活動と自治体政策研究の展開の一部を明らかにするものである。

　また、本書の構成は次のとおりである。

　第2章では、戦後、1947年の地方自治法制定以降における、自治体職員が職場の外で実践した研究活動の変遷を世代ごとに整理するとともに、自治体政策研究史の整理を行う。第3章では、松下圭一の職員参加の概念と武蔵野学派の定義について確認し、多摩地区の自治体職員による政策研究会の系譜と独自性及び影響を整理することで、自治体政策研究の代表性についての確認を行う。最後に第4章では、1980年代に自治体職員による政策研究が全国で展開した後に組織化され、自治体学会設立に至る過程について、関係した団体やトピックの整理を行う。

　調査方法については、自主研究会関係者として誌面に掲載した寄稿及びその構成員が執筆した論文や座談会記録、自主研究会として出版した著書等を調査するとともに、不足する情報や事象の関連性の確認については、当事者へのインタビューを行うことで検証を行う。その対象については、多摩地区

の自治体職員による政策研究会を主導した松下圭一は既に他界していることから、現構成員の中から世代や立場を変えてインタビューを行うこととした。具体的には、研究会の設立に関わった者、研究会を派生して研究を深めた者、長く事務局を務めた者、影響を受けて自ら研究会を設立した次世代の者である。

　本研究の対象領域における先行研究及び資料収集における課題は、示すことのできないデータが存在する事実である。一般に、活動組織の通史を研究する場合には、その組織の意思決定過程や活動展開を図るための方針決定などを調査対象とし、議事録や会議録が分析対象になる。しかし、自治体職員の自主研究活動は非制度的な活動であり、それらは基本的に存在しない。さらに全国的、時系列的に全ての研究分野を網羅した資料が存在しないことから、自主研究グループ活動の全体像を示すことができない課題も存在している。先行研究における自主研究活動実践者の紹介や著書、新聞、業界誌に掲載された自主研究グループはその一部であり、現在まで活動を継続しているグループがある一方で、すでに活動を終え、解散をしているグループもある。さらには、その構成員が後に研究者や政治家になる等、情報発信力のある立場になった際には遡ってその団体の活動や名称が記述される場合もあり、現存の先行研究及び活動記録から自主研究活動全体における活動成果や貢献の度合い、活動量を比較することは困難である。つまり、これまでに全国で設立、活動してきた自主研究グループのすべてを、同じ目線で見渡すことが出来ない課題である。自主研究グループ活動に対する調査にはこのような前提条件が存在している。

　本書では、これらの現状を踏まえた上で、限られた一部の関係者にインタビュー調査を実施している。インタビューにより、不可視なものである記憶を記録にするに当たっては、記憶を記録化する作業とその記録を歴史や社会背景に結びつけて考察する作業が存在するが、本書においては、多摩の研究会にテーマを絞り、その当事者から共通の話題についてのインタビューを行ったものであり、関与した複数の者の情報を比較整合することで、記憶をより

正確な記録にすることに注力を行っている。自治体職員による自主研究活動の活性化は 1970 年代後半から 1980 年代にかけて起きたことであり、すでに 40 年以上が経過をしている。当時、活動していた職員の多くは既に定年退職をし、中には存命でない者もいる。このような状況を鑑み、本書におけるインタビューの記録については、当時の様子を当事者が語る貴重な資料と考え、インタビュー対象者の同意を得た上で本書に附している。

第2章　自治体政策研究活動の変遷

1　自主研究活動の変遷

　自治体職員の自主研究活動史を調査するにあたり、その課題は対象範囲の広さである。そこで、本書では調査対象の整理を行う。

　まず、自主研究活動の中でも労働組合やそこに属する活動及び、特定の専門性や特定の職域に限定される分野の自主研究活動は、個別の活動背景を持っていることから研究対象から除くものとする。その上で、本書では、自治体の政策研究を行っている自主研究グループであり、先駆者的な性質を持っている、または、自治体政策研究の転換期に重要な役割を果たしたなどの実績を持っており、かつ検証を適切に実施可能な活動記録を得ることができる団体を対象とする。このことの結果として、何らかの理由により活動記録が活字化されていないグループが研究対象に含まれない課題や、入手できる情報に偏りがある課題が存在するが、先ずは、自治体政策研究の機運が自主研究活動のどの時点から発生したかということやその展開について、一つの研究分野の系譜を明らかにすることに取り組むものとする。

　自治体職員の労働組合における自主研究活動は、特定の目的に集う活動であることから、本書の調査対象から除外するが、全日本自治団体労働組合（自治労）における地方自治研究全国集会（自治研）活動については、松下が「自治体における職員レベルの政策研究の『突破口』をひらいた名誉は、その評価は別として、1956年に出発した自治労の『自治研修会』がもっている（松下 1987：

26）」と述べるように、自治体職員による職務外研究活動の嚆矢であった。

　しかし、本書における研究対象としての自主研究活動は、特定の運動や組織の活動に基づくものではなく、研究を共にする同志を見つけて集うことから始まる。その活動費用についても手弁当で賄われる性格のものである。このように、本書における自主研究グループ活動とは、職員個人の自発性に基づいた自主性、自律性のある活動に限定をしている。以下、自治体政策研究史において重要な役割を担い、かつ、検証できる団体やイベントを活動期毎に整理を行った。

（1）1970年代 自主研究活動の創生期

　自主研究グループ活動の全国的な展開は 1980 年代に発生したが、その叢生は 1970 年代にあるとされている。創生期の自主研究グループについて、地方自治体活性化研究会は「昭和 40 年代の末から昭和 50 年初めにかけて急速に結成され、根づきはじめた」としており、1975 年前後に活動を開始した団体があるとしている（地方自治体活性化研究会 1984：322）。同会が 1984 年に刊行した『自主研究実践ハンドブック』において紹介した自主研究会のうち、その設立年が明らかな研究会は次の 4 団体である。

　　　新庄地域研究会（山形県新庄市）　　　　　　　　　1980 年 3 月
　　　現代都市政策研究会（東京都渋谷区）　　　　　　　1977 年
　　　とよね山村研究会（愛知県北設楽郡豊根村）　　　　1977 年
　　　自治体問題を考える会＝ぴいまん（大阪府岸和田市）1980 年[30]

　また、森は「1980 年代に自治体職員の自主研究グループが叢生」したとした上で、そのグループの一部を紹介している。（森 2000：16-44）

30　文中より算出

よこはま・川の会（神奈川県横浜市）　　　　　　1980 年 2 月

ソーラー・グループ（東京都墨田区）　　　　　　1980 年以前[31]

通達－先端－行政技術研究会（東京都多摩地域）　1977 年

文化行政研究会（神奈川県）　　　　　　　　　　1977 年

　これらの先行研究からは、1970 年代の後半には全国各地の県から村まで自治体の規模に関わらずに自主研究グループが発足していたことを確認できる。なお、管見の限り、当時から現在まで研究会活動を継続する自主研究グループは、「現代都市政策研究会」と「通達－先端－行政技術研究会［多摩の研究会］」である。

（2）1980 年代〜 1990 年代 自治体政策研究の展開期

　前述の『自主研究実践ハンドブック』では、第 1 章において「全国縦断 66 選・自主研究グループ」として全国の地方公務員を中心とした自主研究グループを紹介し、第 6 章では「自主研究グループ総覧 590」として、1982 年 8 月から翌年 6 月にかけて実施した全国調査結果を掲載している。同書は、全国 656 の自主研究グループを調査するにあたり、全国 85 の自治体職員と 14 の自治体の協力を得ていることからも、同時代に自主研究グループ活動が全国的に認知されていたことがうかがえる。

　同書ではその背景について、3 つの要因に分析をしている。1 点目は、1950 年以降、地方公務員法に位置づけられた職員研修に関する研修理念、研修目標、研修体系が 25 年の間に整備充実され、自主研究にも目が向けられるようになったこと。2 点目は 1969 年の地方自治法改正による基本構想の設置義務化による計画行政の展開。3 点目として、1975 年以降の革新自治

31　ソーラー・グループの設立についての記述はないが、1980 年に『地域社会におけるソーラーシステムの実情と課題』を自費出版している。

体の影響である (地方自治体活性化研究会 1984：322-333)。このような自治体
職員の自主的な活動について、行政組織においてもその活動を支援奨励する
動きがあった。このことについて、塩見譲は次のように述べている。

　　埼玉県や神奈川県などトップが職員の自主政策研究を奨励し、研究グルー
　　プへの助成制度を発足させたが、こうした助成制度は全国各県、各自治
　　体に広がり、58 年 [(1983)] 時点ですでに東京都特別区、埼玉、静岡、
　　大阪、岡山、滋賀、愛媛、徳島などの府県のほか市町村を含めて 35 自
　　治体にのぼり、以後次第に増えている。こうした自治体の助成制度の広
　　がりも自主研究グループの広がりの原因である事は言うまでもない。(田
　　村ほか 1986：202)

　1980 年代に全国で展開した自主研究グループ活動から、全国的な組織化の
動きが生まれた。この年代のトピックとして、1984 年開催の全国自治体政策
研究交流会議、1986 年開催の全国自治体学フォーラム、1986 年設立の自治
体学会などがある。1989 年 1 月には、公務職員研修協会[32] 発行の『地方自
治職員研修』に自主研究グループの活動を紹介する「OUT PUT[33]」の連載が開
始され、2020 年 3 月号の休刊まで、全国各地の自主研究グループを紹介して
いる。1980 年代は自治体職員による自主研究活動が全国的に活性化した時代
であり、変革の時代であった。その詳細は、第 3 章以降で述べていく。

（3）2000 年代 交流型自主研究活動の展開期

　2000 年代に入り、第 2 次自主研究ブームとも呼ばれる自主研究活動の盛
り上がりをみせているが、その活動は 1980 年代の第 1 次自主研究ブームと
相違する点がある。それは、所属する自治体の境界を越えて他団体職員と広

32　後に公職研に商号変更
33　後に「自主研究グループからの発信」に改称

く交流する傾向である。所属組織を越えた公務員同士の交流を中心に、基礎自治体以外の公務員や地域で活動をする民間事業者、商工業者、NPO活動家や政治家など、多様な分野との交流を展開している。特に、政治家との交流が行われるようになったのは、第2次自主研ブームの特徴である。自治体職員が職場においては一定の距離を置いて接している議員や政治家を、研究会やイベントに登壇者として招くようになったのもこの世代の特徴であり、第1次自主研ブーム世代との相違点である。

　また、第1次世代は固定メンバーで研究活動を行っていたのに対し、第2次世代ではメーリングリストやホームページを主たる活動の場としてオフ会を定期的に開催する活動や、SNSを活用したイベントの開催と参加者の募集、SNSを活動の中心とする自主研究グループの設立など、参加メンバーの流動性が高まった点に特徴が見られる。その背景には、インターネットやスマートフォンの普及があった。特に、スマートフォンとFacebookの組み合わせは、交流型自主研究グループ活動のツールとして重宝された。2007年にAppleからiPhoneが発売されると、翌年5月にFacebookが日本語サービスを開始する。その後、2012年には携帯電話の「4G」化により、データ通信料が定額制に移行していく。Facebookが自主研究グループ活動のツールとして主流になった背景の一つであるスマートフォン個人保有率は、2011年14.6%、2012年23.1%、2013年39.1%、2014年44.7%、2015年53.1%、2016年56.8%と増加している[34]。

表10　2010年前後のSNSと通信環境

年代	SNSと通信環境
2007年	iPhone 発売
2008年	Facebook 日本語サービス開始
2009年	Twitter 携帯電話サイト開設
2011年	LINE サービス開始
2012年	携帯電話の 4G 化、定額制料金普及
2014年	Instagram 日本語アカウント開設

出典：筆者作成

その活用方法の例として、まず、主催者は参加者が関心を持つテーマのイベントを開催し、講演を聞いた後に参加者間で意見交換の場を設ける。その際に参加者間で名刺交換が行われ、その名刺を元に Facebook でつながることにより、SNS 上に参加者間のネットワークが形成されるのである。そのほか、主催団体のページが設けられるなど、従来、その場限りの挨拶で終わりがちな名刺交換に SNS が加わることにより、相手の顔と氏名が一致し、継続的に情報交換や近況報告が行われ、次回のイベント開催告知や申込みがアプリ上で完結することから、集客ツールとしても活用されることで、交流の関係性が継続する仕組みである。そのメリットとして、人的ネットワークが形成されることで職務課題への対応を含めた情報交換が行われ、自治体業務の相互参照が促進される点を挙げることができる。その一方で、研究テーマが開催毎に設定されることにより、研究が深掘りされない課題がある。さらに、SNS を通じて各団体のイベント日程を周知・収集できるようになった結果、日程が重複した際には、より人気のあるイベントに参加者が集中するなどの課題も存在している。そのため、主催者は研究テーマの選定に話題性を重視することになり、研究の専門性を高める集団がさらに成立しにくい環境が形成される要素を抱えている。

2010 年代には自主研究グループ活動が全国的に展開し、第 2 次自主研究ブームともいわれる状況になるが、第 1 次自主研ブームと同様に、その展開には先駆けとして活動を開始した団体が存在している。その一部ではあるが、2000 年代に発足し、現在も活動を継続する自主研究グループのなかで、特徴をもった活動を行っているのが水戸市政策研究会、自治体職員有志の会、東北まちづくりオフサイトミーティングである。

2000 年　水戸市政策研究会

水戸市政策研究会（略称：政研）の前身であるミレニアムクラブは、1999

34　総務省「通信利用動向調査」https://www.soumu.go.jp/johotsusintokei/statistics/statistics05.html（閲覧日：2022 年 4 月 5 日）

年に水戸市職員の須藤文彦が上司の声かけにより20名の仲間と設立した（須藤2015：19）[35]。須藤に声をかけた上司とは、水戸芸術館創設にかかわり、後に常磐大学教授に転身した松下圭一門下生の横須賀徹である。当初の活動は、まちづくりがテーマの読書会であったが、やや受動的な活動内容に物足りなさを感じ、翌年、水戸市政策研究会に改称するとともに、活動内容をメンバーが関心をもつテーマを追求する研究会、さらにはそれを実践するまちづくり団体へと活動スタイルを変えている。研究会のメンバーは現在約60人、活動の中心は月2回の全体会と企画会議であり、この場で政策研究の提案や活動のアイデア出しが行われる。

資料1　水戸市政策研究会の活動

```
1999年　ミレニアム・クラブ設立
2000年　水戸市政策研究会に改称
2001年　第1回市街地散策ステークス（GⅠ）開始
2003年　「市役所お仕事カタログ」シリーズ開始
2004年　「旧町名復活」について市長提案
2005年　茨城大学の学園祭に「納豆食堂」出展
2006年　弘道館・水戸城二の丸周辺の観光実態調査
2007年　弘道館・偕楽園等の世界遺産登録について市長提案・採用
2010年　コミケッとスペシャル5 in 水戸（コミックマーケット）開催
2014年　おもてなしブースの取り組みでJ2特別表彰「ホスピタリティ賞」受賞
```

出典：（水戸市政策研究会2019）[36]を基に筆者作成

　政研の活動は多様である。水戸名物の納豆を振る舞う店舗が水戸の街にないことに着想を得た「屋台の納豆食堂」は、市の特産品である納豆をPRする活動として2005年に地元大学の学園祭に出展、その後、県納豆商工業協同組合の協賛を得て活動の機会を増やし、ひたちなか海浜鉄道湊線特別列車とし

35　須藤文彦（2015）「政策法務研究グループ紹介 水戸市政策研究会」『政策法務ファシリテータVol.46』第一法規
36「水戸市政策研究会のススメ　令和元年度新メンバー募集案内」水戸市政策研究会

て運行される「納豆列車」や、水戸ホーリーホックのアウェイゲーム、全国納豆鑑評会の会場などに出展をしている（ぎょうせい 2015：110-111）[37]。

　また、2007 年には、文化庁の世界遺産候補地の公募にあわせて、弘道館や偕楽園などを「学問・教育遺産群」として応募することを市長に提案した結果、市の政策として採用され、政研で議論の中心だった人物が初代の世界遺産係長となっている。

　さらに、2010 年に「まちおこし」をテーマにしたコミックマーケットの開催地公募にエントリーし、市中心市街地の空きビル活用案が採択され誘致に成功、行政の支援を受けずに 2 日間の入場者数が 33,000 人を数える[38] イベントを、水戸市政策研究会を事務局とする実行委員会型式で開催している。

　政研の研究対象は水戸市である。市長への提案が採用され、かつ、メンバーが初代世界遺産係長に就任したことや、水戸まちなかフェスティバル担当課への人事異動の希望を叶えたメンバーが政研とアイデアを共有しながら事業をすすめていること、地域振興課に異動した須藤はサッカー J2・水戸ホーリーホックのホームタウン推進を担当し、まちのファンづくりも兼ねたアウェイチームのサポーターへのおもてなしで J2 特別表彰を受賞するなど、政研の活動と公務が連携していることなどが示すように、自主研究における水戸市の政策研究を、職務として政策実践する活動体なのである。須藤は、この活動を「ブルペンで肩を温めるようなもの」と述べている（須藤 2015：21）。

2003 年　自治体職員有志の会

　自治体職員有志の会は、2003 年 6 月に開催したオフ会とシンポジウムから活動が始まっている。そのきっかけは、同年 1 月に三重県四日市市で開催された当時の改革派 6 県知事による「シンポジウム三重」の会場において、

37　ぎょうせい（2015）「もっと自治力を 水戸市政策研究会」『ガバナンス2015 年3 月号』ぎょうせい
38　コミックマーケット公式サイト「こみケッとスペシャル5in 水戸アフターレポート」https://www.comiket.co.jp/info-a/CS5/CS5AfterReport.html（閲覧日：2021 年5 月31 日）

以前の視察で知り合いになった三重県職員の山路栄一と、神戸市職員であった大島博文が偶然再会したことにある。その後、神戸市で開催されたキャリアデザインの研修会を機に、参加していた神戸市役所等の自治体職員約20名によるメーリングリストでの意見交換が始まった。メーリングリストの参加者は口コミで増え続け、山路と大島の再会から2年を待たずにして、全国300人規模に発展している（ぎょうせい2004：38-39）[39]。その後もメーリングリストの参加者は増え続け、お互いに知らないメンバーが増えたことから、対面交流の場としてオフ会を開催する運びとなった。そして、「せっかくオフ会を開くならば、先進的な取り組みをしている首長の話を聞こう」と高浜市の森貞述市長（当時）に依頼したところ、快諾を受けて2003年のオフ会開催につながったのである。

　その後、2004年8月に開催したシンポジウムで、山路は「パーソナルマニフェスト・脱お役所仕事宣言」を提唱している（ぎょうせい2004：38-39）。自治体職員でありながらマニュフェスト宣言をすることで自らの行動を奮起させる手法や、改革派政治家が登壇することは、ローカルマニフェストの提言で注目を集めた「シンポジウム三重」で受けた刺激に影響を受けているのではないかと思われる。

　自治体職員有志の会の活動内容は、そのホームページに次のように掲載されている。（自治体職員有志の会HP）[40]

　　（1）メーリングリストによる意見交換
　　（2）ホームページによる情報提供、提言活動
　　（3）自治体首長等を招いての講演会及びオフ会の開催
　　（4）シンポジウムの開催

39　ぎょうせい（2004）「『もの言わぬ公務員』から『良いことを言い実行する公務員へ』」『ガバナンス2004年12月号』ぎょうせい
40　自治体職員有志の会HP「自治体職員有志の会の概要」https://sites.google.com/site/cdkikaku/home（閲覧日：2021年5月31日）

（5）月刊ガバナンスでの連載「モノ言う自治体職員」

　　　（2005 年 5 月号から 2017 年 3 月号まで、メンバーによるリレー連載）

　自治体職員有志の会は、メーリングリストとホームページを活用したオンラインでの意見交換・情報提供と、改革派首長の意気込みを共有するシンポジウムやオンラインでの顔の見えない関係を補足するオフ会の開催を活動の2 本柱としている。

　山路は、自治体職員有志の会の活動への思いと成果について、「どこの自治体にも少なからず改革志向の職員はいるが、首長などリーダー層に理解がないと組織の中で孤立しがち。…＜略＞…職員が元気になり、やる気を起こす場になっていければと願っている。『有志の会』は、自治体の枠組みを超えて議論し、意見交換できる場になっており、それが最も大きな成果だと述べている（ぎょうせい 2004：39）」。

　2019 年 2 月 3 日現在、974 名のメーリングリスト登録者数がある会では、会の趣旨をホームページに掲載して会員と共有している。（自治体職員有志の会ホームページ）

　　　自治体を取り巻く環境が大きく変わる中で、危機感ばかり持つのではなく、自治体職員個々人が主体的に、あるべき自治体の姿、あるべき自治体職員像を共に考えるため、当会を設立する。厳しい道のりの向こうには、やりがいのある「仕事」とそれを支える「組織」があると信じて議論を進め、提言を行う。またその働き方を実現する自治体の人事・組織・給与・研修・勤務体系のあり方についても積極的に提言していく。活動や普段の仕事を通じて、「モノ言わぬ公務員」から「良いことを言い実行する自治体職員」に脱皮することを目指します。

　自治体職員有志の会の活動における特徴は、メールやホームページの活用により常に会員間の情報交換ができる運営方式を採用していることにある。時

期的には、テキスト中心のインターネット普及初期から、携帯電話の多機能化とブロードバンドが急速に普及される移行期に活動を開始しており、これまでの自主研究活動は月1回の定例会開催が主流の中で、ホームページやメーリングリストの活用により時間差のない意思疎通が行える活動方法を採用している。また、組織も予算もないなかで、毎回200人規模のシンポジウムを2004年から2013年の10年連続で開催をしている。その登壇者には、穂坂邦夫、逢坂誠二、浅野史郎、清原慶子、古川康などの改革派の現役首長（当時）が登壇しており（自治体職員有志の会HP）、庁内においては一定の距離をおく存在である政治家を招聘しているのも、自主研究活動として新しい動きである。

2009年　東北まちづくりオフサイトミーティング

　東北まちづくりオフサイトミーティング（東北OM）は、2009年6月に開催したキックオフミーティングから活動を開始している。発起人の一人である山形市の後藤好邦は「2009年2月、ある飲み会の席で岩手県北上市職員の佐々木範久さん、高橋直子さんと自治体職員のモチベーションを高めるための定期的な勉強会を開催しようという話になった（後藤2021：3）[41]」と述べており、そのきっかけは飲み会での会話に端を発している。3人の会話から始まった東北OMは、28人の仲間で活動を開始し、その後、会員は増え続けている。情報交換のツールがメーリングリストからFacebookに移行したことにより、現在はメーリングリストへの登録による会員の管理を行っていないことから、正式な会員数は不明であるが、前述した後藤によれば2020年に会員数は1,000人規模に達しているそうだ。途中、発足から2年後に東日本大震災が発生したが、すでに東北OMのネットワークが東北6県に広がっていたこともあり、ボランティアバスの運行やスタディーツアーの企画などの被災地支援活動を積極的に行っている。

　活動コンセプトに「敷居は低く、されど志は高く」を掲げている東北OMは、

41　後藤好邦（2021）「『知域』に1歩飛び出そう！ネットワーク活動で広がる弘明ライフ」ぎょうせい

「東北の自治体職員が中心となり、地域活性化に資する人材育成や震災復興に向けた支援活動などに取り組む広域的なネットワーク（後藤 2021:3）」であり、官民協働の取り組みがまちづくりに不可欠であるという考えのもと、自治体職員を中心に民間事業者 NPO、大学関係者や学生などを巻き込みながら活動の輪を広げている。

　具体的な活動としては、学びの場としての勉強会の開催、交流の場としてのイベント開催、被災地とそれ以外の地域がつながる場をつくることなど、多岐に渡っている。特に、勉強会には元三重県知事の北川正恭や、前佐賀県武雄市長の樋渡啓祐など、政治家を含めた著名人を各地から東北に招いているのも特徴である。

　その東北 OM の発想は、発起人の 1 人であり、現在はリーダー的役割を担っている後藤の体験にあった。職務で担当した仕事の検証システム（行政評価システム）の外部評価委員長を務めた石原俊彦の誘いにより、大阪で開催されたフォーラム KGPM に参加した後藤は、全国から集った自治体職員のレベルの高さに衝撃を受ける。回を重ねる中で得た知識や経験、ネットワークの有益性を山形市の後輩に体験して欲しいと願った後藤は、若手職員が庁外で活動できるネットワークの場を地元でつくろうと、佐々木と高橋に提案したのである。

　運営においての特徴は、スマートフォンの普及を背景に、Facebook を活用することにより、名刺交換だけで終わらない関係性の継続と情報共有を行っている点である。また、東北 OM には全国から自治体職員が集まることから、勉強会に参加するだけでネットワークが拡大する点も参加者にとっての魅力である。そして、各地からの参加者が東北 OM の手法を地域に持ち帰ることで、九州 OM、四国 OM、上州 OM、山形 OM、ふくしま OM など、東北 OM に倣って広域な地域単位のご当地 OM が誕生しており、全国の自主研究グループ活動にその影響を与えている[42]。

42　加藤年紀（2018）「Forbes JAPAN 公務員イノベーター列伝『敷居は低く、志は高く』東北から広がる公務員ネットワーク」https://forbesjapan.com/articles/detail/19567/1/1/1（閲覧日：2022 年4月5日）

　東北OMは、フォーラムKPGMで得た自主研ネットワーク活動の手法をアレンジして地域活性化と震災復興の活動で展開し、その運営手法を全国各地へ継承している活動体である。そして、この継承にあたり、時間と物理的な距離を短縮したものがスマートフォンとSNSであり、第2次自主研究ブームにおける活動手法の特徴でもある。

　その後、2010年代にはこれらの先駆的な活動に続いて、各種の自主研究活動が全国的に展開していく。それらの活動は、行政雑誌にインタビューや寄稿のかたちで掲載されることで全国に周知された。『地方自治職員研修』に自主研究グループが寄稿する「自主研究グループからの発信」や、『ガバナンス』にインタビュー形式で掲載される「もっと自治力を」などの連載である。その他、（一財）地方自治研究機構の『季刊自治体法務研究』や、総務省自治行政局公務員課の『地方公務員月報』など、公的な機関の刊行物においてもその活動が周知されていく。

　そして、第2次自主研究ブームでは、「よんなな会」、「オンライン市役所」といった新たな形態の活動や、「地域に飛び出す公務員ネットワーク」や「HOLG」のように、自主研究グループ活動を支援する組織が現れたのも注目できる変化である。

2010年　よんなな会[43]・オンライン市役所

　2010年に発足したよんなな会は、地方公務員と官僚が交流してつながることを目的に講演やイベントを開催し、お互いのモチベーションを高める場作りを展開する組織である。主宰する総務省職員の脇雅昭（現在は神奈川県に出向）の、「全国の公務員の志とか能力が1％上がったら、世の中もっと良くなる可能性がある[44]」という想いに賛同した仲間が、47都道府県の地方公務員と中央省庁の官僚をつなぐイベントを開催している。年に数回開催する交

43　よんなな会HP http://47kai.com/（閲覧日：2022年4月5日）
44　日テレNEWS「公務員の能力が1％上がれば社会はさらに－」https://news.ntv.co.jp/category/society/392797（閲覧日：2022年4月5日）

流会のプログラムは、著名なゲストによる講演と参加者同士の交流会である。2017年2月19日の日曜日、渋谷ヒカリエで開催されたイベントには、約550名が参加するなど、横浜ランドマークタワーや丸ビルホールなどの会場に毎回数百人が参加する大規模なネットワークであり、関西方面でも開催をしている。参加者は、地元の特産物を1品持参することをルールとしており、私服で参加、子どもを含めた家族の同伴を前提に、臨時託児所も開設するなど、交流を促進する取り組みを施している。参加者の中心年齢層は20代から30代であり、当日にはステージ上で自分の考えや想いをアピールできる時間を設けるなど、全省庁の官僚と47都道府県の自治体職員が連携できるよう、参加した公務員間を草の根でつなげる場がよんなな会である。

　その後、2020年3月8日に予定したイベントは、新型コロナウイルス感染症の拡大を受けてオンライン開催に変更された。3月13日には新型コロナウイルス対策の特別措置法が成立し、翌4月には緊急事態宣言が発出される状況にあったからだ。その感染者数の増加とともに、よんなな会が運営する「オンライン市役所」では自治体業務におけるコロナ関連の情報交換が活発に行われた。その活動の一例として、定期的に開催されている「新型コロナウイルスワクチンの接種体制確保に関する情報交換会」では、新型コロナウイルスの感染拡大によるワクチン接種体制の情報交換が行われている。自治体が担当するワクチン接種業務は全国一斉にスタートをしたため、どの自治体にも経験がないなかで進む業務であり、自治体の規模や地域の特性により求められる対応も異なる。会では「どのような予約システムを構築するか」、「住民への告知をどう行うか」、「基礎疾患のある方への優先接種について」[45]などの質問や情報共有のかたちで意見交換が行われ、参加者はここで得た情報を自身の職場にフィードバックしている。東京都小笠原村の事例を大阪府羽曳野市が参考にするなど、自治体の規模や距離を超えた相互参照が行われ、その様子は各メディアで報道されている。

45　日テレNEWS「公務員が知見持ち寄る『オンライン市役所』」https://news.ntv. co.jp/category/society/881221（閲覧日：2022年4月5日）

　2020 年 4 月に発足したオンライン市役所 [46] は、2020 年 4 月に発足した、
Facebook や ZOOM などのツールを活用するオンラインプラットフォームで
ある。コロナ禍により対面での自主研イベントが開催できない状況を背景に、
発足から 2 年を待たず、30 〜 40 代を中心に 4,000 人以上が参加（2021 年 1
月 12 日時点）[47] する全国規模の公務員ネットワークが形成された。その運営
について、オンライン市役所では「公務員限定、実名で参加」というルール
を設けている。その目的は、業務に直結するような情報をやりとりするには、
当事者同士の「心理的な安心感」や「顔の見える関係」を担保する必要があ
ると考えるためである [48]。この、業務にかかる情報交換について、これまで
自治体の現場では、他組織に教えを請う文書照会や視察による相互参照が行
われてきた。それを、オンライン市役所では平日の夜 9 時以降や休日に個人
のインターネットを介し、個人として共通の課題を全国の公務員と意見交換
を行っている。また、オンライン市役所では、行政組織をモチーフに、共通
の課題や関心を持つ人々が参加するグループを「課」として設定し、7 部 1
横断型機関・サークルの下に 57 の課や室等が存在している（2022 年 1 月 21
日現在）。参加者は各課に所属して活動を行う他に、テーマやパーソナリティ・
ゲストが毎日変わる情報提供の場としての「庁内放送」、外部講師等による「庁
内研修」、オンライン講演会等に参加をしている。
　これまでの自主研究グループでは、研究会の開催には特定のテーマに基づ
いて開催をされてきたが、オンライン市役所では公務員にかかるテーマ全般
を束ねて組織化している点に、これまでの自主研究グループ活動との違いが
ある。参加者が複数のテーマに参加しやすくすることで、役所特有の縦割り
業務を超えた交流が生じること、各課の運営は課長、副課長と命名された代

46　オンライン市役所HP https://www.online-shiyakusho.jp/（閲覧日：2022 年 4 月 5 日）
47　関西テレビ「報道ランナー」2022 年 1 月 25 日放送「『オンライン市役所』休日に
　　集う公務員たち　自治体の枠を超えた情報交換　ワクチン 3 回目接種を成功に導け」
　　https://www.ktv.jp/news/feature/220125/（閲覧日：2022 年 4 月 5 日）
48　自治体ワークスWEB「縦割り社会を飛び出して悩みやアイデアを共有する『オンラ
　　イン市役所』とは」https://jichitai.works/article/details/466（閲覧日：2022 年 4 月 5 日）

表者に委ねられ、多くの運営者が存在することも特徴である。

2008 年　地域に飛び出す公務員ネットワーク

　地域に飛び出す公務員ネットワークは、それまで、自治体職員の課外活動に対し、「たくさんいても、まだまだ肩身の狭い思いをしたり、変人扱いをされたりしている人が多かった（椎川ほか 2021：3-4）[49]」時代に、財団法人地域活性化センターが総務省地域政策課の協力の下で運営する、電子メールを利用した公務員ネットワークメーリングリストサービスを開始したのである（一財地域活性化センター HP）[50]。参加資格を現職又は元職の国家公務員及び地方公務員に限定しているその活動は、「仕事以外に地域おこしや社会貢献活動、ボランティア活動に取り組む公務員のネットワークを支援し、活性化すること」を目的としている。2008 年 7 月に初代の総務省地域力創造審議官に就任した椎川忍が、その年の秋にかねてから持論としていた公務員の地域活動や社会貢献活動を促進するために立ち上げた「地域に飛び出す公務員ネットワーク」には約 2,500 名の登録者（2018 年 4 月現在）[51] がおり、その活動は「日々の活動や現場での気づき、仕事のしかた、官民関係のありかたなどを自由にメーリングリスト上で報告や議論を行う」ネットワーク活動と、地域別の自主的なオフ会を主な活動内容としている（椎川 2012：74）[52]。そして、公務員の課外活動への支援は、2011 年 3 月 11 日に発足した「地域に飛び出す公務員を応援する首長連合」によりさらに展開する。39 名の首長により発足したこの団体は、「公務員が自分の時間を活用して、一国民、一地域住民として、職場や家庭における役割に加え、プラスワンとして、社会貢献活動、地域づくり活動、自治会、PTA、消防団、NPO 法人などの活動に参画することを応

49　椎川忍ほか（2021）「飛び出す！公務員　時代を切り拓く98 人の実践」学芸出版社
50　一般財団法人地域活性化センター「地域に飛び出す公務員ネットワークメーリングリストサービス管理運用規程」https://www.jcrd.jp/publications/pdf/tobidasu_unyoukitei.pdf（閲覧日：2022 年4 月5 日）
51　一般財団法人地域活性化センターHP「地域に飛び出す公務員ネットワーク」https://www.jcrd.jp/publications/network/（閲覧日：2022 年4 月5 日）
52　椎川忍（2012）『地域に飛び出す公務員ハンドブック』今井書店

援」する趣旨で結成されたものである（古川 2012:3）[53]。その後、2012 年 1 月 18 日、19 日には「～公務員よ飛び出せ！やり出せ！頭出せ！～地域に飛び出す公務員を応援する首長連合サミット＆地域に飛び出す公務員セミナー in 愛媛」を開催するなど、継続的に活動を行っている（地域に飛び出す公務員を応援する首長連合サミット HP）[54]。更に、2013 年からは、地域に飛び出す公務員アウォードを開催しているのも支援の柱である。応募対象は、社会貢献活動、地域づくり活動、自治会、PTA、消防団、NPO 法人などが取り組む活動に貢献をしている公務員（他の組織への出向者を含む）または公務員のグループであり、自薦または他薦で応募し、地域に飛び出す公務員を応援する首長連合に参加している首長等により審査を受け、地域に飛び出す公務員を応援する首長連合サミットで発表、表彰の場を設けている。このことは、公務の傍らに課外活動を行う自治体職員を公に評価するものであり、その対象には自主研究活動も含まれている。公務員の課外活動を定期的かつ組織的に評価する初めての取り組みであった。

　公務員の課外活動への支援が、首長や自治体を構成員とする団体により行われることは、椎川が「十数年前には、特異な存在、変人と言われていた『飛び公［地域に飛び出す公務員］』が時代の流れとともに、表舞台に出てきて世間から評価されるようになっている（椎川 2012：4）」と記すように、第 2 次自主研ブームにおける特徴の一つであり、一部ではあるが、公務員の課外活動全般に対する理解の変化があったことを示している。

2016 年　HOLG

　そして、2016 年 7 月に発足した地方自治体を応援するメディア「Heroes of Local Government(HOLG)［HOLG はホルグと読む］」という、活躍する公務員や首長を取材するウェブメディアの出現は、公務員全般に対して一般的

53　古川康（2012）「飛び出す公務員を応援する首長連合への参加を」『都市とガバナンス 第17 号』日本都市センター
54　地域に飛び出す公務員を応援する首長連合HP「サミット」https://tobidasu-rengo.com/wp/summit/（閲覧日:2022 年4 月5 日）

に良いイメージがもたれていないなかで、地方公務員を応援する社会起業家の出現という新しい展開であった。その特徴は、これまで行政雑誌に掲載されてきたのは自治体としての施策や自主研究グループ活動など団体としての紹介であったのに対し、それらの活動のなかで活躍、貢献した職員を対象としたインタビューを行うことで、自治体職員個人としての意識や志、活動の契機を読者と共有する点にある。当時、スーパー公務員という言葉がすでに存在していたが、インタビューの対象となるのは、これまであまり取りあげられてこなかった、しかし、自治体組織のなかで胆力をもって誰でも真似できることではない成果を残してきた、イチ自治体職員の想いと素顔である。

　会社組織としての株式会社ホルグは、同年 11 月に設立した。民間企業を退職して起業した加藤年紀が掲げた経営理念は、「『人の根源的な幸せに繋がるが、儲からない事業』を、維持可能なビジネスへと育てる」であり、主な事業は、前述の地方自治体を応援する WEB メディアの運営、2017 年から開催している「地方公務員が本当に凄い！と思う地方公務員アワード」、2019年 1 月から開始した地方公務員限定の有料のウエブコミュニティー「地方公務員オンラインサロン」、2021 年 9 月から開始した地方自治体向けの研修・福利厚生目的としての動画配信サービス「地方公務員オンラインサロン forGOV」などである。これらの事業活動はいずれも、加藤の「地方公務員が力を発揮しやすくなれば、世の中はもっと良くなる[55]」という想いや「自治体が成果を出しやすい環境をつくりたい[56]」という考えに基づいている。そして、その活動の根底にあるのは「地方自治体は人の幸せに直結している仕事を、ある意味独占してやっているような部分があります。だから、自治体の仕事の成果は、そのまま世の中の幸福度に大きな影響を与える[57]」と述べるように、

55　地方公務員オンラインサロンHP https://community.camp-fire.jp/projects/view/111482（閲覧日：2022 年 4 月 5 日）

56　旬刊旅行新聞「『ホルグ代表加藤年紀氏に聞く』自治体支援で幸福度向上を」http://www.ryoko-net.co.jp/?p=20882（閲覧日：2022 年 4 月 5 日）

57　政治山「創業から売上ゼロ！『地方創生』ではなく『地方自治体』にこだわる社会起業家」https://seijiyama.jp/article/news/nws20170607.html（閲覧日：2022 年 4 月 5 日）

加藤の理念であった。民間から現れた、自主研究グループ活動を含めた自治体職員への支援は、地方自治法第1条の2第1項に定める「地方公共団体は、住民の福祉の増進を図ることを基本として、地域における行政を自主的かつ総合的に実施する役割」を推進するため、出る杭は打たれる役所文化のなかで、職員個人を応援する前例のないものであった。

　これまでにみたように、第2次自主研究ブームではITツールの発達にともない、自主研究グループ活動の方法が変化をするととともに、従来のグループで研鑽を積むスタイルから個人活動のために交流するスタイルに変遷をしている。また、自治体職員の課外活動を推奨、支援する首長、公的機関、民間団体が誕生しているのも特徴的である。その一方で、1980年代の第1次自主研究ブームで活動をしていた世代との交流は、これらの調査から確認することができなかった。

（4）自主研究活動の阻害要因

　1970年代以降、これまでの自主研究グループ活動にかかる調査において、度々取り上げられるのが、研究活動に対する職場の無理解や組織風土などによる阻害要因である。**表11**は、先行研究における、自主研究グループ活動に対する自治体内の評価を整理したものである。

表11　1985年から2021年までの自主研究活動に対する評価

大森彌（1985：72）58	なにかに意欲をもやそうとする職員にとって1番やっかいなのが、実は自分の所属している職場内の「冷ややかな眼」であることぐらい知っているよ。うまくやるさ。
松下圭一（1987：39）	自主研究グループは、既成の組織職務の枠組みをはなれた職員個人の自由な参加による研究活動であるため、いまのところ、庁内幹部あるいは労働組合から違和感をもたれることが多い。特に人事派閥、政治派閥ととられることのないように慎重でありたい。

天野巡一 （小関 2021：175）	当時［1980年代］は自主研活動をしていると、変わり者と言われて出世コースから外されるような雰囲気でした。
鏡論 （小関 2019：127）	「口外するな」と言われていました。何故かというと、松下先生は松下と付き合うと評価に影響するぞ」ということを仰っていました。政治的な色に凄く配慮していました。
関根久雄 （小関 2019：137）	きっかけは、当時の私の上司に「市役所の中で何かしているのだってね…」、「そんな風に外部の職員を市庁舎に入れるんじゃない」と言われたことです。きっと、他人がそうした活動をするのが気に入らなかったのだと思います。自分がやっているのなら良いのでしょうけど、他人がしているのが気になったのだと思います。
森啓 （2006：71-72）	現状維持でないことをやれば必ず「しっぺ返し、嫉妬と陰口、足ひっぱり」が伴うものです。その覚悟が必要です。
大森彌 （2015:177）[59]	職員を人材として育てる責任を負っている管理職が自発的に研究しようとする職員を冷ややかな眼で見るなどということはあってはならないことです。しかし現実にはそうした不見識な管理職がいないわけではなく、その1点でも昇任管理に問題があると言わざるを得ないのです。職員の自主研究活動に冷淡な管理職を人事運営によってまずなくすこと、これが自主研究を支援していく基本ではないでしょうか。
須藤文彦 （2015：19）	「あいつは派閥をつくろうとしている」、「横須賀さんの派閥に入った」というような下世話な内容だった。
昼間守仁 （2015：68）	「キミらは係長になるまで黙っていろ。係長になったら言いたいことを言え」があげられよう。そうしないと現実の封建的な職場からホサレることを懸念しての温かい助言であるのだが、正にこの言葉が妙に現実味をおびる自治体であった。当時は「市民参加」は政治運動の認識が強く否定的であり且つ「自主研究グループ」は秘密結社扱いされるような雰囲気の組織でありこの貴重な助言はかなり有効（？）であったことを記憶している。
椎川忍 （2021:3-4）	自治体職員の課外活動に対して「たくさんいても、まだまだ肩身の狭い思いをしたり、変人扱いをされたりしている人が多かった。

出典：筆者作成

　表は、第1次自主研ブームから40年以上経た後にも偏見が存在していることを示している。これらの評価により、志半ばで活動が途絶えたグループや、不遇な扱いを受けた職員もいたであろう。自主研究活動には、その意に反した扱いを受けるリスクが実態として存在している。

58　大森彌（1985）「自治体職員による自主研究活動」『地域開発1985年1月号』日本地域開発センター
59　大森彌（2015）『自治体職員再論〜人口減少時代を生き抜く〜』ぎょうせい

2 自治体政策研究の変遷

　自治体政策研究は、様々な分野で展開していた。自治体組織側では基礎自治体が設置するシンクタンクにおいて研究が行われており、古くは 1950 年代から設置されている。その後、1970 ～ 80 年代、1990 年代と、シンクタンクの設立が集中する年代が存在している。その中で、一部ではあるが、政策研究誌を発行するシンクタンクも存在しており、政策研究は職員にも認知されていく。

　また、1990 年代には、大学においても政策研究が行われるようになる。新たな学部学科の設置や自治体政策研究セミナーの開催、大学院の開設などである。そこへは派遣先、研修先として自治体から職員が参加するようになる。さらに、自治体職員が研究を実践する場として設立された、自治体政策を研究テーマにする学会は、大学院で自治体政策を先行した青年院生の次のステップとして、研究の籍を置く場所にもなった。1990 年代以降、自治体政策の研究は、自治体シンクタンク、学会、大学、大学院、など様々な場で展開されていたのである。

（1）自治体シンクタンク

　日本で最初の自治体問題を扱うシンクタンクは、1922 年 2 月に東京市長でもあった後藤新平によって創設された財団法人東京市政調査会[60]であり、戦後に基礎自治体が設置したシンクタンクは、1951 年に設立された大阪市政研究所［2012 年 3 月廃止］に遡る。その自治体シンクタンクの定義につ

60　2012 年 4 月に公益法人制度改革にともなって公益財団法人に移行し、「後藤・安田記念東京都市研究所」に改称している。

いて、中西規之は「都市自治体自らが設立した都市政策に関する調査研究を行う組織・機関（中西 2003：76）[61]」としている。

　また、自治体シンクタンクの先行研究について、牧瀬稔は「今日、自治体シンクタンクに特化した先行研究は少ない（牧瀬 2018：12）[62]」とした上で、「自治体シンクタンクは非営利型である。さらに非営利型のシンクタンクは、自治体系、NPO 系、学術系、金融系、政党系に大きく分けることができる（牧瀬 2018：12）」とその分類を示している。その自治体が設立したシンクタンクが相次いで設置されたのは、主に 1970 年代から 80 年代にかけてであり、この状況について、塩見は次のように述べている。

　　兵庫県は長期的な大型プロジェクトの立案を目的に 47（1972）年にはやくも財団法人 21 世紀協会を設置しているし、埼玉県は 52（1977）年に自治と連帯の総合的な施策を推進するため自治振興センターを設け、調査研究部門を置いている。神奈川県も 55（1980）年に従来の職員研修所を自治総合研究センターと改組して研究部を設けるとともに政策研究を組織的に推進、職員の自主研究を助成しているが、神奈川県では雑誌「自治体学」の発刊を始め、全国的に新しい自治体政策の流れに大きな波紋を投げかけた。こうした自治体の調査研究の組織は都道府県では東京都の労働経済局労働研究所や、大阪府の商工経済研究所、京都府、兵庫県の労働経済研究所など早くから設置されているものがあるが、50（1975）年代に入ってから新しい時代の要請に対応した政策課題の探求を目的として新たに設置されたものが多い。（田村ほか 1986：197-198）

　設立の背景として、自治体政策研究の注目と共に、1969 年の地方自治法

61　中西規之（2003）「都市シンクタンク論序説-- 現状と課題」『都市とガバナンス/ 日本都市センター編4 号』日本都市センター
62　牧瀬稔（2018）「自治体シンクタンクの設置傾向と今後に向けた展望」『公共政策志林』6 巻、法政大学公共政策研究科『公共政策志林』編集委員会

改正により市町村に基本構想の策定が義務付けられたことが存在している。その後、自治体シンクタンク設立の波は1990年前後にもう一度発生する。このことについて、牧瀬は次のように述べている。

> 1996年に発表された東京都職員研修所調査研究室の『東京都における政策形成と調査研究機能（シンクタンク機能）のあり方』によると、47都道府県と12政令指定都市を対象に調査したところ、自治体が主導または関与して組織内外に設置した調査機関（すなわち自治体シンクタンク）は全国で47組織あると記している。そのうち26組織が1988年から1991年に設置されており、1992年から1995年に16組織が設置されている。特に1990年前後に集中的に設置されたことが理解できる。なお、当時は都道府県が設置の主体となり、かつ、財団法人型を採用することが多かった。（牧瀬2018：15）

その後、牧瀬は「財団法人型のシンクタンクは趨勢的に減少してきた（牧瀬2018：15）」とし、その理由について、「財団法人型や第3セクター型が縮小していく中で、市区町村が設置主体となって設置する自治体シンクタンク－特に自治体内設置型のシンクタンク－は増加しつつある。2000年前後から相次いで誕生している（牧瀬2018：15）」と述べるとともに、近年の動向について「自治体シンクタンクは廃止以上に誕生するシンクタンクが上回っているため、全体的には増加しつつある（牧瀬2018：15）」としている。

2000年から多くの自治体シンクタンクが誕生した理由については、「『地方分権の推進を図るための関係法律の整備等に関する法律［地方分権一括法］』により、市区町村が国や都道府県と同じだけの企画力（政策形成力）をもたなくてはいけなくなったからという一言に集約される（牧瀬2017：99）[63]」と述べている。

63　牧瀬稔（2017）「自治体シンクタンク（都市シンクタンク）の過去、現在、未来」『都市とガバナンスVol.27』日本都市センター

　また、自治体政策研究の流れから、自治体が編集する政策情報誌が発行されるようになる。大矢野は「自治体発行の政策情報誌について、先駆的役割をになった4誌を取り上げ、各自治体における内部改革との関連で、政策情報誌がどのような役割を果たしたか（大矢野2000：1）」について検討を行っている。自治体発行の先駆的政策情報誌は、1963年に創刊した横浜市の『調査季報』と、1975年に創刊した神戸市の『都市政策』である。どちらも革新自治体政権下において創刊しており、神戸市は、財団法人神戸都市問題研究所が編集発行する外部機関発行に特徴があるとともに、自治体シンクタンクが発行する研究誌の草分け的存在である。その後、同じく革新自治体政権下の神奈川県では、1977年に『自治体学研究』が創刊された。こちらは、研修所発行型研究誌の先駆である。さらに、1992年に北海道町村会が『フロンティア180』を創刊しており、自治体間の連合組織による編集発行の草分けである。いずれのケースも、政策情報誌を編集・発行するには担当職員や執筆者の政策研究能力が求められるため、読者だけでなく、編集者側の政策研究に対する知見を深める成果があったと考えられる。

（2）大学・大学院

　自治体政策研究の展開は、大学における学部、学科の設置にも影響を及ぼすようになる。大学カリキュラムの再編について、松下は次のように述べている。

　　1970年代ごろから大学の既成学部、新設学部、さらに大学院における「政策」ないし「自治体」をめぐる講座の拡大、特に政策専門の学部あるいは大学院の設置もみられます。在職のまま「社会人」入学という自治体職員への大学院の開放もその一環です。（松下1999：13）[64]

64　松下圭一（1999）『自治体は変わるか』岩波書店

　この、日本の大学、研究機関における政策研究のはじまりについて、田口富久治は大学における政策科学分野における学部学科の設置を次のように述べている。

　　日本の大学・研究機関における政策科学の研究・教育の嚆矢をなしたのは、筑波大学第3学群、社会工学系の設立と埼玉大学における大学院政策科学研究科の設置であった。(その後90年代に入る頃から慶應義塾大学の総合政策学部、中央大学の総合政策学部、立命館大学の政策学部、関西学院大学総合政策学部、関西大学総合情報学部などが立ち上げられていった)。(田口2001：13)[65]

　自治体職員が在職のまま通える、5時以降に働きながら学べる大学院が1990年代後半から広がっていくが、その後の展開について、松下は「自治体職員はこの意味で、独自の新しい研究責任をになります。そこでは、すでに次の事態がおきています」とした上で、「大学での政策あるいは自治体・都市関連講座の拡大とあいまって、自治体職員出身の教授が急速にふえる(松下1999：15)」と述べている。自治体において政策研究を実践した自治体職員が大学院で研究を深め、1999年当時に実務経験のある大学教員として教壇に立っているのである。

　さらに、2003年に、学術の理論及び応用を研究し、高度の専門性が求められる職業を担うための深い学識及び卓越した能力を培うことを目的とする専門職大学院制度が施行される。山口道昭が「専門職大学院としての公共政策系大学院が数多く設置されてきた。これらの多くは、国や自治体の職員のキャリアアップを目的の一つとしている(山口2013:226)[66]」と述べるように、自治体職員の派遣研修先として、退職をせずに在職のまま社会人入学できる

65　田口富久治(2001)「戦後日本における公共政策学の展開」『政策科学8(2)』立命館大学
66　山口道昭(2013)『シリーズ自治体政策法務講座第4巻組織・人材育成』ぎょうせい

大学院の設置に発展したことにより、自治体職員の自己啓発の場としての選択肢が追加されている。

　また、大学においては自治体職員向けの公開講座が開催されている。松下は、自治体職員向けの大学主催公開講座について、次のように述べている。

　　自治体職員むけに最初にできた法政大学大学院の公開講座『都市政策セミナー』は 1977 年以来すでに 20 年あまりつづいていますが、北海道大学主催にはじまる『土曜講座』なども今日では全国でも有名です。各県の大学で活発に自治体職員むけの公開講座がおこなわれています。（松下 1999：13）

　大学を自治体政策研究の場として公開する取り組みは政策研究の種を撒き続け、研究を深めて学位取得をした自治体職員が研究者として大学で登壇するケースも現れるようになり、自治体職員が教員として大学に戻ることで、元自治体職員の実務家教員がうまれる循環の仕組みにもつながった。いまでは、実務家教員のキャリアパスの一つになっている。

　このことは、自治体政策研究における政策実務と政策研究が接近する過程で、その役割を果たすことになる。当時、政策はすべて霞が関の情報収集力のもとに国の官僚が作っていた時代であり、自治体内部の情報とデータが研究対象として共有されることは限定的であった。一方、アメリカにおけるジョブ型採用に基づいたリボルビングドアでは、人材が流動的に行き来する仕組みがある。日本のメンバーシップ型採用の自治体では、人的な流動性がない仕組みであり、そのような条件下で、自治体職員が在勤しながら社会人大学院で学び、当事者としての経験や材料を基に研究を行い、論文ではデータに基づいて論証したのである。そして、サイドワークやセカンドキャリアとして大学等に登壇することで、政策実務が政策研究として広がっていった。この展開の背景には、夜間大学院における政策研究があった。

（3）学会

　自治体政策研究の流れは、研究者にも自治体の政策について関心をもたらし、複数の学会が設立される動きにつながった。自治体学会の設立を前後して自治体問題を研究する学会が相次いで設立されたことについて、鳴海は次のように述べている。

　　自治体学会創立の 2 年前の 1984 年に、関西を中心とした専門家たちが「地方自治経営学会」、「日本地方自治研究学会」を作っています。その時期は、都市経営論が盛んな時だったのです。しかしそれらは、市民自治を基本として自治体のあり方を改革していくという視点は薄かったと思います。（鳴海 2007：97）

　　いずれにしても、地方自治を名乗る学会がこの時期に、地方自治経営学会、日本地方自治研究学会、自治体学会、日本地方自治学会とバタバタと 4 つできてくるのです。（鳴海 2007：105）

　自治体政策研究の専門分野は多様であることから、それぞれの分野から自治体問題についての関心が高まってきたことがうかがえる。1984 年に設立した地方自治経営学会はマスコミや市民、企業等も参加する官・学・民共同の学術団体［2014 年 3 月解散］であり、同じく 1984 年設立の日本地方自治研究学会は「地方自治の科学化、近代化、民主化のための理論および政策等の調査研究をすすめ、地方自治の発展に貢献することを目的」として設立されている。1986 年に設立された自治体学会は「市民的視野に立ち地域に根ざした実践的な研究及び会員相互の交流をとおし、地域ごとの研究活動を促進し、自治体の自律的政策形成を促し、もって自治体学の創造と地域自治の発展に寄与すること」を目的としている。1986 年設立の日本地方自治学

会は、「現代社会を構成する重要な理念および制度としての地方自治について総合的な研究を行い、あわせて会員相互の交流を図ることを目的」としている。これらの動きから、1970年代後半に始まった地方自治における政策研究の流れは、研究者の世界でもその研究対象として影響を及ぼしていたことが明らかである。なお、1986年に設立した自治体学会と日本地方自治学会は「発足の当初にあたって、相互に協力し、会員が重複することなどを了解（宮本2019：15）[67]」している。その中で、自治体学会設立の特徴とその意義について、江口清三郎は次のように述べている。

> 自治体職員が自治体学会に入るということは、職員にとっても自治体にとっても、きわめて大きな「革命」でありまた「革新」でもある。それは、次のようなことである。まず、職員が「学会」に入るということである。世には、いろいろな学会が数多くある。しかし、「学会」であるが故に自治体職員が加入するということはきわめて数が限られていたのである。もちろん少数ではあるが職員が学会に入っていた事実はあるが、この場合の多くは恩師のすすめによって入会するといった事例が多かったようである。そして入会しようにも紹介者がいないため入会できなかったといったこともしばしばあったようである。ところが自治体学会には大量の職員が入会するばかりでなく、学会の設立そのものに職員が役割を果たしたということである。これはまさに「革命」なのである。（江口1986：174）[68]

　学会加入は、当時の自治体職員にとって高いハードルであり、自治体職員による自治体職員のための研究を行う場である自治体学会を自治体職員が創

67　宮本憲一（2019）「地方自治研究史私論―日本地方自治学会創立の意義と課題―」『地方自治研究の30年』日本地方自治学会
68　江口清三郎（1986）「自治体職員と自治体学会」『いま草の根現場から自治体学の構築を』日本評論社

設に関与したことは、政策研究を実践する者にとって時代の変革であった。その後、1996 年には日本公共政策学会が設立される。初代会長である松下圭一は設立総会の基調講演で次のように述べている。

　　今日、ひろく、政策開発・政策研究の重要性、緊急性が理解されるようになっています。すでに数十をかぞえる政策・計画にかんする専門学会があります。また政策専門の学科、学部、大学院も新設され、今後急増すると思われます。既成学部でも政策にかんする講座がふえています。他方、政策づくりを専門あるいは商品化する研究所やシンクタンクもこれに加わっています。日本も、後発国特有の輸入理論信仰段階を終わって、「実務」としての政策開発・政策研究にとりくみ、社会科学全域を再編する時代にはいってきたといえます。日本公共政策学会の出発は、この意味で不可欠だったといえるでしょう。（松下 1996：1）[69]

　自治体学会の設立により、自治体職員にとっては各種学会への扉が開いたのと同時に、自治体問題を研究対象とする研究者にとっては、自治体現場の情報を実務者である自治体職員から得る場になったことで、自治体現場の課題をより学術的な研究ができる環境が整い始めたのである。

3　小括

　自治体政策研究は、自治体職員による 1970 年代後半の自主研究活動をきっかけに発展し、全国的な活動に展開した。その背景にあったのは、国の全国一律的な政策に対応できない高度経済成長の歪による公害や環境、福祉などの地

69　松下圭一（1996）「基調講演　日本の公共政策研究」『日本公共政策学会会報No.1』　日本公共政策学会

域の問題に取り組む革新自治体の活動と、自治体職員の高学歴化であった。

　自治体職員の高学歴化について、1970年代は2度の石油危機と不況に見舞われており、大学生の就職先であった民間企業では採用者数を縮小せざるを得ない状況があった。そのような状況下で、革新自治体の活動に期待感を持って自治体に就職した学生が多数存在していたのである。この状況について、宮本憲一は、田村明との対談で次のように述べている。

　　1970年代に入ってから、むしろ自治体に職を求める志を持った学生がどんどん増えてきました。このことは自治省の調べでも、地方自治体の高学歴化が進んだことが明らかにされています。こうした現象は、大都市圏だけでなく、地方の自治体でも同じことがいえます。（経済評論増刊1986：5）

また、その学歴変化の状況について、坂元博海は次のように述べている。

　　公務員の高学歴化の問題です。ちなみに昭和35（1960）年、中卒の人が68万4千だったのが、50（1975）年には9万4千で、54（1979）年が6万3千だそうです。一方大卒、これは短大卒も含みますが、35（1960）年は11万1千だったのが、45（1970）年では25万、50（1975）年では31万1千、54（1979）年では37万8千と、非常に大卒の方が多くなってきた。（坂元1982：14）[70]

　省庁では、多くの高卒職員が少数の高学歴職員を支える人員構成になっていたのに対し、1970年代の自治体では若手職員の多くを大卒職員が占めるようになっていたのである。しかし、実際に自治体に就職して携わる職務はルーティーンの連続であり、就職当初の期待感が薄れていく。その状況下で

70　公務職員研究協会（1982）『地方自治職員研修臨時増刊号No.10 岐路に立つ自治体職員』公務職員研究協会

目を向けたのが、自治体現場で直面する課題を自ら研究しようとする、自主研究活動だったのである。当時の自治体職員の心情の変化について、森は次のように述べている。

> かつては「地方公務員」は低賃金の代名詞であり、そのイメージは極めて低く、中央国家の末端行政事務を執行するものとして位置づけられてきた。しかし、戦後47年の自治の歩みは、つまり市民の運動の成熟によって、いま自らを「自治体職員」さらには「地方政府職員」として位置づけ、頭をもたげ、目をひらいて、市民とともに、らしさのある地域をつくり出す、フルタイム公共事務従事職員としての誇りと責任を自覚し始めた。（森1992：64）

　自治体が全国規模の集会を開催することのなかった時代に、有志による全国的な組織化活動を自治体職員が展開したことは画期的であり、この実績は後に、自治体学設立の布石となった。さらに、自治体政策研究は大学における総合政策分野の学部、学科、大学院の創設や自治体職員の研究職への転職など、自治の現場と研究のつながりを構築しながら展開していったのである。
　これらの、自治体職員による第1次自主研究ブームに端を発した自治体政策研究の流れについて、松下は次のようにまとめている。

> 自治体職員によるこのような研究の流れは、従来は、国レベル中心の発想にかぎられたため無視されてきた自治体レベルの研究を、国際関係レベルの研究と同じ比重にまでたかめることになります。…＜略＞…そこでは、すでに、次の事態がおきています。（松下1999：14）

> ①書籍、雑誌、学会には、自治体職員の著作、論文、発表が多くなっている。
> ②自治体研修の講師を大学教授ではなく実務に即して先駆自治体職員が担当する。

③大学での政策あるいは自治体・都市関連講座の拡大とあいまって、自治体職員出身の教授が急速に増える。

④国の政策形成をめぐって、高齢者介護にみられるように、ひろく自治体職員が省庁の政策立案について直接の批判・参画をはじめるようになる。

特に④は画期的事態で、国の省庁での政策立案には、大学教授、シンクタンクなどだけでなく、今後、自治体からの批判・参画つまり発言が多くなっていきますし、省庁官僚からも先駆自治体職員との交流をもとめはじめています。これまで、＜現場＞の政治・行政現実から遠い省庁OB、大学教授が、しかも省庁局課の原案を追認するために省庁審議会委員になってきましたが、現場での個別施策に熟達した自治体職員も審議会中核となるべきでしょう。(松下 1999：14)

　松下が1999年に述べたように、自主研究グループ活動や自治体で先駆的な取り組みを実践した自治体職員が、個人として国の審議会で参考意見を述べ、職務の傍らで大学の講師を担い、大学教員に転職するなど、自治体職員による政策研究活動は展開している。

　その後、2000年代の自主研究グループ活動は、ICTを活用した新たな展開により第2次ブームの様相をみせている。その特徴は、多様な人々との交流から得られる知見を個人のものとして自治体現場に持ち帰ろうとする活動である。

　これらの自主研究グループ活動の歴史を俯瞰した際、直接のつながりをみることができないのが、第1次自主研ブーム世代と第2次自主研究ブーム世代間の交流である。両世代には交流が見られないばかりか、相互に関心の対象になっていない現状がある。例えば、2013年11月23日に開催された関東自主研サミットには、関東地方で活動する自主研究グループ運営者を中心に120名以上が参加し、開催資料には関東各都県の42団体が掲載されてい

る（関東自主研サミット：2013）[71]。会場は、奇しくも1984年10月18日に第1回全国自治体政策研究交流会議が開催され、自治体学会設立の提案が行われた神奈川県民ホール6階大会議室である。しかし、その中に1980年代から続くような老舗自主研グループの姿はなく、参加者は2010年前後に活動を開始した自主研究グループの集まりであった。関東自主研サミットはその後も毎年開催されているが、第1次自主研究ブーム世代との交流は行われていない。相互の中心メンバーの世代が異なることも一因だが、お互いに関心の対象とならないのは、活動目的が異なるからにほかならない。どの時代においても、公務や家庭と並行して自主研究を継続することは時間と労力の負担が大きいものであり、活動への情熱を持った自治体職員の活動であることは共通している。そこで課題に感じるのは、自治体職員の自主研究グループ活動という同じカテゴリーにおいて、自治体政策研究におけるロールモデルと呼べる第1次自主研究ブーム世代が退職していく中で、自主研究世代間の断絶がおきていることである。世代的には、第2次世代が自治体に就職したころ、第1次世代の多くは50代であり、第2次自主研究ブームが広がった2010年頃には定年退職を迎える時期である。第2次世代は、先輩たちの活動について耳に入ることはあったかもしれないが、自主研究会やその活動スタイルに、おそらくは、影響を受けていない。両者の活動には様々な相違が存在することからも、両世代間では断絶と言えるほどの溝が存在しているのである。

　また、第2次自主研究ブームにおける交流の中では、それまで終身雇用の象徴であった自治体において、民間企業やほかの自治体への転職、独立など、胆力のある職員が次のキャリアを目指す情報を共有する場となり、課外活動から受ける刺激の他に、自治体職員のキャリアパスを考えるきっかけにもなっている。

71　関東自主研サミット（2013）『自主研等活動団体履歴書集』関東自主研サミット実行委員会

第3章　多摩地区の自治体職員による政策研究会

1　松下圭一の職員参加支援

（1）市民参加と職員参加

　1960年代にはじまる市民参加の機運は、地域活動団体や市民活動家による市民運動が展開され、「種々の批判に鍛えられて、その問題点の摘出さらにはその可能性への理論構築は定着しつつある（松下1980：1）」ものの、『職員参加』が刊行された1980年当時、自治体職員による職員参加は、まだ実現されていなかった。松下によれば、「職員参加については、いまだ理論整理どころか、その実態も個々の事例は取りあげられているとしても、あきらかではない（松下編1980：1）」状態であった。松下は1980年に刊行した『職員参加』のなかで、自治体における職員参加について次のように述べている。

> 　60年代以降、市民参加の台頭とともに、職員参加という言葉もつかわれはじめるようになった。だが、今日でも、職員参加は「声はすれども姿はみえず」というのが、その実態であると言っても過言ではない。（松下編1980:312）

　そして1980年代に入り、自治体職員の政策研究というかたちで職員参加はようやく姿を現す。このことについて松下は次のように述べている。

1980年代にはいって、つぎにのべる自治体の条件変化（第2節）ない
し課題変化（第3節）を背景として、自治体職員の政策研究というかた
ちでようやく姿をあらわすようになってきた。職員参加の基本ないし土
台が、まさに、職員の政策研究だからである。あるいは職員の政策研究が、
職員参加をはじめて実行あらしめるものとする。ひろくいえば、日本に
おける都市型社会の成熟にともなう、政治・行政の農村型から都市型へ
の再編という自治体の転機に対応して、市民参加、おくれて職員参加が
日程にのぼってきたのである。1980年代を、職員の政策研究の開花に
よる職員参加の拡大の時期とみたい。（松下1987：26-27）

　一方、自治体職員の職員参加の課題について、松下は、第一として「自治
体の職員機構の実情が外部に『閉ざされて』いることもあって、職員参加の
位置づけについての理論整理がいまだできていないことが最大の原因（松下
1987：167）」と述べ、職員参加が進展しない原因の一つに自治体組織の閉鎖
性を挙げている。第二には、「明治以降の既成行政理論の再編、とくに行政概
念の転換を不可避とするからであると思われる。それゆえ、たんなる外部か
らの考察だけでは、職員参加の問題点があきらかにならない（松下1980：1）」
とし、行政内部の実態を把握することが問題解決に必要だと挙げている。松
下は、「問題は、政策の公共性を誰がどのように構成するかという＜主体＞と
＜方法＞をめぐっての対立であり、この対立は日本の政治体質の転換をめぐっ
て争われているのである。すなわち、主体と手続きとの「統制型　国→都道
府県→市区町村→市民」、「参加型　市民→市区町村→都道府県→国」という
対立であり、市民運動はまさに従来の統制型を政策参加型統合へと180度の
転換をせまっている（松下1971：197）[72]」と述べている。
　さらに、「内部からの率直な究明、それに究明のための理論視覚の構築が、

72　松下圭一編（1971）『市民参加』東洋経済新報社

職員参加については基本前提となる。しかも、この理論視覚の構築によって、保革の既成行政理論の組直しがすすまないかぎり、職員参加自体がすすみえないという循環関係にある。職員参加は、市民参加に触発されているものの、その基本性格の複雑さあるいは微妙さが、そのたちおくれをうんでいる（松下編1980：1)」（下線は引用者）と述べ、行政組織を外観していたのではその問題点を明らかにすることはできないとしている。職員参加の目的とは、「市民自治の原点に立った市政の実現のためであり、市民の立場に立った職員の参加が求められているのである。ここでいう職員参加では、職員の個人的利益や利害の主張が第一義的に求められているのではなく、市民の福祉向上という市民性を備えた主張（松下編1980：52)」（傍点はママ）なのである。この自治体職員が職員参加をする際の視座について、松下は、自治体職員のもつ三面性として次のように述べている。

　今まで自治体の職員は、労働者と公務員という二重性を持っている、と言われてきましたけれども、もう一つやはり、自分たちも普通の市民だというこれが欠けているのではないか。二重性じゃなくて、むしろ三重性。それも二重性プラス1というよりも、労働者と公務員の媒介環としての市民です。だからそういう職員自身も、たんにサービスをするとかいい仕事をするとかいうことじゃなくて、自分たちも普通の市民だという、開かれた連帯意識を市民との間に持たない限り、うまくいかないだろう。そのためにも、市民と職員との対話が日常的に組織されなければならない。すなわち自治体の個々の行政に市民が参加するチャンスをたくさん作らなければならない。（松下編1971：265)

　この職員の「三面性」を考えた際に、分けて考える必要があるのが職員参加と職務参加である。この区別について、松下は「職員参加は自治体全体の展望を持つ参加であり、職務参加は職場中心の参加であると、まず、性格分けをしておく必要がある（松下編1980：323)」と述べている。つまり、自治

体職員もまず市民としての意識を持ち、職員は市民と共に考えるのではなく市民として考えるのでなければならないことを示している。同時に、「市民による自治体への＜信託＞という理論構成からみるとき、職員の『制度的』雇用者は首長であるが、『政治的』雇用権者は全体としての市民となる（松下 1980：315）」と述べ、市民による自治体への信託という認識の必要性を職員に求めている。そして、この職員参加について、当時、松下が直接の課題としたものは次のとおりである。（松下 1980：343）

　　①個別施策の策定・実現への参加
　　②業務点検、機構改革への参加
　　③政治争点、政策情報の整理・公開への参加
　　④市民参加との連絡・調整
　　⑤全体計画の策定・実現への参加

　松下が「職員参加は、市民参加に触発されているものの、その基本性格の複雑さあるいは微妙さが、そのたちおくれをうんでいるといえる」と述べる背景には、松下が 1971 年に武蔵野市第 1 期基本構想・長期計画策定委員と緑化市民委員会委員に就任したことで、それまで外部からでは見えなかった自治体内部の様子を自身の感覚で掴むことができたのが影響しているのではないかと思われる。

　また、「それぞれの自治体で職員参加システムを形成する条件が整わないならば、さしあたり、職員参加の促進にあたっては、職員が市民であることの自覚を基本として、庁内に個人参加の多様な研究サークルを群生させることを期待したい（松下編 1980：342-373）」と、職務外での自主研究活動を次善の策として述べている（下線は引用者）。これは、松下自身が市政研究グループの活動にかかわる中で、個人の自発性に基づいた自主研究グループへの参画は、市民参加と同様の構造であり、自治体政策研究の有効性を期待できる感触を得たものだと思われる。この職員参加は、市民参加を土台にした市民

自治への行政主体の転換や、自治体計画の策定と運用をとおして自治体革新にいたる道のりであり、自治体組織が実施するにはまだ課題の多いものであった。その一方で、自治体現場では1980年代に自主研究活動が全国的に展開を遂げ、若手の自治体職員側から職員参加は進展していったのである。

（2）松下圭一と地方自治

①地方自治とのかかわり

松下が政治思想研究家として活動をはじめ、大衆社会論争などの国家的視点による政治理論から地方自治にその研究対象が変化していった時期が、市民参加、職員参加への取り組み期である。では、どのような経緯で地方自治に関心を持つようになったのか。松下は、1959年1月に鳴海正泰とともに中央公論社の依頼を受け、「日本の政治的底流」の共同調査を行っている。1959年4月には第4回統一地方選挙が実施される直前に行われており、選挙前には地域単位の組合運動や市民組織が生まれていたことから、新しい時代の底流の動きを捉えようと企画されたものであった。2人は、政治や市民の動きを調査するために関西地方へ出向き、そこで労働組合や自治体、地域運動団体をヒアリングしたことで、松下は自治体と住民の関係や市民の抵抗活動に関心を持つようになった。その際の様子について、鳴海は次のように紹介をしている。（下線は引用者）

　数日をかけて2人で関西各地の労働組合組織や自治体、地域運動団体をヒアリングしてまわった。松下は地域現場の政党や労働組合の人たち、自治体・住民運動などの地方政治の組織にじかに接するのは初めてのことだと、興奮を抑えきれない様子であった。私は彼に都政調査会で調べていた、国民の底辺の置かれている地方自治の仕組みや住民との関係の問題点、全国各地でさまざまな住民組織や市民の抵抗が起こり始めていることを話した。彼は「俺にはこれまでそこが抜けていた」と強い関心

　　を示していた。（鳴海 2016：12-13）[73]

　1959 年が松下にとって初めて地域の地方政治・地方自治にかかわる人々と接した機会であると同時に、それらに大きく感心をもつ契機となったことがわかる。この調査で松下は、「日本社会における『ムラ構造』を地域末端で支えているのは、地域有力者と地方自治体の古い行政と役人組織」であることを指摘し、地方の政治と自治に強い関心を持つようになる。そして、翌1960 年、社会は安保反対をめぐる国民的な動きが大きくなる中で、2 人は、「地方だけではなく大都市の底辺がどうなっているのか、とくに東京という大都市の底辺での政治的底流を検証してみる必要性（鳴海 2016：14）」を感じ、東京都政調査会の仕事として、松下の住む大都市型住宅地である杉並区を対象とした調査を行った。いわゆる「杉並調査」と呼ばれる『大都市における地域政治の構造』は、都と区政や、政党と労働組合、市民活動を中心に行った実態調査である。その中から明らかになったのは、「調査を通じて最も大都市型居住地区地域といわれた杉並区のなかから、大都市におけるムラ構造とそれを支える自治体と地域の実態が浮かび上がってきた…＜略＞…地域民主主義と自治体改革の重要性を掲げた最初の問題（鳴海 2016：14）」であった。1959 年・1960 年に実施したこれらの 2 つの地域政治調査を発端に、松下は地方自治に対するかかわりをもち、活動の場が変化をしていく。このことについて、横須賀は「農村型社会の『ムラ構造』は東京においても存在し、地域民主主義の確立と自治体の構造改革に取り組むことが必須の課題とし、自身の活動方向も地域民主主義と自治体改革の方向に進んでいく（横須賀 2017：8）」と述べている。松下の地方自治における市民参加・職員参加へのかかわりは、これらの地方政治調査の後に展開していった。

73　鳴海正泰（2016）「松下圭一の『自治体改革・都市政策論』の源流－1960 年代・戦後日本の転換期のなかで－」『自治研かながわ月報第 160 号 2016 年 8 月号』公益社団法人神奈川県地方自治研究センター

②武蔵野市の市民参加

　その後、松下は 1971 年 10 月に始まる武蔵野市の第 1 期長期計画策定委員を務めることになる。この委員会での松下の立場は、自治体の外部委員によくみられる有識者としての委員ではなく、住民としての市民委員である。さらに、このときに参加した 4 名の市民委員は全員、武蔵野市在住の研究者であったことは、この委員会の特徴である。その状況について、松下は次のように述べている。

　　当時、武蔵野市の計画策定は、市民参加というよりも学者参加ではないかという批判がありました。しかし、武蔵野市では、学者参加としてではなく、市民参加として武蔵野市在住の市民である学者 4 名が当時ごく少数だった自治体専門家として、策定委員になったわけです。当時はまだ自治体職員が計画策定に熟達していないこともあって、多くの自治体ではかたちをつけるため著名人等などへの委託も多かったのですが、武蔵野市では専門家市民の参加という方法で解決していきました。(松下 1999：203)

　4 名の市民委員が市内在住の研究者である上に、全員が行政学の研究者であった点は、この策定委員会が特異なものであったことを示している。委員の人選について、松下は「武蔵野市にある成蹊大学の佐藤竺さんが市の教育委員をされていたという経歴もあって、人選の中心となりました（松下 1999：203）」と記している。この人選について、異なる角度から述べているのが横須賀徹である。横須賀は「真の松下らしさの形態」とした上で、次のように述べている。

　　自分が実務の中心人物として進めるが、委員長は東京大学教授の遠藤湘吉とし、地元成蹊大学の佐藤竺と造園家の田畑貞寿（後に千葉大学教授、

　　造園学会会長、当時東京大学特別研究員）を配し、委員長の権威と地元
　　大学の行政学者で学生の参加を促せる人材、加えて、武蔵野のアイデン
　　ティティーである緑の保全に対する知恵を持つ造園家と、目配りの利い
　　た陣容を整えて進めた。（横須賀 2017：9）

　松下は、長期計画策定委員会では委員として裏方に徹しており、自治体現
場での活動では代表者として前面に出ていない。このことは、後の自治体政
策研究の展開においても同様である。その一方で、松下は実務的な場面では
全面に立っている。松下がその手腕を振ったのは、当時、他に例を見ない市
民参加方式で政策提言を行う第1号の現場となった、1971年9月に発足し
た緑化市民委員会である。多様な12名の市民で構成された委員会で松下は
委員長を務め、全員から丁寧に意見を聞き取り、委員会として提言を行って
いる。この武蔵野市計画における策定委員の特徴のひとつに、市民参加、職
員参加、議員参加の考え方があり、松下は次のように述べている。

　　通常、国や県、市町村が審議会方式でおこなわれているように職員がつ
　　くった原案を審議するのではなく、市民参加、職員参加、さらに議員参
　　加の手続をとるとともに、原案自体を策定委員がつくることにしました。
　　その結果、討議要綱、計画原案の1行1行を市長、助役が実現の責任を
　　もつという合意をヒザツメ方式の議論でつくることになっていきます。
　　また、議会の全員協議会での説明、自由討議には、策定委員が直接責任
　　をもつという手続きをつくっていただくことにしました。（松下 1999：
　　211）

　この策定委員による討議要綱には課題の争点、論点と必要資料が示されてお
り、市民・職員・議員に対して配布が行われている。直面する計画課題の情報
の整理、公開をすることは、計画策定の討議に参画し、批判するための基本で
あると考えるからである（松下 1999：214）。これらの武蔵市方式の市民参加・

職員参加・議員参加の手続きについて、要約したものが、**資料 2** である。

資料 2　武蔵野市方式の市民参加、職員参加、議員参加の要約

市民参加手続
　①市民個人参加の市民会議
　②各市民団体 (業界、商店街をふくむ) を数グループに分け、各グループ毎
　③要望のある市民団体には策定委員が出席
職員参加手続
　①職員個人参加の職員会議
　②部課単位
　③職員階層単位
　④職員組合執行部
議員参加手続き
　全員協議会による策定委員との自由討議

出典：松下圭一『自治体は変わるか（1999）』を基に筆者作成

　討議資料を準備し、市民、職員、議員と市政についての意見を交わすなかで、松下は自治体職員との実務的なかかわりをもつようになる。その際に、武蔵野市職員の政策能力を発見したときの言葉として、「そのしくみや構成を提案するとすぐに実現する姿に、首長が変えられないことを、職員が変えていく事を実感」したと述べている（横須賀 2017:17）。この、地方自治への関与について、松下は「『政策法務』のはじまり」として次のように述べている。（下線は引用者）

　　私の政策法務へのとりくみは、都市型社会の政策論点が噴出しはじめた1970 年代はじめ、住んでいました武蔵野市の計画策定委員のとき、子供の遊び場増設をめざして空地の地主さんへの固定資産税免除、また縦割行政をうちやぶって公園課を建設部でなく市民部に設置、条例としての『緑化市民憲章』の制定、あるいは公民館からコミュニティ・センターへの切替えなど、また有名となった日照権要綱裁判への間接のかかわりもありま

した（第 7 章参照）。<u>つまり＜現場＞からの出発でした。</u>（松下 1999：104）

　松下は武蔵野市政の市民参加を振り返り、「自治体現場からの自治体政策法務研究が始まった（松下 1999：104）」、「1970 年前後、武蔵野市における市民参加型自治体計画の策定経験から自治体の深層を学びました（松下 2006：55）」と後に述べているように、自治体政策研究にかかわった要因に武蔵野市政への市民参加の実践があったことを示している。松下と自治体職員とのかかわりついて、横須賀は「60 年代の革新市長や知事との出会いを、自治体改革の出発点ととらえて活動を始めたが、首長の考えと行動だけではなかなか動かないものが、60 年代後半に入り実務家の自治体職員と交流し議論したことで、いくつか実現していくことを実感し、実務家との交流を広げ、実務に加わっていくこととなる（横須賀 2017：9-17）」と述べている。

　松下は、武蔵野市の計画策定委員として自治体職員にかかわる過程で、自治体の課題における解決のプロセスから基礎自治体における政策と職員の政策能力に可能性を感じていた。この交流は、後に、武蔵野市、三鷹市等の東京多摩地域の自治体職員による自主研究グループへの参加に展開する。

③松下の 50 代

　武蔵野市の市民参加を通じて自治体職員の実務に触れる機会を得た松下は、その後、市政研究グループメンバーの塩原との接触を機に多摩の研究会とかかわるようになる。松下は、市政研究グループが 1980 年に刊行した『職員参加』の編著者として研究会にかかわり、通達研究会からは、多摩の研究会メンバーになっている。その 1980 年以降の活動について、松下は 1991 年に出版した『政策型思考と政治』のあとがきで、次のように記している。（下線は引用者）

　<u>私は、10 年前、ほぼ 50 歳でマス・メディアないしジャーナリズムでの発言をやめた。</u>でなければ、本書を書くことはできなかったであろう。

だが、本書は当然、これまでの生活からはじまり、政治ないし政府・行政機構をめぐる、私なりの多様な＜経験＞をふまえている。本書の基礎になっている＜経験＞をめぐって、若いころからさまざまにめぐりあえた方々に、まず心から感謝の意をしたい。(松下 1991：362-363)

　1929 年 8 月生まれの松下の 50 代は 1979 年からの 10 年であり、およそ 1980 年代にあたる。それは、自治体職員との自主研究活動による職員参加の支援や、文化行政などの自治体現場における政策研究と実践に取り組んでいた時期でもある。表 12 は、松下の活動を外観するために、1971 年から 20 年間の著作や論壇での発表を整理したものである。著作は単著、共著、編著や編集した著作を年表に記し、論壇については『中央公論』や『世界』など、いわゆる総合雑誌での論文と、主要新聞 5 紙における発表を整理したものである。

表12　松下圭一の著作と論壇発表

	著作	論壇
1971	3 月『シビル・ミニマムの思想』 6 月『都市政策を考える』 12 月『市民参加』編著	3 月対談「東京をどうする・ビジョンの対決」『朝日新聞』、「新権力論」『日本経済新聞』 4 月「大都市に新しい都市革命・統一地方選を展望して」、「分節民主主義の理論追求を」、対談「どう変わった都市と農村」『朝日新聞』
1972	11 月〜 73 年 10 月『岩波講座 現代都市政策』全 12 巻・編集委員	6 月「シビル・ミニマムと自治」『讀賣新聞』 9 月「田中内閣論」『中央公論』 11 月　吉野作造賞「受賞の言葉」『中央公論』 12 月「市民的自由の成熟」[1970 年代の課題・現代日本 100 人の意見]『中央公論』(創刊 1000 号記念)、「政党配置まだ流動的」『サンケイ』、対談「政党の対応は」『朝日新聞』 ※『讀賣新聞』書評委員

1973		1月討議「現代都市政策の可能性」『世界』、「市民自治の確立へ」『讀賣新聞』 2月「政治としての都市政策」『朝日新聞』 5月討議「新局面迎えた自治体」『朝日新聞』 7月「市民参加と法学的思考」『世界』 ※『朝日新聞』書評委員
1975	9月『市民自治の憲法理論』	4月「知事選・私の分析」『朝日新聞』 7月討議「革新自治体第二期の展望」『世界』
1976		4月「国会の憲法責任」『朝日新聞』 5月対談「市民的共和の可能性」『展望』、「憲法を読み直す・地方自治」『朝日新聞』 6月「市民福祉の政策構想」『中央公論』 8月対談「市民的自由と分権化」『中央公論』 ※『毎日新聞』時評コラム「視点」担当
1977	5月『新政治考』	1月〜2月「新政治考」『朝日新聞』(40回連載) 2月「国会イメージの転換を」『世界』
1978		10月「東京圏をめぐる戦略と課題」『世界』 11月 東京会議シンポジウム『読売新聞』 ※「論壇時評」(1978.1 〜)『朝日新聞』
1979		4月「知事選・私の分析」『朝日新聞』 ※「論壇時評」(〜 1979.12)『朝日新聞』
1980	7月『市民自治の政策構想』 11月『職員参加』[編著]	6月「一強六弱と野党責任」『朝日新聞』 ※『讀賣新聞』書評委員
1981	5月『文化行政 - 行政の自己革新』森啓共著	1月「市民社会・主義」に立ち『朝日新聞』、インタビュー「安全保障」『朝日新聞』 9月「都市型社会と防衛論争」『中央公論』
1982		11月対談「臨調答申の見逃したもの - 行財政の構造改革案」(西尾勝)『世界』 12月討議「中曽根政権と野党の対応」『朝日新聞』 ※『読売新聞』書評委員
1983		2月「もう一つの防衛論議」『毎日新聞』 5月「地方自治の80年代」『毎日新聞』 7月「選挙制度で国民討論を」『朝日新聞』 ※『讀賣新聞』書評委員

1984	12 月『都市文化をデザインする』 ［編著］（対談集）	5 月「文化システムとしての緑」『毎日新聞』 11 月討議司会「1 年生議員大いに語る」『中央公論』、「『民間活力』の導入とは何か」『毎日新聞』
1985	4 月『市民文化は可能か』	2 月「懐かしい京橋界隈 - 中央公論100 年によせて」『中央公論』 5 月「どうすすめる地方行革」『毎日新聞』 11 月「『閉鎖国家』日本を超えて」『毎日新聞』
1986	7 月『自治体の先端行政 現場からの政策開発』（編集） 8 月『社会教育の終焉』	
1987	5 月『ロック「市民政府論」を読む』 10 月『都市型社会の自治』	
1988	6 月『自治体の国際政策』 10 月『昭和後期の争点と政治』	
1989	1 月～『昭和』（全 19 巻）編集委員	
1990	7 月『資料・革新自治体』編集委員	
1991	8 月対談「文化ホールと自治体の文化戦略」（森啓）『文化ホールがまちをつくる』 12 月『政策型思考と政治』	4 月「先駆自治体は憲法を超えた」『世界』

出典：『松下圭一＊私の仕事－著述目録（2015）[74]』を基に筆者作成

　大衆社会論を唱えて論壇に登場した松下は、構造改革論、シビル・ミニマムを唱え、ロンドン大学（LSE）で 2 年間の在外研究の後に、朝日新聞「論壇時評」を 1979 年まで担当している。その後、1981 年に『中央公論』で「都市型社会と防衛論争」を発表したあと、1991 年 4 月に『世界』に発表した「先駆自治体は憲法を超えた」までの間、総合雑誌での発表に約 10 年の空白が存在している。その間に総合雑誌に登場したのは、対談、司会、記念寄稿であり、1981 年 10 月から 1991 年 3 月までの 10 年間は、自ら論文による主張を行っていない。また、主要新聞 5 紙に着目すると、1986 年以降は寄稿を行っていないことがわかる。これらの状況から、論壇の松下の発表を追ってきた人たち

74　松下圭一（2015）『松下圭一＊私の仕事－著述目録』公人の友社

にはその名前にふれる機会が少なくなった期間であったことがうかがえる。

　その一方で、著作については共著・編著が集中しているのもこの時期の特徴である。具体的には、9人の自治体職員とともに執筆、編集した1980年の『職員参加』をはじめ、当時、神奈川県職員であった森啓との共著である1981年の『文化行政』、9名の自治体職員の論文を編集した1986年の『自治体の先端行政　現場からの政策開発』、6名の自治体職員、理論家とともに執筆し、編集した1988年の『自治体の国際政策』であり、自治体職員や地域活動家との編著や共著が多く、自治体政策や市民文化の研究を行っていた期間である。松下は、論壇の発表ではなく、自治体職員や地域活動家との共著、編著により、情報を発信していた。

　これらのことから読み取れることは、「マス・メディアないしジャーナリズムでの発言をやめた」とする期間については、それまで論壇の松下に関心をもっていた層には、約10年間、松下の活動の一端が明らかにされてこなかったということである。松下の1980年代は、自治体職員とともに自治体政策研究に取り組んでいた期間であった。活動の場が論壇から自治体現場に移行をしていたのである。

（3）職員参加の支援

　松下の自治体政策研究活動のひとつに、職員参加の支援がある。東京多摩地域の自治体職員による自主研究グループである「市政研究グループ」にかかわり、初の自治体職員による政策研究書である『職員参加』を1980年に編著者として刊行している。自治体の条件変化と課題変化を背景に、長く続いた「声はすれども姿はみえず」の状態であった自治体の職員参加が「自治体職員の政策研究」というかたちで姿をあらわしたことについて、松下は「職員参加の基本ないし土台が、まさに、職員の政策研究だからである。あるいは職員の政策研究が、職員参加をはじめて実効あらしめるものとする」とした上で、「1980年代を、職員の政策研究の開花による職員参加の拡大の時期

とみたい」と述べている（松下 1987：26-27）。具体的には、自治体職員の政策研究を「職員個人レベル」、「自主研究サークルレベル」、「自治体公式レベル」の 3 段がまえの交流をかたちづくるにいたったことが、日本の政治構造を官治・集権型から自治・分権型へと変えていく、一つの条件整備であると述べ、これらの変革に対する「自治体の条件変化」と「自治体の課題変化」について、次のように整理を行っている。（松下 1987：27-31）

　自治体の条件変化
　　（1）自治体職員の高学歴化
　　（2）パイオニア型職員の「層」としての成立
　　（3）職員内部における政策研究の活発化
　　（4）研修プログラムに「自主研究グループ」という職員の自発的な独自
　　　　　研究活動の採用
　　（5）制度化された研究開発

　自治体の課題変化
　　Ⅰ　市民参加による市民の自発性の結集
　　Ⅱ　市民生活基準としてのシビル・ミニマムの保障
　　Ⅲ　地域生産力の適正配備をともなう都市・農村改造
　　Ⅳ　自治権の拡大による国の政治・経済の分権型再編
　　Ⅴ　自治体機構の民主的能率化

　1980 年代に自主研究ブームというかたちで全国的に展開した職員参加は、市民参加の成熟と自治体職員の高学歴化、自治体における地域課題の発生と解決が求められたことを背景に始まったものであり、市民参加から時を経て、条件と課題が整ったことに機を得て展開されたものであった。松下は、武蔵野市の市民参加を実践するなかで出会った自治体職員による自治体政策研究の展開に着目し、職員参加としての自主研究グループ活動の支援と協働、そ

して自治体政策研究の発展に関わっていく。

　これらの「マス・メディアないしジャーナリズムでの発言をやめた」約10年間の松下の活動は、論壇での発表がない上に、残された記録も少ない期間であった。それまで論壇の松下に注目し、発言を追っていた者にとっては沈黙の時期に見えたかもしれない。一方、自治体政策研究に関わってきた自治体職員や研究者から見ると、松下が本格的に活動を展開していった時期でもある。このように、松下の職員参加支援については、一部の者にしか知られておらず、記録としてこれまで明らかにされてこなかったのである。

2　武蔵野学派

　政策法務の研究分野では、多摩の研究会は「武蔵野学派」と呼ばれている。武蔵野が東京都武蔵野市や東京多摩地区、地域を連想させるとともに、関連する人物として松下圭一の名前が付さていることが、その特徴である。しかし、武蔵野学派の活動の内容や構成員など、その定義や詳細が記述された先行研究はこれまでになく、松下の著書においても武蔵野学派についての記述は存在しない。そこで、先行研究における武蔵野学派の表記を抜粋したものが、**表13**である。

75　鈴木庸夫（1995）「自治体の政策形成と政策法務」『判例地方自治1995年5月133号』地方自治判例研究会

76　木佐茂男（1996）「自治体法務とは何か」『地方自治土曜講座ブックレットNo.6』北海道町村会企画調査部

77　石森久広（2002）「自治体政策法務論の現況―自治立法権を中心に」『アドミニストレーション第9巻1・2合併号』熊本県立大学総合管理学会

78　光本信江（2013）「構想・計画と法務」『シリーズ自治体政策法務講座・第4巻組織・人材育成』ぎょうせい

79　広瀬創一（2014）「地域の健全な水環境の維持・保全に関する研究―政策法務的な視点から―」長崎大学大学院生産科学研究科（博士論文）

表13　先行研究における武蔵野学派の記述

研究者	表記
鈴木庸夫 (1995：86) [75]	ここでは便宜上、3つの流れということで整理したいと思います。第1は、仮に武蔵野学派と呼んでおきます。このグループは東京の武蔵野を中心とした市の職員の方々が松下・西尾両先生の指導を経て、次第に自主的な主張をするようになったものです。
木佐茂男 (1996：20-21) [76]	千葉大学の鈴木庸夫（つねお）教授が書かれた3頁の論稿があります（鈴木「自治体の政策形成と政策法務」判例地方自治133号・1995年）。そこでは政策法務について議論をしている「3つの流れ」があると書いてあります。その1番目は、氏が武蔵野学派と呼ぶグループです。
石森久広 (2002：242-227) [77]	鈴木庸夫、磯崎初人の分類によれば、政策法務の学派には①武蔵野学派（松下圭一）、②行政法学改革派（阿部泰隆）、③研修学派（木佐茂男）があり、さまざまな「政策法務論」もこれを基本軸に整理することは可能であろう。
光本伸江 (2013：75) [78]	「政策法務」論は現在様々な潮流が存在するが、その源流はいわゆる「武蔵野（市）」（流派で言えば「武蔵野学派」）と考えられる。
広瀬創一 (2014：4) [79]	政策法務論は、鈴木庸夫の分類によると3つの流れとして整理されている。第一の流れは、松下圭一を中心とする「武蔵野学派」、第二の流れは、阿部泰隆提唱の「政策法学派」、第三の流れは、木佐茂男を中心とする「研修学派」である。この3つの流れにより研究が進められてきたとされる。

出典：筆者作成

　これらの先行研究において、多摩の研究会が武蔵野学派と称されている引用元は、1995年の判例地方自治133号に鈴木庸夫が寄稿した「自治体の政策形成と政策法務」である。鈴木は政策法務研究における三つの流れと整理した上で次のように紹介をしている。

　第一は、仮に武蔵野学派と呼んでおきます。このグループは東京の武蔵野を中心とした市の職員の方々が松下［松下圭一］・西尾［西尾勝］両先生の指導を経て、次第に自律的な主張をするようになった…＜略＞…わが国で本格的に政策法務の主張を展開した、草分け的な存在で、政策法務の本流的な存在（鈴木1995：86）

　その後、この記述を木佐（1996）、石森（2002）、光本（2013）らが引用をしている。これらの先行研究には特徴がある。それは、紹介者及び引用者が多摩の研究会メンバーではないこと、政策法務研究の分野に限られていることである。しかし、これまで25年以上に渡って引用されているように、政策法務分野では武蔵野学派の呼称が定着している。その一方で、多摩の研究会メンバーにも武蔵野学派の記述を見ることができる。宮﨑伸光研究室ホームページの「学会・研究会等」[80]には、次のように記されている。（下線は引用者）

　　私は、下に掲げる6つの学会に所属するほか、いくつかの研究会に参加
　　しています。…＜略＞…ここには私自身が主宰するものを含め、現在活
　　動中の主なものを掲げます。
　　・ちば自治体法務研究会
　　　鈴木庸夫明治学院大学教授（千葉大学名誉教授）による職員研修を契機
　　　として千葉県内の自治体職員を中心として1991年に結成された研究
　　　会です。月例で研究会を開催しています。
　　・行政技術研究会
　　　いわゆる「武蔵野学派」と呼ばれる、自治体職員中心の自主研究会と
　　　しては草分け、老舗の研究会です。

　宮﨑は、ちば自治体法務研究会メンバーであり、鈴木とともに活動をしていたことから、政策法務研究者としての宮﨑が武蔵野学派と呼ばせたのかもしれない。宮﨑が多摩の研究会に参加をしたのは、1992年に活動を開始した行政技術研究会以降である。鈴木による武蔵野学派の紹介は1995年であるから、多摩の研究会に参加する以前から武蔵野学派と認識をしていた可能性もある。いずれにしても、管見の限り武蔵野学派と多摩の研究会が同義で

80　宮﨑伸光研究室　HP　http://nmiya.ws.hosei.ac.jp/html/Activity/v9asociety.
　　html#asociety_midashi（閲覧日：2019年12月22日）

あることを確認できた唯一の記録である。

　では、多摩の研究会のメンバーは武蔵野学派の呼称についてどのように受け止めているのであろうか。1980年に活動を開始した通達研究会からのメンバーである天野巡一に、この武蔵野学派の呼称についてインタビューを行ったところ、「うん。あれは間違っているんだよね。『武蔵野学派』って、私が勝手に言った言葉を引用しているけど、その対象がどの研究会でどの人脈なのかというのが、ぜんぜん違うんだよね」と答えている。当事者の意図と異なる紹介により広まった武蔵野学派という呼称の対象は学術的な流派ではなく、自主研究グループであり、また、自ら名乗ったものではなかった。

　鈴木が1995年に紹介した武蔵野学派を、多摩の研究会の時代変遷と比較検証すると、当時は行政技術研究会（後述3.3.5）という名称であった。そして、「政策法務」とは自治体行政法務研究会（後述3.3.3）が1989年に刊行した『政策法務と自治体』[81]において発表した概念であるなど、時系列的な整合が得られない。さらに、鈴木は、「武蔵野学派からは、これらの議論を集大成した『政策法務と自治体』『自治体の先端行政　現場からの政策開発』といったすぐれた論集がだされました」と述べていることから、自治体行政法務研究会と通達研究会、行政技術研究会を総称して「武蔵野学派」としていたことが明らかである。これらのことから、鈴木が紹介した武蔵野学派とは、個別の学派や研究会を指したものではなく、多摩の研究会で活動するメンバーとその周辺を示していたものであった。

　それでも、本書においてこの武蔵野学派の出所を確認することの理由は、当事者がそれを認めていないからである。このことについて、天野はインタビューに対し、「そんな、大げさな。学派を構成するほどさ、研究会としてはそんなもんじゃない」と述べ、その真意は、武蔵野市の市民参加に地方自治を市民の目でとらえる研究者が集まっていたことを説明している。

81　天野巡一・岡田行雄・加藤良重編著（1989）『政策法務と自治体』日本評論社

3　多摩の研究会

　第3節では、多摩の研究会について掘り下げて調査を行う。

　多摩の研究会における自主研究会の構成が明らかになったのは、2000年に森が執筆した『自治体職員の政策水準　如何にして上昇したか』である。同書において「自主研究会の叢生」と題して全国の自主研究グループを紹介するなかで、これまで体系的に記述されることのなかった多摩の研究会について「はじまりは『市政問題研究会［市政研究グループ］』として次のように紹介をしている。

　　　3つ目の例は東京多摩地域の研究会です。「通達研究会」「先端行政研究会」「行政技術研究会」と名前が変わっていきます。…＜略＞…最初は『市政問題研究会［市政研究グループ］』という名前だったそうです。1977年です。…＜略＞…この研究会は成果をまとめるとひとまず解散するんですね。何時までもダラダラと会をつづけない。解散して1980年の8月に今度は『通達研究会』をスタートする。…＜略＞… そしてメンバーは多少変わるけれども、86年の翌月から今度は先端行政研究会という名前で研究会をスタートする。…＜略＞…91年から今度は「行政技術研究会」という名称で研究会がつづいています。（森2000：24-29）

　この紹介は、森が多摩の研究会メンバーである小口進一に電話で聞き取りをした内容を基に記述したものである。記述からは、市政研究グループ、通達研究会、先端行政研究会、行政技術研究会の順に、名称を変遷しながら活動を継続する一連の自主研究会であることが明らかとなる。東京多摩地域の研究会について、これまでに明らかになった事項は、次のとおりである。

・武蔵野学派は学術上の学派ではない
・武蔵野学派の呼称は当事者の意図しない呼称である
・東京多摩地区の自治体職員による自主研究グループである
・1977 年に活動を開始した、自主研究グループの先駆者である
・活動成果として、1980 年に『職員参加』を刊行している
・松下圭一は『職員参加』に編著者として参加した。
・松下圭一は通達研究会からメンバーになった。
・政策法務論を展開した、草分け的かつ本流的な存在である
・市政研究グループ、通達研究会、先端行政研究会、行政技術研究会の
　順で変遷をしている

　さらに、もう一つ明らかになったことは、この一連の研究会に正式な呼称
が存在しないことである。そこで、先行研究における多摩地区の自治体職員
による自主研究会の呼称を年代順に**表 14** に示した。

表 14　多摩地区の自治体職員による自主研究会の呼称（下線は引用者）

著者	呼称
松下圭一（1980：2）	東京多摩地区の市の職員を中心とする自由な研究交流サークル
森啓（2000：24）	東京多摩地域の研究会
森啓（2006：74、82）	多摩の研究会
鏡諭（2014：27）	自治体の政策研究会
天野巡一（2012：13）[82]	東京三多摩地区の自治体職員自主研究会 (東京三多摩地区研究会)
鳴海正泰（2015：66）[83]	多摩政策研究会
天野巡一（2015：57）	東京三多摩地区などの職員からなる自主研究グループ
横須賀徹（2017：17）	多摩地区自治体職員の勉強会
堤直規（2018：19）[84]	東京・多摩地域の研究会

出典：筆者作成

82　天野巡一（2012）「政策法務と東京三多摩地区研究会の系譜」『自治体法務NAVI 2012 年3 月第45 号』第一法規
83　鳴海正泰（2015）「松下先生と自治体学会の設立課程」『自治体学VOL.29-1』自治体学会

　一連の研究会に対して統一した総称が存在していないなかで、武蔵野学派の呼称が広まった利便性も理解できる。先行研究においては、各自が独自の表現で東京多摩地区の自治体職員による自主研究グループを表している。それらの呼称のなかで多く使用されている表現は「多摩地区」と「研究会」である。そこで、本書においては市政研究グループ、通達研究会、先端行政研究会、行政技術研究会の一群の総称について、「多摩の研究会」とする。先行研究調査において、調査対象の名称が明確化されていないことは調査の障壁であったが、最も解明が必要なことは、活動の全体像が明らかにされていない理由の根幹であり、秘密結社のように秘匿性をもって活動をしてきたことである。それ故に、2000年に森啓により紹介されるまでは、その意図と異なる呼称で呼ばれながらも、研究会の活動史を語らず、研究会の輪郭さえ明確にされてこなかった。

　先行研究において、多摩の研究会の詳細な活動記録を記したものは乏しい。このことから、先行研究における記述間の前後確認やその背景を知る方法として、多摩の研究会メンバーであることを公表している者へのインタビューを行っている。インタビューの対象は研究会の世代と立場を変えて幅広く情報を収集することを目的に選定を行った。先ず、通達研究会の準備会から参加するとともに、自治体行政法務研究会において政策法務の概念を創設した天野巡一（元武蔵野市職員、元岩手県立大学教授、同大学名誉教授、元青森公立大学教授）。次に、20代から多摩の研究会に入会し、後に研究会事務局を約20年間務め、介護保険原点の会を設立運営した鏡諭（元所沢市職員、元淑徳大学教授、元早稲田大学大学院兼任講師、法政大学大学院兼任講師、関東学院大学兼任講師）、そして、多摩の研究会に影響を受け、埼玉で行政政策研究会を設立した関根久雄（元所沢市職員）と、関根と共に行政政策研究会の運営を担い、後に多摩の研究会事務局を務めた清水英弥（入間市職員、法政大学大学院講師）の4名である[85]。関根と清水には、外部の視点による

多摩の研究会の存在について質問を行った。なお、インタビューは論文として記録に残すことを事前に説明し、承諾を得て実施している。

（1）1977年 市政研究グループ

　1977年7月に活動を開始した市政研究グループについて接することのできた資料は、松下圭一とメンバー9人が執筆した『職員参加（1980）』、メンバー5名の座談会や寄稿が掲載された『ジュリスト増刊特集号№.22(1981)[86]』、研究会における討議の様子について松下を除くメンバー10人が座談会で再現し、1冊の本に書き起こした『地方自治職員研修臨時増刊号 No.10 岐路に立つ自治体職員（1982)[87]』、メンバーである小口進一への電話インタビューを森啓が書き起こした『自治体職員の政策水準 如何にして上昇したか（2000）』の4点である。1980年に刊行された『職員参加』は職務としてではなく、自主研究活動の成果として勤務時間外に執筆されたものである。1970年代後半に自治体職員の自主研究活動が発生し、1980年代前半に全国的に活性化したことを重ねて考えると、任意活動団体である市政研究グループが1977年の活動開始から3年で自治体政策研究の著書を刊行した執筆期間は短く、先駆性のある実績である。松下は同書のはしがきにおいて、「本書は、大胆に、この職員参加に自治体職員みずからきりこんだものである」、「本書のような性格の問題提起が、今後どしどし輩出し、本書が異例にならないような状況がつくりだされることを期待したい」、「本書は、1冊の本としてはいわばパイオニア・ワークであるので、厳しい批判もうけるであろう。だが、日本における自治・参加・分権の展開の礎石の一つとなりうるならば、私たちにとっ

85　関根と清水へのインタビューについては、小関一史（2019）「自主研究活動と自治体政策研究の展開―多摩地区の自治体職員による政策研究会の活動と関与―」法政大学大学院修士論文に掲載している。

86　小口進一・塩原恒文・田村明・平出宣一・大森彌（1981）「地方公務員の思想と行動」『ジュリスト増刊総合特集No.22 地方の新時代と公務員』有斐閣

87　地方自治職員研修（1982）『臨時増刊号No.10 岐路に立つ自治体職員』公務職員協会

て望外のしあわせである」と記しており、自治体職員が業務にかかる執筆を自ら行う、はじめての取り組みであったことを示している。

　同書の意義は、前例のない中で、自治体職員自らが自治体における政策課題について討議を重ね、出版により情報共有を図ったことにある。現代においても、自治体職員が自らの職務内容や業務の課題を活字として外部に出すことは役所文化では憚られるが、松下の指導のもと、研究論文の領域に高めることで実現を果している。その後、松下が期待したように自治体現場の課題を自治体職員が自ら研究する職員参加は、1980年代に自主研究ブームというかたちで全国的に展開をし、自治体学会の設立につながっていく。

資料3　『職員参加』　目次

```
Ⅰ 自治体をめぐる 環境変化と職員参加
  1 市民から見た自治体職員            平賀元晃
  2 自治体の内部状況と職員参加の背景      平出宣一
  3 職員参加の可能性と課題           江口清三郎
  4 自治体職員の発想転換を           小口進一
  5 職員参加と情報構造             柏木巌
  6 職員参加と能力開発システム         佐竹英章

Ⅱ 職員参加の概況と形態             塩原恒文
  1 職務執行の調整・立案
  2 職員参加の新しい傾向

Ⅲ 職員参加の事例と問題点
  1 事務点検への職員参加（三鷹市）       江口清三郎
  2 事務改善への職員参加（東久留米市）     坂元博海
  3 予算編成をめぐる職員参加（田無市）     平賀元晃
  4 行財政改革をめぐる職員参加（国分寺市）   小口進一
  5 自治体計画づくりへの参加（武蔵野市）    塩原恒文
  6 神奈川県の職員参加             松村博之
```

Ⅳ 職員参加の方向を探る＜座談会＞
　1 職員参加への論点提起
　2 職務参加から職員参加へ
　3 なぜ職員参加なのか
　4 これからの職員参加
　　塩原恒文、小口進一、江口清三郎、松村博之、佐竹英章、平出宣一
　　平賀元晃、柏木巌、坂元博海、（司会）松下圭一

Ⅴ 職員参加の意義と理論構成　　　　　　　　　　松下圭一
　1 市民参加と職員参加
　2 職員参加と職務参加
　3 職員参加のすすめ方
　4 自治体革新と職員参加

出典：筆者作成

　また、同書の特徴に、自らの活動内容や研究会の名称に触れていない点をあげることができる。松下も研究会の紹介にあたり「東京多摩地区の市の職員を中心とする自由な研究交流サークル」と特定をしないながらも具体的に表現し、会名にはあえて触れていない。そして、市政研究グループのメンバーが最初に公にされるのは、1980年10月に刊行された『職員参加』奥付の執筆者一覧である。その後、研究会メンバーは個人として、雑誌『ジュリスト』の座談会への登壇や論文の寄稿を行うようになる。

表15　『職員参加（1980）』執筆者一覧

氏名（奥付掲載順）	所属（刊行時）
松下圭一	法政大学法学部教授
平賀元晃	田無市市長室広報課長
平出宣一	東京都台東児童相談所相談係長
江口清三郎	三鷹市企画部企画調整室主幹
小口進一	国分寺市出納課
柏木巌	立川市開発部開発課長
佐竹英章	中野区教育委員会学務課長

塩原恒文	武蔵野市市民部長
坂元博海	東久留米市総務部庶務課長
松村博之	日本都市企画会議事務局次長

出典：筆者作成

　そして、研究会の名称である「市政研究グループ」が初めて活字として記されるのは、『職員参加』の2年後に刊行した『岐路に立つ自治体職員』である。一冊が研究会メンバーの討論で構成されている誌面の構成上、顔写真、氏名、所属の掲載は当然であるが、研究会の名称が明確に記載されている点が『職員参加』との違いである。しかし、『職員参加』では敢えて明確に記さなかった研究会の名称を公表した理由は定かではない。また、『岐路に立つ自治体職員』では、新たに宮崎俊作（国立市）が参加をしている。

表16 『岐路に立つ自治体職員（1982)』発言者一覧

氏名（誌面紹介順）	所属（刊行時）
宮崎俊作	国立市福祉部主幹
塩原恒文	武蔵野市福祉部長
坂元博海	東久留米市総務部庶務課長
平出宣一	東京都杉並児童相談所
平賀元晃	田無市企画部企画課長
松村博之	日本都市企画会議事務局次長
柏木巖	立川市福祉部厚生課長
佐竹英章	中野区教育委員会学務課長
江口清三郎	三鷹市企画部企画調整室主幹
小口進一	国分寺市出納課

出典：筆者作成

　さらに同書では、市政研究グループの活動内容を紹介しており、通達研究会、先端行政研究会、行政技術研究会をとおして、多摩の研究会の研究手法や内容を研究会自ら記録する唯一の資料である。

　私共、東京都下の市に働く数人の職員と中野区及び東京都児童相談所の
職員、更に日本都市企画会議の事務局の方などが集まり、自由な研究会
を編成し、昭和 52（1977）年 7 月からこの「職員の問題」を毎月 1 回
ずつ討議を重ねてきた。最初、2 カ年間は「職員参加」を、具体的事例
によって討議した。これは最終的には法政大学教授松下圭一さんの指導
助言を受け、昭和 55（1980）年 11 月『職員参加』（学陽書房）としてま
とめることができた。その後、昭和 55（1980）年の 8 月ごろから「岐路
に立つ自治体職員」について討議を始めた。まず、検討項目を定め、項
目ごとに毎回、各メンバーが 5 分間メモを作ってきて、それぞれが発表、
それらをめぐって意見交換を行った。（地方自治職員研修 1982：2-3）

　同書は、研究会において実際に行われた討議を、『地方自治職員研修』の編
集者の提案により、1981 年 11 月から 1982 年 1 月までの間に、5 回にわたり、
延べ 20 数時間の座談会により再現し、整理した内容をまとめたものである（地
方自治職員研修 1982：2-3）。

資料 4 　『岐路に立つ自治体職員』目次

I 「問題状況」の討議
　小さな政府論
　主権者市民
　職員にとっての法律
　価値観の多様化
　行政機能の低下
II 自治体職員像の検討
　自治体職員の本質とは
　これからの自治体職員像
　自治体職員の戦後史
III これからの自治行政と職員の役割

出典：筆者作成

　市政研究グループについて、ここまでに明らかにされていないのは、その設立の発端と、松下圭一との関係性である。市政研究グループとの関係について、松下は『職員参加』の編者になるにあたり「私は、途中から呼び出されて、手伝いをしたにとどまる。その関係もあって編者になることを引き受けることになった」と述べているように（松下編 1980：2）、研究会の発足は自治体職員により行われ、松下は発足当初からではなく受動的にかかわった事を示している。当時、松下は武蔵野市民であり、市の長期計画策定委員をしていた経験がある（光本 2013：76）。研究会メンバーの塩原恒文は武蔵野市役所の職員［1980 年当時市民部長］であることから、2 人の間で何らかの接点があったことは想像に難しくない。このことについて、塩原に書面インタビューを行った。[88]（下線部は回答者）

　　小関：市政研究グループを提案した人物、発足の経緯を教えてください。
　　塩原：武蔵野市、田無市（当時）、立川市などの主に広報担当者が集まって、広報紙について話し始めた。その前に多摩各市の広報担当者の会議（正式）があった。そこへ、市民参加の武蔵野市の策定委員会の活動が始まり職員としても何とかしようとした。それで、その集まりを「市政研究グループ」とした。他地区の人も参加するようになった。
　　小関：市政研究グループ設立の参考にした、他の研究グループがありましたら教えてください。
　　塩原：直接の情報は知らないが、あちこちでグループができたことは聞きました。
　　小関：市政研究グループ設立時の研究目的を教えてください。
　　塩原：市の機関として長期計画策定委員会に刺激されて、自分たちでも研究しようとした。吉祥寺駅南口にある武蔵野公会堂の 1 室を借

88　塩原恒文氏への書面インタビューを行い、2022年10月24日に回答を得た。

り（有料）、毎週のように集まった。時には市の策定委員の人に
も話してもらった。松下さんは市政研究グループに呼ばなかった
が、市政研究グループが終わって、近くの飲み屋に行ったとき、
松下さんがいることもあって、話し合った。…＜略＞

小関：市政研究グループメンバーの集め方について教えてください。

塩原：広報担当者の会員に他の人が聞きつけて追加して来た。これはよ
　　　かった。

小関：松下圭一先生が市政研究グループに参加した経緯について、教え
　　　てください。

塩原：市の長期計画に参加したことによる。私共のあこがれの的でもあっ
　　　た。

　そして、この頃に研究会の門を叩いたのが、後に通達研究会メンバーにな
る鏡論である。鏡は、職務で参加した研修会で市政研究グループの塩原に出
会い、自ら入会を希望した。市政研究グループへの入会は叶わなかったものの、
後日、江口からの連絡で通達研究会に参加することになる。

　市政研究グループは、自治体は国の政策実施機関であるという当時の概念
を超えて、自治体現場目線の政策研究を具体的事例によって討議を重ねてき
た。それらをまとめたものが、『職員参加（1980）』であり、自治体政策研究
の新しい活動の在り方を示したのである。

　なお、市政研究グループの活動終了時期について、塩原は「私の定年が
1990年ですから、その頃か、または少し前と思います」と書面インタビュー
に答えている。

（2）1980年 通達研究会

設立経緯

通達研究会は1980年8月に活動を開始した（森 2000：26）。その設立経

緯について、天野は次のように述べている。

> 1979年10月頃当時、武蔵野市総務部文書係長の丹内千秋さんから「武
> 蔵野市の長期計画策定委員長［委員長ではなく委員］であった松下圭一
> 法政大学教授（当時）が自主研修グループを立ち上げるが君の方が向い
> ているので参加してみないか」と声をかけられました。何を目的に、ど
> のようなグループか分からないまま、とりあえず集合場所の立川市民会
> 館に出向きました。そこに故人となった江口清三郎さん（元三鷹市職員、
> 後に山梨学院大学教授）と小口進一さん（元国分寺市職員、後に独協大
> 学講師）がいました。（天野2012：13）

　通達研究会は、活動開始に先立ち1979年10月に設立準備会を開催し、
研究会メンバーを集めていく。3人目の天野巡一は、当初に参加の声を掛け
られた人物の紹介により準備会場に向かった。その打ち合わせの場で江口が
説明した通達研究会の活動趣旨は次のとおりである。

> 当時、市町村行政は通達あるいは国の行政機関が示した指針を忠実に執
> 行することが行政と考えられていました。自治の現場では時代に即応で
> きていない法律によって行われていたため「公害」、「日照権」などをめ
> ぐる住民運動に対応できず混乱していました。そこで通達についての問
> 題点を勉強する研究会を立ち上げたいと江口さんが切り出しました。
>
> （天野2012：13）

　当時、自治体は国の政策の実施機関と考えられていながらも、現場では環
境や福祉など、地域で直面した新たな課題の対応を迫られていた。江口が説
明した研究会の活動の主旨は、法ではなく省庁が発出する通達の問題点を明
らかにし、自治体現場の視点で研究を行うとするものであった。
　次いで、4人目のメンバーは三鷹市職員の岡田行雄（元三鷹市教育長）であ

る。岡田は、江口からの依頼により、天野が参加の声掛けを行っている（天野 2012：13）。5 人目のメンバーには天野の旧知の仲である、小金井市の加藤良重（元小金井市福祉保健部長）を天野が推薦したところ、岡田が東京都市町村研修所の研修を共に受講した仲であり、同意を得たことでメンバーに選出されている。その後、江口が三鷹市の秋元政三（元福祉部長）、小平市の昼間守仁（元小平市副市長）、所沢市の鏡諭、三鷹市の大島振作を推薦し、松下を加えた 10 人で研究が行われた。後に、このメンバーが『自治体の先端行政 現場からの政策開発』の執筆者となった。

　1979 年 10 月の設立準備会から翌年 8 月の研究会開始までに約 10 ヶ月の期間があり、メンバーの選別は時間をかけて行われた。その声掛けの場面について、昼間は「酔った勢いで松下批判をしたら、先輩のひとりが『そんなに言うなら松下先生本人に会わせてやるよ』と研究会に連れていってくれたのがそもそも松下先生との出会いであった」と記している（昼間 2015：68）[89]。この詳細について、昼間は次のように述べている[90]。

　　江口氏ら（江口氏、松村博之氏、寄本勝美氏、都庁の大村氏（後の地方課長、港湾局長）、田村明氏等のメンバー）と渋谷で飲んだくれた時に、酔った勢いで自分が江口氏に松下批判をぶち上げたことで、江口氏が「それなら松下先生に会わせてやるよ」と言うので指定された会場に行ったらその場所が通達研究会で、そこで初めて松下先生にお会いしたというのがそもそもの発端です。尤も、後に江口氏から直接に聞いた話では、「元々は自分（昼間）を市政研究会のメンバーに諮ったら「若過ぎる」との理由で実現しなかった」とのことでした。自分は、それまで江口氏はじめ、松村博之氏（日本都市企画会議）、平賀元晃氏（合併前の田無市）坂元博海氏（東久留米市）等の旧知の方が多かったので入会が実現すると思っ

89　昼間守仁（2015）「松下圭一先生のタカラの言葉」『自治体学VOL.29-1』自治体学会
90　2021年1月28日に、昼間守仁からメールで教示を得た。

ていたのだと思います。また自分も若い時に登山を少しばかりしていた
ので、それもかなり考慮されたと思います。

　昼間の入会には江口の導きがあったように、鏡に声を掛けたのも江口であっ
た。その経緯について、次のように述べている。

　鏡　：＜略＞…たまたま「コミュニティづくりの研修会があるから行っ
　　　　てくれ」と言われて、研修会に行ったんだ。そうしたら、その講
　　　　師が武蔵野市の塩原恒文さんという、市政研究グループのメンバー
　　　　だった。塩原さんが市政研究グループのメンバーであることを知っ
　　　　ていたから、その日は講義を聞いて帰ってきたのだけど、本当は
　　　　名刺交換をするべきだった。まぁ、「いっぱい人が集っていたから、
　　　　まあいいや」と思って帰ってきたのだけど。「もったいなかったな」
　　　　と思って、次の日に塩原さんへ電話をしたんだよ。「実は、昨日講
　　　　義を受けた鏡という者なのですけど、塩原さんは市政研究グルー
　　　　プで研究をされているけど、私は松下圭一先生のファンで、ぜひ
　　　　市政研究グループに入れていただきたいんだ」と。面識もないの
　　　　に電話したんだ。そしたら塩原さんは、「わかりました。少し時間
　　　　をください」って言ってさ。普通それで終わっちゃうじゃない。
　　　　だけど塩原さんは律儀に市政研究グループに、「所沢市に25歳ぐ
　　　　らいの若い職員が参加したいと言っている」と。ところが、その
　　　　当時は塩原さんとか、東久留米の坂元さんとか、田無の平賀さん
　　　　とか、重鎮ばかりだったんだ。一時代を築き上げた課長クラスの
　　　　人ばかりで、それこそ3年目の若手が入りたいというのは異例中
　　　　の異例だったようだね。しかもその頃は、活動の中心も政策的な
　　　　議論よりも、むしろ山歩きのほうが中心になっているとの事でし
　　　　た。
　小関：山歩きとはハイキングのことですか。

鏡　：そうなんですね。皆さん、研究活動を終えたような意識もあった
　　　のじゃないかなあ。でも、その中で生煮えだったのは、係長か課
　　　長補佐だった江口清三郎さんと小口進一さんとかでした。彼らは、
　　　まだまだ政策研究をやりたいという想いを持っていたんだよ。そ
　　　れで、塩原さんが諮ってくれた内容を、江口さんが書き留めてい
　　　てくれたんだ。塩原さんから「残念でした。今回は希望に沿えず
　　　申し訳ありません」というお詫びの電話がきた1ヶ月後くらいだ
　　　と思うけど、江口さんの方から電話が来たんだよ。「実は、別の研
　　　究会があるんだ」と。「別の研究会があってそれは行政通達を研究
　　　する会なんだ」と。なぜならば「行政通達というのは法律でもな
　　　いでしょう」、「行政府の課長とか、あるいは局長の通知文でしか
　　　ないんだ。それによって地方行政が動かされているというのは、
　　　これはおかしいのではないか。ということを、読み解いて反論し
　　　ようじゃないか。ということを、やっていくんだ」という話だった。
　　　それで、「実は、その中に松下圭一先生も参加しているんだ」と言っ
　　　ていた。それで、即答で「行きます」と言ったんだ。

　9人の自治体職員の人選は、研究会メンバーによる事実上の推薦と同意が
求められており、メンバー選出の中心人物は江口であった。

表17　『自治体の先端行政　現場からの政策開発（1986）』の執筆者一覧

指名	所属（当時）
松下圭一	法政大学法学部教授
鏡諭	所沢市企画部電算導入準備室
昼間守仁	小平市中央図書館
秋元政三	三鷹市市民部コミュニティー課
江口清三郎	三鷹市理財部
小口進一	国分寺市市民部保健課
岡田行雄	三鷹市総務部職員課
天野巡一	武蔵野市総務部文書課

| 大島振作 | 三鷹市福祉部保険課 |
| 加藤良重 | 小金井市企画部企画財政課 |

出典：筆者作成

　1979年10月に開催した通達研究会の準備会は、『職員参加（1980）』や、『岐路に立つ自治体職員（1982）』以前に行われていることが明らかになる。これまでの経緯より、市政研究グループの活動期間中に通達研究会のメンバーを探し、新たな活動の準備を行っていた江口や小口の心境は、研究活動に一区切りついた感のあるほかのメンバーに対して、まだ政策研究を行いたいという想いであった。

　通達研究会発足当時の市政研究グループの活動について、当時のメンバーと面識がある鏡のコメントは、メンバーの市政研究グループの活動に対する充足感と、活動の中心が政策研究から登山やハイキングに変化をしていたことを示している。前出の『岐路に立つ自治体職員』ではメンバーの顔写真とともに趣味が記載されており、そこには登山やハイキングの文字が並んでいた。一方、江口と小口には登山の趣味はない。年長で役職に就いているほかのメンバーに対して若手の江口は、さらに10歳若い小口とともに、別の研究会を模索したのである。松下の指導を得たことで自治体政策研究に対しての情熱が高まると同時に、市政研究グループの活動に物足りなさを感じ、当時の自治における大きな課題であった機関委任事務制度の研究に着目し、通達研究会のメンバーを選出したものと思われる。職員間の交流ではなく、自治体政策研究の継続を求めていたのである。

構成員と研究方法

　こうして、市政研究グループの活動と並行しながら、次の活動先として通達研究会の設立に向けたメンバーが集められた。メンバーについて、天野以降の入会は既存会員の同意の上で行われており、そこには何らかの選考基準があった。この通達研究会の参加基準について、通達研究会から参加をして

いる鏡は、次のように述べている。

鏡　：＜略＞…そういう研究活動をする人っていうのは、何かモチベー
　　　ションがあったりする。例えば上昇志向であってもいいのだけど、
　　　あるいは自分の政策を極めたいとか、まちを良くしたいとか、何
　　　らかの目標、目的がないとやらないじゃない。思いがないと時間
　　　を費やして労力を費やしての活動は継続しない。そういう意味で
　　　は誰でもいいという話ではなくて、人集めに関して松下さんが言っ
　　　たのは「自分のライバルを集めて来い」ということを言ったよ。
　　　要は、自分のライバルとして、それなりに意識できるような能力
　　　ある人たちを連れて来なさいと。

小関：松下先生はそういうお考えだったのですね。

鏡　：そう。松下さんが我々に言っていたのはただ一つ、それだけだっ
　　　たね。あと、当初は「［メンバーに］女性はやめようよ」と言って
　　　いた。それは何故かというと、女性がいるとカッコつけて、変に
　　　エキサイトするからなんだね。いいかっこしようとして、アドレ
　　　ナリンが出るのかな。あと、男性だけだと結構粗野な議論ができ
　　　たからね。当時はセクハラについても今よりもゆるかったからね。
　　　セクハラとかジェンダーを意識した言葉について、今は当然気を
　　　遣わなくてはいけないけど、当時は、特に研究会内部の議論の場
　　　では、気兼ねなく話せる雰囲気を大切にしたのかもしれない。そ
　　　ういうことで、松下さんは、とにかくライバルを呼んでこいとい
　　　うのがひとつの基準になっていた。

小関：今の自分から見たライバルを呼んでこいということなのですね。

鏡　：だから多分、スタートの時に三鷹市の江口清三郎さんと、小口さ
　　　んがいろいろと人選をしたのだと思うのだけど、江口さんのライ
　　　バルは三鷹市の岡田さんだったんだろうね。

小関：岡田行雄さんですね。

鏡　：そうそう。江口さんが意識していたから連れてきて、岡田さんが
　　　意識していたライバルは武蔵野市に天野さんがいて。というよう
　　　な構図でしたね。だから、そういう意味では仲良しではなくて、
　　　例えば、課長会議や係長会議の横のつながりがあった時に、あい
　　　つ気になるなという思いがある人を、会員として声がけしたんだ
　　　と思うね。だから、そういう意味では、ある意味選別されている
　　　人達だった。結局、それがあまり広がらない理由でもあった。要は、
　　　だれでも来られるのではなくて、ライバルだからある程度政策的
　　　な意識があって、時間を一緒に使うという意識があって、ある意味、
　　　高い目的意識がある人じゃないと、一緒に学ぶことができないだ
　　　ろうなというのがあったから。

　江口は人選の中心的役割を担い、自らのライバルに声をかけていた。この
人選は、入会において政策研究に対する熱意や熟度を求めていたことを示し
ている。その研究会の議論の様子について、鏡は次のように語っている。

鏡　：＜略＞…当時はみんな若かったから喧々諤々の議論でさ、お圭さ
　　　んも「あほじゃ、あほじゃ」が口癖だった。それでも皆は「いやいや、
　　　お圭さんそれは違うよ」みたいなやり取りだった。秋元さんとか、
　　　天野さんもそうだし、江口さんにもとにかく「議論で勝ってやろう」
　　　みたいなところがあったね。お互いにライバルであり人となりが
　　　分っていたから「あいつがこう言ったら、こう言うぞ」みたいの
　　　があった。議論は人の発言中でも、大きな声でかぶせていくの繰
　　　り返しだったね。最初は、いつも昼間さんと私はほとんど聞き役
　　　だった。
小関：そうだったのですね。
鏡　：とにかく人に話をさせないんだから、10年くらい聞き役だったよ。
　　　今、会っても「当時はそうだったよな」なんて話をしているよ。

　これらのことから明らかになったことは、メンバーの関係性が市政研究グループのそれとは異なることである。松下が「ライバルを連れてきなさい」と語った研究会の人選の方法は、仲良しグループではなく、ライバルとして自治体政策研究を切磋琢磨するものであった。

　また、研究会と研究内容などの情報の取り扱いについても、相違点があった。市政研究グループでは活動期間中にメンバーのプロフィールや研究方法など、研究会の詳細を書籍上で明らかにすることに躊躇がなかった。それに対し、通達研究会では解散に際して刊行した『自治体の先端行政　現場からの政策開発』の奥付を見るまで、メンバーを伏せている。通達研究会解散後、その研究方法は森によって明らかにされている。森によれば、通達集を読み問題点を持ち寄って議論する方法で行われていた。メンバーは昨日職場に届いたばかりの通達文をそのままコピーして持ち寄り、討論はオフレコにして、資料は紳士協定で外に発表しないことで（森2000：26）、鮮度の高い自治体現場の課題についての率直な意見交換、討論が行われていた。活動は、1980年8月に第1回を開催し、その後は月1回のペースで1986年7月まで行われた（天野2012：13）。

研究会の特徴

　松下のアドバイスの下に1980年から活動を続けた通達研究会は、1986年の解散に際し、その集大成として『自治体の先端行政　現場からの政策開発』を刊行している。松下が編著者になり、9人のメンバーがそれぞれの政策課題に自治体職員として自ら取り組んだ理論を論文として執筆したこの本について、松下はそのはしがきで「私たちの研究会も、各省の通達の検討をとおして政策研究をめざす『通達研究会』であった」とした上で、「自治体職員は『研修対象』から『政策主体』へと変わってきたのである」と通達研究会の特徴的意義を述べている（松下編1986：ⅲ-ⅳ）。通達研究会の活動の意義は、自治体現場の課題解決を市民目線で行うにあたり、国の通達の解釈、法令の範囲内で自治体が技術的に選択できる範囲を見出していることにある。このこ

とについて、森は「自治体は末端ではない。現場を持った最先端であるとの問題意識です（森2000：27）」と述べている。

　通達研究会は、省庁が発出する行政通達の研究を重ねることで、法制面における中央集権制度の実態を踏まえつつも、自治体現場の課題を解決するために通達はどういう拘束物であり、それをどう外すかということを追求していた。研究会には設立当初から松下が参加をしており、その指導のもとで江口を中心に互いにライバルと思えるメンバーを集め、研究内容や資料は門外に出さず、活動中は研究活動について口外しない秘匿性を持った研究スタイルを確立し、後の多摩の研究会に継承をされていく。通達研究会は、多摩の研究会の運営手法が確立された、起点となる研究会であった。

自治体学会設立支援

　自治体学会については、いくつかの活動の流れが合流することによって成立しており、全国的な学会を組織していくためには神奈川県や多摩の研究会などの関東地方の団体の集まりだけではなく、全国の様々なグループを迎えた大きな組織にする必要があった。その意味で、多摩の研究会の活動だけでは自治体学会設立の全過程を追うことはできない。本書においては、その全体像を明らかにするために述べているものではなく、これまでかかわりがありながらも記録として欠落していた多摩の研究会の活動に焦点を絞ったものである。自治体学会設立を発案した場面にいた3人のうち、鳴海正泰、森啓は、それぞれ自治体学会設立についての回想を記しているが、「自治体学会をつくる提案が俺からでたということは外で言っちゃいけない」と、2人に言いつけた松下自身はその記録を残していない。同様に、当時、松下と活動をともにしていた多摩の研究会自身も記録を残していない。その関与については、長らく伏せられてきた。その後、松下や多摩の研究会が自治体学会設立に関与していたことが記述されるのは、自治体学会設立から20年後の2006年である。自治体学会設立の立役者の1人である森が2006年に記した「自治体学の20年・自治体学会設立の経緯」において、「自治体学会は多数の方々

の『思念と行動』によって設立された。以下の『設立経緯』は、当時、神奈
川県自治総合研究センター・研究部長であった筆者が関与したかぎりの経緯
である（森2006：55）」とした上で、自治体学会の設立に関わった人物や組
織について「松下圭一、広松伝、加藤勝彦、福田丞志、村瀬誠、小口進一、
田口正巳、大島振作、畑和、神奈川県自治総合研究センター研究部、森田徳、
安好匠、関西活性化研究会、21世紀ひょうご創造協会、神戸都市問題研究所、
滋賀市民と自治研究センター、自治労、自治体問題研究所、宮本憲一、田村明、
鳴海正泰、多摩の研究会、塩見譲、西尾勝（掲載順）」など、一部個人名を上
げて紹介をしている（森2006：55-85）。その中で、特に重要な役割として語
られているのが松下圭一であり、その記述について一部抜粋をしたものが**表
18**である。

表18　森（2006）における松下圭一の記述

頁	表記
82	代表委員が決まるまでには松下さんに随分何度もお世話になりました。
83	松下さんも助言者として参加された首都圏の自主研究グループの熱海合宿
85	渋谷駅の近くで松下圭一さん鳴海正泰さんと3人で「自治体学会の可能性」を語り合った時です。

出典：筆者作成

　では、松下と神奈川県側とのつながりはどこでうまれたのであろうか。こ
のことについて、天野にインタビューを行った。

　　小関：元横浜市職員の鳴海先生は佐藤竺先生と一緒に、武蔵野市の市民委
　　　　　員をされたと思うのですが、自治体学会を作る前に、多摩の研究会
　　　　　と神奈川県はつながりがあったのでしょうか。
　　天野：そう。多少ね。それは何かと言ったら、横浜国立大学の学者から
　　　　　神奈川県知事になった、長洲一二と松圭［松下圭一］さんは、「市
　　　　　町村職員の政策能力の向上を図らなければならない」と意気投合
　　　　　しているんだよ。

小関：自治体学会を推した長洲知事ですね。自治体学会の発案や設立への時期は、1980年代の自主研究ブームや、通達研究会の活動時期と重なっているのですが、松下先生が自治体学会を設立しようとした意義は、どのようなお考えだったのでしょうか。

天野：松下先生が自主研究活動を自ら実践して、自信を持って自治体学会を設立しようと思ったんだよ。その背景に多摩の研究会があるんだよ。で、政策交流会議［全国自治体政策研究交流会議］というのをつくったんだよ。長洲さんは、この時代に都道府県レベルで。そうしたら、松圭さんが「都道府県だけではもったいないよね。市町村も入れようよ」と言ったと聞いている。それで、市町村を入れたんだよ。それが、自治体学会になったんだよ。したがって、政策交流会議を自治体学会に発展させたのが、松下先生なんだよ。今、自治体学会へ行けば、政策研究交流会議と自治体学会は別［日程で開催している］でしょ。

　また、松下が自治体学会設立に関わったエピソードについて、自治体学会の初代代表運営委員の選出が、「設立発起人代表3人の複数制にすることが合意されていたのですが、3人の運営委員が決まるまでは難儀な経過でした」とした上で、森は次のように述べている。

　代表委員が決まるまでには松下さんに随分何度もお世話になりました。自治体学会は自治体職員・市民・研究者の連携です。多摩の研究会の方々のご努力もあって、自治体職員の代表として田村明さん、市民代表として関西地域から日経新聞の塩見譲さん、学者・研究者代表として西尾勝さんがご承諾なさって決まりました。塩見さんにご承諾をいただいたのは、松下さんも助言者として参加された首都圏の自主研究グループの熱海合宿の翌日、MOA熱海美術館の庭園で夕陽を眺めながらの語らいでした。（森2006：82-83）

　この自治体学会設立課程における「首都圏の自主研究グループの熱海合宿」
の重要性について、杉本篤は次のように振り返っている。

　　この年の暮れ、熱海にある古い保養所でその会議は行われた。この熱海
　　会議が翌々年1986年に設立になった「自治体学会」の青写真づくりの
　　ためにはなくてはならない会合であった（集まったのは、活性研の大島
　　振作代表他私［杉本篤］を含むメンバーと松下圭一氏、田村明氏等12名）。
　　（自治体活性化研究会編著 2019：117）

　多摩の研究会は自治体学会の設立過程において、それまで、その名前と関
係性が誌面に登場する事はなかったが、森が2006年に記したことにより、
はじめて記録されている。全国自治体政策研究交流会議及び自治体学会の設
立に関与した団体として、森は多摩の研究会を**表19**のように表している。

表19　森（2006）における「多摩の研究会」の記述（下線は引用者）

頁	表記
72	埼玉会議の前夜に東京都内の大きなホテルのロビーで、<u>多摩地域の研究会</u>の人々と綿密に進行の打ち合わせをしました。
74	自治体学会は<u>多摩の研究会</u>の全面的な協力によって設立へとスタートを切りました。
82-83	多摩の研究会の方々のご努力もあって、自治体職員の代表として田村明さん、市民代表として関西地域から日経新聞の塩見譲さん、学者・研究者代表として西尾勝さんがご承諾なさって決まりました。

出典：筆者作成

　自治体学会の設立に多摩の研究会が関与し、貢献したことを森は記述した
が、森の著書が刊行された後も、当事者である多摩の研究会メンバーはその
関与を記してこなかった。そこで、その理由について、天野にインタビュー
を行った。

　　小関：＜略＞…松下先生を含めた多摩の研究会の動きについての先行研

究が見つからないのですが、なにか理由をご存じでしょうか。

天野：そうでしょう。松下先生は表に出ることが嫌いなんだ。本来は自
　　　治体学会の初代会長にならないとおかしいのに、一切表に出ていな
　　　い。自治体学会は松下先生の提案と主導により設立されたという
　　　事実を知っている自治体学会員は、今や皆無でしょう。通達研究会、
　　　先端行政研究会、行政技術研究会メンバーの非公開性も、松下先生
　　　の考えによるものだしね。松下先生は、自身が自治体学会の役職
　　　に就く代わりに、我々を委員として送り込んだんだよ。先生が生
　　　前に何度も言っていたのは、「君たちがきちんと育ってくれたから、
　　　自治体学会をつくろうと思ったのだ」ということなんだ。「君たち
　　　が育ったから、もう自治体学会を市町村が、こういう学会を運営
　　　できる能力ができるということを確信した」という意味なんだよ。

　1978年7月14日に開催された第1回地方の時代シンポジウムのあいさ
つにおいて、主唱者である長洲神奈川県知事が自治体学会を唱えたことに対
して、松下は「当時各地の市民活動に触発されながら、自治体職員の『自主
研究グループ』が活動し始めていることをふまえて、私は学者中心の学会づ
くりは無意味で、今しばらく待ちましょうとのべ、延期にしました。この職
員の自主研究グループが1986年に全国規模の自治体学会を発足させるまで、
その後なお10年の時が必要でした（松下1999：11-12）」と記している。松
下は、「『現場』をもたない学者中心という従来型の学会には強く反対し、前
例のない自治体職員中心の学会を提起（松下2006：174）」していたのである。
自治体学会の設立当時、自治体職員が中心であったことは、46人の運営委員
のうち、自治体職員が29人であり、学者・研究者・市民が17人であったこ
とからも明らかである。そして松下は、自身は表舞台に出ない考えをここで
も徹底していた。天野へのインタビューによれば、自ら学会の役員に就かな
い代わりに、多摩の研究会メンバーが自治体政策研究の面からも研究者とと
もに学会の運営を担うことができると判断し、自治体学設立に動いたのであ

る。松下は、多摩の研究会メンバーが自治体学会の委員として運営にかかわることで、自身の想いを託していた。そして、研究会メンバーが松下の意を汲んでいることも、これまで、多摩の研究会が自治体学会に関与してきた記録が残されてこなかった理由の一つである。

自治体学会運営支援

天野の言葉を元に、研究会メンバーが就任した自治体学会委員について、自治体学会発行した『NEWSLETTER・自治体学会』より、設立から 10 年間の記録を整理したものが**表 20** である。

表 20　自治体学会委員と多摩の研究会メンバー（任期 2 年）

年	運営委員	企画部会委員	編集部会委員
1986〜 1987 年	江口清三郎 西尾　勝（代表運営委員）	江口清三郎	西尾勝（部会長） 小口進一 平賀元晃 宮崎俊作
1988〜 1989 年	江口清三郎 西尾　勝（代表運営委員）	岡田行雄 加藤良重	西尾勝（部会長） 秋元政三 天野巡一 宮崎俊作
1990〜 1991 年	西尾　勝（代表運営委員）	岡田行雄 加藤良重	西尾勝（部会長） 秋元政三 天野巡一
1992〜 1993 年	岡田行雄 西尾　勝（代表運営委員）	秋元政三	天野巡一 鏡　諭 加藤良重
1994 1995 年	天野巡一 西尾　勝	小口進一 鏡　諭	秋元政三 昼間守仁 宮﨑伸光

出典：筆者作成

表からは、運営委員会と企画部会及び編集部会について、すべての期間で多摩の研究会メンバーが委員に就いていることを確認できる。自治体学会設立当初の役員組織は、その規約第 7 条において、代表運営委員 3 名以内、運営委員 50 名以内、監事 2 名以内と定められている。設立当初の役員は、代

表運営委員3名、運営委員42名（自治体職員28名、学者・研究者・市民14名）、監事2名、顧問6名であり、企画部会委員が14名、編集部会委員が11名であった。研究者と自治体職員、市民で構成する編集部会委員においては、部会長を含めた最大4名の多摩の研究会メンバーが委員を務めている。特に、行政技術研究会の命名の号となった1987年創刊号の『自治型の行政技術』では、10名の委員のうち3名が多摩の研究会の自治体職員メンバーである。学会組織において、特定の自主研究グループからこれだけの人数を輩出している状況からも、多摩の研究会メンバーがその役割を創立期に担っていたことは明らかである。

　多摩の研究会からの委員選出について、鏡は「自治体学会の役員でも、例えば天野さんが運営委員で出たとすると、次に加藤さんにするとか。順番もきちんと決めて、長く権力の座に座らないということにすごく配慮をした方でした。それが、自治体学会の運営にも反映されていました」と松下の指導について述べるとともに、研究会内での役割分担について、次のようにインタビューに答えている。

> 鏡　：結局、人事面も人材の輩出が厳しくなってきた。松圭さんが言うように、松下研究会［多摩の研究会］の流れでいうと、きれいに2年毎にローテーションを作っていたわけよ。実は2年ごとにローテーションを作っちゃうと、最後がないんだよ。さっきも話したとおり8人が中心的なメンバーだったわけじゃない。それで、その8人が1期2年ずつやっていくと16年で詰んでしまう。その後がないんだよ。だから、結局私が1番最後で、ほったらかしになって企画部会を10年ぐらいやって、研修部会10年やってとか、合せて20年ぐらい自治体学会の取り回しをやっていたわけ。
>
> 小関：それは長いですね。
>
> 鏡　：その取り回しって結局、政治的な無謬性とね、色のない仕切りをするというのと、それなりのエリートだね。将来の自治体学会を

背負っていく人材と動かしていく人材の獲得なんだ。要は、自治
体学会の職員についても、例えば企画部会や編集部会に入れるだ
けの資質があるかどうか見極めて、一応6年という不文律があっ
たから、6年毎に交代させると。代表委員もそう。中心となるよ
うな人たちをうまくピックアップして自治体学会に送り込むとい
う作業は、実は研究会の中の大きなイシューだった。表向きはそ
んなこと書いていないけど、ずっとそうやってきたからさ。それ
が2年ごとだったのだけど、俺の先輩たちは2年ごとで回れたけ
ど、俺の後はいなかったから20年間位ずっとやり続けちゃった
んだよね。

　自治体学会の設立とその運営初期において、関係各方面への配慮をしなが
らも、運営にかかわる者の偏りをなくし、政治的な無謬性や学会のめざす方
向性を考慮しながらその運営にあたってきた多摩の研究会メンバーではある
が、2011年の総会後にはメンバーの多くが退会をしている。その経緯につ
いて、金井利之は次のように述べている。

　　2011年改革に向かう底流には、総務・活性部会と事務局（CAC）との見
　解の対立があった。2011年改革で総務・活性化部会が廃止されたので、
　表面的には代表運営委員・役員会と事務局（CAC）の調整がついたかのよ
　うに見える。しかし、役員機能を補佐していた総務・活性化部会が事務
　局と見解の相違を持ったということは、総務・活性部会がなくなったと
　しても、役員会と事務局の見解の相違はあり得ることを意味する。この
　ようなあおりを受けて、2011年の総会後には、自治体学会設立からの
　有力な多摩地域の自主研究グループのメンバーがかなり退会することも
　起きた。（金井2019：104）[91]

91　金井利之（2019）「自治体学会と自治実践研究・分権改革」『地方自治研究の30年』
　日本地方自治学会

「自治体学会は多摩の研究会の全面的な協力によって設立へとスタートを切りました（森2006：74）」と評された多摩の研究会ではあるが、研究会としての運営への関与は、その後、弱まっていった。

多摩の研究会の調査に際し、自治体学会の設立と運営に研究会がどのように関わってきたのか、今回のインタビューをとおして初めて活字化される部分も存在している。その運営初期において、関係各方面への配慮をしながらも、運営にかかわる者の偏りをなくし、政治的な無謬性や学会のめざす方向性を考慮しながらその運営にあたってきた多摩の研究会ではあるが、その一方で、全国的な組織である自治体学会において、一部のメンバーが学会運営の方向性を左右することについては、共に活動をしていれば自ずと見えてくるものもある。そのことに批判的な立場の者にとってみれば、結果的に多摩の研究会は派閥であり、反対する勢力も生まれたのではないかと思われる。そう思われても仕方ない側面も存在していた。

（3）1985年 自治体行政法務研究会

研究会概要

自治体行政法務研究会は政策法務に特化した研究会であり、その正式名称を行政法特別研究会という。1985年に設立した研究会は、東京三多摩地区にある市の総務、文書、法規担当の職員で構成した研究会であり、その契機は同年7月に天野にかかってきた一本の電話に遡る。電話の主は、日本評論社から法曹界向けに刊行している月刊専門誌『法律時報』編集長であった。このときの様子について、天野は次のように語っている。

　　小関：＜略＞…設立経緯について教えていただけないでしょうか。
　　天野：＜略＞…通達研究会をやりながら、1985年に私の職場に電話が
　　　　　入ったのが、［法律時報編集部の］渡辺俊介という初代編集長。「市
　　　　　民目線で法律論を展開してくれないか」と。「どうして私なのです

か」と聞いたら、「松下先生の推薦です」と。「そうしたら、断るわ
けに行かないね」って。それで、今はなくなったけど、三鷹駅の南
口に降りてすぐのところに書店があって、そこの２階の喫茶店で
会ったんですよ。「こういうことをやってくれないか」と…＜略＞

　こうして、日本評論社主導の下、法律時報誌の連載記事を書くために研究
会のメンバー探しが始まり、通達研究会のメンバーの岡田行雄、加藤良重の
ほかに、八王子市の水野直哉、府中市の原拓二が迎えられた。また、法律の
専門性を高めるために依頼した研究者の参加について、天野は次のように述
べている。

　　この研究会の専門性をはかるため松下圭一先生をはじめ、行政法からは
　　神長勲青山学院大学教授、憲法の江橋崇法政大学教授、民法から鎌田薫
　　早稲田大学教授の参加をいただき、また、研究会の書記に当時、青山学
　　院大学大学院生の荒川真理さんに協力をしてもらい会議の論点などを整
　　理してもらいました。（天野 2004：12）

　1985年10月30日に法律時報編集部会議室において、第１回研究会が行わ
れた。研究から原稿執筆の流れは「自治体職員がテーマを決め月１回発表する。
その内容を踏まえ、それぞれの専門的視点から議論した上で、これを自治体
職員が原稿にして法律時報に掲載」するものであった（天野ほか 2012：3）[92]。
法律時報の連載は 1986年10月から 1988年7月まで続き、連載の終了ととも
に自治体行政法務研究会の活動を終えている。

設立経緯
　なぜ、法曹界向けに刊行する月刊誌への寄稿依頼が、自治体職員である天

92　天野巡一・岡田行雄・加藤良重（2012）「政策法務の成り立ちと法務研修」『自治体
　　法務NAVI2012年2月25日発行vol.45』第一法規

野にあったのであろうか。1983年に『地方行政』に寄稿した「許されぬ弁護士費用の公金支出」の執筆依頼の背景について、天野はインタビューに次のように語っている。

　　小関：この論文は、先生がご自身で投稿されたのですか。それとも寄稿
　　　　　の依頼があったのですか？
　　天野：依頼があった。その前に、新聞記者とか散々取材があるわけ。取
　　　　　材にきちんと答えていると、たぶん、記者も私の名前が伝わって
　　　　　きて、それで、「書いてくれって」依頼があるんだよ。私は、自分
　　　　　で投稿したことは殆どない。全部依頼だよ。

　寄稿の内容は、元武蔵野市長に対する損害金請求事件の概要を説明したものである。職務を執行する過程で係争に巻き込まれた首長や自治体職員の弁護士費用を公金から支出することについて、全国の自治体で起こり得る内容であることから、法的措置を含めて対応しなければ、行政活動が停滞してしまうことを懸念して結んでいる。当事件の概要は次のとおりである。

　　元武蔵野市長に対する損害金請求事件の判決の言渡しが東京地裁で行わ
　　れた。事件は、宅地開発指導要綱に基づいて、マンション業者などからの
　　給水申し込みを留保した市長の行為が、刑事事件として昭和53年12月
　　5日に起訴され、市長がこの刑事事件の弁護士費用を公金から支出したた
　　め、その弁護士費用の返還を求めて住民訴訟が提起され、公金支出の是
　　非を争っていたもの。判決によると、刑事事件の場合、弁護士の弁護活
　　動は被告人個人を対象とするものであり、この事件は武蔵野市自体が当
　　事者でないので、弁護費用は個人が負担すべきであって、これを市の公
　　金から支出する事は許されないとの判断を下している。（天野 1983:13）

当時、天野は武蔵野市総務部訟務担当主幹であり、職務として問題と向か

い合っていた。通常、市職員としての立場であれば、担当の業務が完結した
時点でかかわりを終了してよい事案である。ところが、天野は、担当業務に
従事する中で生じた地方自治体の業務の課題を、全国の自治体共通の課題と
捉えて問題提起を行っていた。自治体が組織的に判断を下し、市民の代表者
たる市議会の承認を得て執行した行政活動に対して、刑事事件では被告人個
人の刑事責任を審判するものであるという理由で、首長または職員個人が責
任を負うことは、行政活動の審判には即していないとして、全国の自治体活
動の視点から問題を提起したのである。そのきっかけになった論文である「許
されぬ弁護士費用の公金支出」について、天野にインタビューを試みた。

　　天野：＜略＞…それで、もし、できなかったら、それをどう解決するか。
　　　　　どういうふうに立法学で解釈して、立法学で改正させるか、新し
　　　　　い法律をつくっていくか。ということなんだよ。で、私が［武蔵
　　　　　野市総務部で］訟務を担当していて、判決の言い渡しがあって、
　　　　　そのときに『地方行政』に書いたのが弁護士費用の公金支出「許
　　　　　されぬ弁護士費用の公金支出」。これが昭和58年で、まだ市の職
　　　　　員で現役時代。この論文が契機になって、地方自治法の住民訴訟
　　　　　が改正されたんだ。
　　小関：先生が書いた論文が法改正につながったのですか。
　　天野：この論文が一番最初だった。
　　小関：弁護士費用というのは、市が提訴された場合の弁護士費用ですよね。
　　天野：市が訴訟の弁護士費用を支出したことが、公金支出の住民訴訟に
　　　　　問われたんだよ。
　　小関：マンション建設で水道を止めた時の訴訟ですか？
　　天野：そうそう。で、住民訴訟で、公金違法支出が問われたんだよ。だ
　　　　　けども、公金の違法支出と言ったって、政策そのものの問題だよ。
　　　　　議会で市長を擁護する議決をしているし、この弁護士費用をわざ
　　　　　わざ補正予算を組んで議会で議決してる。反対も殆どいなかった。

　　それを、個人で訴えられるのはおかしい。個人が非違行為をした
　　ものじゃない。政策に基づいたものじゃないか。個人を損害賠償
　　で追求するのはおかしい。個人の問題ではないだろう。行政庁の
　　長としての問題だろうと。それをはっきり分けないとおかしい。
　　そう考えて、初めて論文を提出して「そうだ、そうだ」になった
　　んだ。それで、地方自治法の243条の1項の4号の住民訴訟が改
　　正されたんだよ。私が最初だから、この問題が議論されると「天
　　野説」というのが出てきたんだよ。

　インタビューによると、天野は学生時代に学んだ法学を入庁後にも自主的に
研鑽を重ねていた。担当の職務課題を深く読み解き、その職場においてのみ引
き継がれる傾向のある業務課題について、自治体現場からの視線で問題提起と
研究の必要性を訴えたのである。さらに天野は、事件を自治体共通の政策課題
として受け止め、汎用性のある研究の視点で捉えていた。この視点が、法律時
報編集長から依頼された「市民目線で法律論を展開してほしい」に現れている。

政策法務

　天野が政策法務の概念を最初に論文化したのは、1986年に刊行した『自
治体の先端行政』に収録された、「自治体法務行政の構築を」[93] である。その
冒頭で「自治体行政は法律による行政だけでは対応できなくなっており、市
民自治の起点から自治体問題を捉えなければならない時代に来ている（天野
1986：223）」とした上で、その理由について次のように述べている。

　　従来までの自治体における行政運営は、さきに述べたように、実例中心、
　　前例踏襲で、自治体による法的判断がほとんどくわえられていない。そ
　　のため、自治体特有の地域特性に根ざした、市民自治にもとづく政策が

93　天野巡一（1986）「自治体法務行政の構築を」『自治体の先端行政』学陽書房

みられない。もとより訴訟などの局面における対応は顧問弁護士の法廷技術に負うところがおおきい。しかし自治体における法的諸問題は、実務経験の豊富な、しかも行政法に精通した自治体職員によって、地域に即応する方法で解決すべきで、しかも市民の基点にたった法的判断こそが、開かれた行政運営にもとめられているのである。(天野 1986：247)

　この主張をもとに、『政策法務と自治体』が 1989 年にまとめられ、政策法務が自治行政の新たな研究分野として発展するきっかけになった。その後、1995 年には鈴木庸夫により、政策法務の 3 つの考え方が示されている[94]。天野は、自治体職員として働く傍ら、自主研究活動で研鑽を重ね、政策法務という用語の創出と新しい研究概念を行政法専門家の世界に残していた。

政策法務の造語
　天野は政策法務の言葉が生まれた経緯について次のように述べている。

本の「はしがき」を私が担当して、本のタイトル［天野ほか (1989)『政策法務と自治体』］の原案を『自治体の法務政策』としました。この原案を群馬県の赤城山のひなびた温泉場で松下圭一先生、岡田行雄さん、加藤良重さんと出版部の渡辺勉さんと私の 5 人で本の装丁などを検討しました。この本のタイトルが「自治体の法務政策」では法務の手法、技法になってしまわないかとの問題が出され、「自治体法務」、あるいは「自治体の法務行政」などいくつかの案が出ましたが、なかなか結論に達しませんでした。深夜に温泉で頭を冷やすのではなく、暖めて部屋にもどりましたら、松下先生から「自治体の法務政策」を全部ひっくり返し「政策法務と自治体」ではとの提案があり、これでいける、という感覚を持ったことを鮮明に憶えていいます(天野 2004：13-14)。

94　天野の考える政策法務論のほか、阿部泰隆による「行政法学改革派」，木佐茂が主張した「研修改革派」。

　このときの様子について、天野は「私は『自治体の法務政策』としたんだよね。『法務政策は法務テクニックみたいになるな』ということで、ひっくり返して『政策法務』では。と、提案したら、松下先生は『これだ！』と、目を輝かせたんだよ」とインタビューに語っている。この場に同席していた加藤も「議論するなかで、天野さん（後に、岩手県立大学・青森公立大学教授）の提案もあって、『政策法務』の名称にきまった。その時の情景がいまでも鮮明に思いうかぶ（加藤 2011:13）[95]」と述べているように、後に、自治体政策における新たな研究分野として確立される政策法務が、天野の造語により生まれた瞬間であった。こうして、自治体行政法務研究会は、1988 年 7 月まで約 2 年間の活動を継続し「政策法務」という新しい概念と自治行政における新たな研究課題を生みだしたのである。

政策法務の普及

　また、「条例をつくることが目的ではなく、条例は政策展開を図る手段で目的は政策の展開をはかることにあります（天野 2004：62）」とする天野は、自治体職員による政策法務研究とその普及にも尽力をしている。1998 年 3 月に武蔵野市役所を定年前に退職した天野は、その翌月に岩手県立大学教授に就任、そこで「政策法務講座」を導入した。天野は各赴任地で自主研究会や自治体学会を設立しており、県や団体主催の研究会、政策法務塾にも関与をしている。この大学教授への転身後の政策研究活動について、天野はインタビューに対して次のように答えている。

　　天野：行って直ぐに、岩手自治体学会とか、岩手の研究会を作ったんだ。
　　　　　岩手県って広いから、県央地区じゃないとダメなので、大学に頼
　　　　　んで、毎月 1 回、教授会室を借りたんだ。「開かれた大学なんだ
　　　　　ろ。開かれた大学なんだったら、私、自主研究会を作って、各市

町村の連中が学校に来て勉強会をやって、もちろん私はボランティアで全てやるんだから、だから、教授会室を貸してくれ」と言って。それで、毎月1回、教授会室を借りて。地域の人と大学との交流の接点ができて。だから、未だに市町村と県立大学のつながりがある。あるいは、[自治体の]委員をしたり。パートナーシップ21というのをつくってね、そこで自主研究グループをやって、で、それを基にして、2005年に岩手自治体学会を作って、そこで松下先生に講演をしてもらったんだ。

天野は学士卒であり、博士号や修士号の学位を取得していない自治体職員が、講師や准教授ではなく教授に就任したことは異例であった。天野はさらに、文部科学省の審査によるDマル合教員の資格を得ており、博士後期課程の指導教授も務めている。各研究会において、実務と理論の両面から指導を行う天野は、多摩の研究会における松下圭一のような存在であった。天野と政策法務の研究活動は**表21**のとおりである。

表21 天野巡一と政策法務

年月	活動	備考
1964年4月	武蔵野野市役所入庁	
1979年10月	通達研究会準備会参加	立川市民会館
1980年8月	通達研究会発足	
1983年8月	「許されぬ弁護士費用の公金支出」執筆	『地方行政』
1985年7月	『法律時報』連載執筆依頼	
1985年10月	自治体行政法務研究会発足	
1986年7月	『自治体の先端行政 現場からの政策開発』刊行	「自治体法務行政の構築を」執筆
1986年10月	『法律時報』連載開始	市町村職員初の法律専門誌執筆
1988年	自治体行政法務研究会解散	
1988年7月	『法律時報』連載終了	
1988年7月2日	「政策法務」造語	赤城山合宿

1989 年 2 月	『政策法務と自治体』刊行	
1990 年 7 月	自治体学会報告 自治体学会「政策法務分科会」設置	「個性化時代の自治体法務、政策法務」発表
1994 年	宮城県市町村職員研修	全国初の政策法務研修
1998 年 3 月	武蔵野市退職	水道部長
1998 年 4 月	岩手県立大学総合政策学部教授就任	
1998 年 10 月	岩手県市町村職員自主研究会設立	
2004 年 3 月	『自治のかたち、法務のすがた』刊行	多治見市講演録
2005 年 10 月	岩手県自治体学会設立	基調講演：松下圭一
2006 年 4 月	青森公立大学経営経済学部教授就任	
2006 年 5 月	岩手県立大学名誉教授	
2006 年 10 月	青森県中央地区青森政策研究会設立	基調講演：松下圭一
2007 年 4 月	青森公立大学経営経済研究科博士後期課程教授兼任	
2010 年	青森町村会職員自主研究会発足	青森県町村会主催
2012 年	青森県市町村課政策法務塾発足	青森県市町村課主催
2016 年 3 月	青森公立大学退職記念講演会「私と政策法務」	アピオあおもり
2016 年 3 月	青森公立大学退職	
2016 年 4 月	青森県市町村課政策法務塾発足	青森県市町村課主催

出典：筆者作成

　2016年3月21日に有志の自治体職員が開催した退職記念講演会の様子が、横断幕を背にした天野の講演写真とともに、青森県の地方新聞である東奥日報に掲載された。青森県や岩手県、宮城県の自主研究会メンバーが企画した最終講義の様子であるが、一教授が大学を定年退職するのにあたり、これだけ大きく新聞に取り上げられることは珍しい。

　天野は、学生時代、そして就職後も個人的に政策法務分野の研究を重ねており、通達研究会への参加と並行して自治体行政法務研究会の活動を行ってきた。法律の専門家からも評価された天野の専門性は、これらの研鑽の成果である。天野は、実務家教員として、また、自治体職員の目線で政策研究の発展に寄与したパイオニアであった。

（4）1986 年 先端行政研究会

　先端行政研究会は、前身である通達研究会が『自治体の先端行政　現場か
らの政策開発（1986）』を刊行・解散した 1986 年 7 月の翌々月に活動を開始
し、1986 年 9 月から 1991 年 12 月まで 5 年 3 ヶ月間の活動を行った。研
究会は著書から命名しており、その意味について、西尾勝は「自治体は末端
ではない、先端だという発想から来ている『先端』なんです」と述べている（東
京大学先端科学技術研究センター牧原出研究室編集 2018：191）[96]。メンバーについ
ては、旧通達研究会の会員を中心に、新たに東京多摩地域と埼玉県の若手職
員を加えている。そこで、先端行政研究会の新たな会員について、天野にイ
ンタビューを行った。

　　天野：＜略＞…解散して発展的解消というかたちをとって、先端行政研
　　　　　究会になったんだ。それと、ここで、もっと若手を入れようとい
　　　　　うことで、若手を入れて。この時に 20 人以上のメンバーになっ
　　　　　て、研究者を西尾先生［西尾勝］だけではなくて、もっと入れよ
　　　　　うということになって、武藤博己さん、西尾隆さん、坪郷［坪郷實］
　　　　　さんだとか。
　　小関：このときの 20 名というのは、自治体職員のセレクションがあっ
　　　　　たのでしょうか。
　　天野：ない。武蔵野の私の場合には、企画課長をやっていたから、武蔵
　　　　　野市のエース級を送り込んだのね。小森［小森岳史］とかもそう
　　　　　だけど。他のメンバーも自分の自治体の職員を入れてきたんだよ。
　　　　　埼玉は鏡が熱心で、埼玉からいろんな人を連れてきたんだよね。
　　　　　そうこうしているうちに人数が多くなりすぎて、何人か調整した

96　東京大学先端科学技術研究センター牧原出研究室編集（2018）『西尾勝オーラル・
　ヒストリー 1』東京大学先端科学技術研究センター

ことはある。

　書籍の刊行を機に解散し、再スタートするにあたり新メンバーを迎えていることから、研究会活動の刷新を願っての再結成であったことが伺えるが、通達研究会を解散した理由については明かされていない。
　しかし、研究会は若手職員と研究者を新たに迎え入れていることから、従来の研究活動を高度化するとともにその裾野を広げることで、これまでの研究会の思想を継承しながら新たな展開を目指していたことが確認できる。
では、どのようなメンバー構成の変更があったのだろうか。これまでの研究者は松下圭一1人であったが、研究者を増員した経緯について、天野は次のように述べている。

　　会員、募集方法などについて飲み屋で話し合いました。このとき、西尾勝先生（当時東京大学教授、現東京市政調査会理事長）を会員に加えようという提案がありました。当時、私が次の先端行政研究会の代表の役を仰せつかっていましたので、西尾先生を研究会に誘う役を私がやることになりました。西尾先生の自宅に行き研究会の趣旨を伝え、参加をお願いしましたところ、「いいですよ。研究会はいつからですか」と快く引き受けてくれました。（天野ら 2012：13）

　なぜ、西尾勝を会員に迎えることになったのであろうか。その経緯について天野は「読売新聞の取材旅行で、アメリカに松下先生が行った…＜略＞…そして、徹夜で飲んで、それでお互いに気心がしれて、そこからの付き合いになった」とインタビューに述べている。西尾勝はアメリカで在外研究をしていた際、訪米した松下圭一の求めに応じて面会をしていた。その時の様子について、西尾勝は北海道自治体学土曜講座で次のように語っている（西尾 2018）[97]。

97　北海道自治体学土曜講座・最終回『松下圭一理論の今日的意義』」—「シビルミニマム論と市民参加・職員参加論」西尾勝（東京大学名誉教授）2018 年10 月13 日開催

　私が松下圭一先生と 1 対 1 で話をしたのは、私のアメリカ留学中の話です。1967 年から 1969 年にかけて、2 年ほどアメリカに留学していたんですけども、1968 年の夏の事だったと思うんです…＜略＞…松下圭一先生は読売新聞社の依頼を受けられまして、アメリカ各地を訪れて、取材旅行をされたわけですけども…＜略＞…突然、私のアメリカに住んでいた家に電話をかけてこられて「松下圭一だ」と。どこで調べたんだろう…＜略＞…「ボストンのホテルにいる」と。「お前、出てこられるか」と…＜略＞。

　西尾勝は、マサチューセッツ州ケンブリッジの The Joint Center for Urban Studies of MIT and Harvard University に留学をしているときに、突然訪問をしてきた松下圭一と会ったことが「2 人が直接話した最初です」とし、後に「『武蔵野市の市民参加に出てこい』と言われて、これが松下さんとの深い縁になるきっかけなんです」と語っている（東京大学先端科学技術研究センター牧原出研究室編集 2018:113-114）。後に、武蔵野市が新たに市民参加方式により策定した長期計画に定めた緑化市民委員会に松下が西尾勝を指名したこともあり、既に 2 人のつながりができていた。西尾勝の研究会への参加は「既に、西尾先生が参加することは話がついているような様子でした」と天野が述べているように、松下との関係によるものであった。先端行政研究会では松下と西尾勝のほかに、武藤博己、西尾隆、坪郷實といった研究者が新たに参加をしたことも、多摩の研究会の活動史の中で、特徴的な出来事であった。
　政治学者、行政学者が新たに参加することは、現場性を重視する研究会の視点に研究者の専門的かつ多様な視点が新たに加わることになる。これまでメンバーの政策研究を指導してきた松下の政治学的な視座に、より幅広い学術性を付与することを狙ったこの試みは、多摩の研究会の専門性をより高めるとともに、自治体政策研究としての研究フィールドを研究者に提供する場になった。

　また、多摩の研究会の活動史においてもう一つ特徴的なことは、若手職員を新たに研究会に迎え入れたことである。これまでの市政研究グループ、通達研究会では、会員を固定して、メンバー自身が研鑽するための活動体であったが、1977 年の市政研究グループ設立から 9 年が経過するなかで、研究活動の目的の一つに次世代の育成が新たに加わったことを表している。それは、次代の自治体政策研究を担う自治体職員への期待を感じる発展的展開であった。

　先端行政研究会への移行に際して構成員を見直したのは、長期活動の弊害であるマンネリ化からの脱却と新陳代謝である。その障壁となるのは、これまで松下の指導の元で、研究を重ねてきた既存会員と若手会員との、行政政策に対する熟度の差であろう。市政研究グループの活動開始から 9 年、通達研究会の活動開始から 6 年間の研究を重ねてきた既存メンバーと共に議論をすることは、新たに参加する若手の自治体職員にとって敷居の高い研究会であったことがうかがえる。

　しかし、先端行政研究会における変化は、次世代の自治体職員育成と同時に研究者へ自治体政策の研究フィールドを提供する新たな展開を見せたものであり、既存メンバーの自己研鑽から次のステップに研究会が移行した大きな変化であった。

（5）1992 年 行政技術研究会

研究会概要

　行政技術研究会は 1992 年 1 月に新たな研究会として発足し、会員数を増やしながら、30 年を越えて活動を継続している。では、5 年 3 ヶ月間の活動を行った先端行政研究会を解散し、行政技術研究会として再結成を行った理由は何であろうか。この点について、天野にインタビューを行った。

　　天野：これは、「もっと人数を増やそうよ」というのと、「若手にもっと
　　　　　こういうこと［研究会］を知ってもらおうよ、研究者を目指す人

がいたら手助けしようよ」というのが我々の意識の中にあったね。
松下先生もその意識があった。…＜略＞…

小関：＜略＞…人数が 20 人くらいになって、その後にもっと増やそう
　　　ということになって。でも、会の名称を変更する必要は無いよう
　　　な気がするのですが。

天野：大体、10 年を目安に変えようということなんだ。発展的に解消し
　　　ようということなんだよ。マンネリ化を恐れたんだね。

　研究会の名称について、先端行政研究会では、その前身の研究会の活動成
果である著書のタイトルを採用してきた。この名称の継承性について、行政
技術研究会で引用をしたのは、1986 年に設立された自治体学会が翌 1987
年度に刊行した、『年報第 1 号自治型の行政技術[98]』である。このことについて、
西尾勝は次のように述べている（東京大学先端科学技術研究センター牧原出研究室
編集 2018：191）。

　行政技術研というのは、その頃はもう自治体学会というものも誕生して
　いて、私が編集部会長などをやってニュースレターとか年報とかを編集
　していたんですけど、自治体学会の第 1 号だか第 2 号だかで行政技術を
　テーマにした特集か何かをしているんです。それがきっかけで、私が「名
　前を替えるなら行政技術研がいいんじゃないか」と言ったとみんなに言
　われています。私は覚えていないんですけど。

　この年報では「自治体学会編集部会」の西尾勝が部会長を勤め、研究者と
自治体職員、市民で構成する編集部会委員の内、2 ～ 3 名を多摩の研究会メ
ンバーが学会設立翌年の 1987 年から 1996 年の間に担っている。さらに、
年報第 1 号では「紙上座談会 自治型の行政技術」に小口が参加をしている。
自治体学会の年報第 1 号『自治型の行政技術』は多くの関係者の尽力によっ

98　自治体学会編（1988）『自治体の行政技術』良書普及会

て刊行されたが、その関与について多摩の研究会の視点からみれば、研究会
の活動成果の一つとみたのではないか。

表22 座談会「自治型の行政技術」登壇者

氏名	所属（当時）	備考
新藤宗幸	専修大学法学部助教授	司会
岡崎昌之	（財）日本地域開発センター企画調査部長	
小口進一	国分寺市市民部健康課	
神原勝	地方自治総合研究所研究員	
菅井憲郎	鹿児島県総務部国際交流課長	
田中義政	与野市企画財政部企画調整課	

出典：自治体学会編（1988）[99] を基に筆者作成

研究会構成員

行政技術研究会としてスタートした時には、研究者の参加者数も増えてい
る。この頃には松下圭一、西尾勝のほかに、小原隆治、坪郷實、西尾隆、宮
﨑伸光、武藤博己、廣瀬克哉、石川久らが参加をしている。そして、研究会
の活動目的の変化として、研究者を目指す人を支援することがあった。背景
として、先端行政研究会が活動を開始した1986年は、自治体学会設立のほ
か、前後に自治体行政を研究テーマとする学会が複数設立された時期である。
それから6年が経過し、研究会のコアメンバーも年齢を重ね、所属する職場
での役割も変化していくなかで、いつまでも自分たちが第一線に立つのでは
なく、次世代の研究者を研究会メンバーから輩出したい思いが存在していた。
自治体政策研究を実践する場が自主研究グループから学会の場に選択肢が広
がる中で、自治体現場の経験と視点を備えた研究者の輩出が必要と考えたの
である。自主研究活動の目的の一つに、自治体の政策研究を後継する職員の
育成を意識したことは、特徴的な変化であった。

天野の「もっと人数を増やそう、若手に研究会を知ってもらおう」という

コメントにも注目ができる。過去に、先端行政研究会からはその間口を広げ
ながらも、実際には自治体間の人数調整や参加者の熟度に対する結果的な選
別が行われ、コアメンバーは古くからの参加者が占めている現状があったか
らである。行政技術研究会では、後継者の育成により大きく舵を切ったこと
を示している。その一方で、「若手に研究会を知ってもらおう」、「研究者を目
指す人を手助けしよう」ということは、入会の敷居を下げて裾野を広げると
ともに、研究の質を高めて頂を高くする2つの相反を内包している。天野が
著書で「この研究会は、会員の条件、資格など細かい会則はございませんの
で、よろしかったら一度ご参加ください（天野2004：11）[100]」と述べるように、
基本的に参加はオープンになった。ところが、後に行政技術研究会の事務局
長を務める清水英弥は行政技術研究会への入会について、「関根さんが行政技
術研究会に行き始めて『私も行きたい』と言ったものの、なかなか入会させ
てもらえませんでした。やっと参加できたのは、2004年9月からです（小関
2019：138）」とインタビューに答えているように、「ライバルを集める」と
いう伝統が残っていた。鏡は、「行政技術研究会のスタートの時に川越市の風
間さん［風間清司、後の川越市副市長］とか、富士見市の石川さん［石川久、
後の淑徳大学コミュニティ政策学部教授］が入ってくれた。それから所沢市
の関根［関根久雄］。だから、ライバルを呼んでこいと言うんで、それこそ
風間さんや石川さんはそれぞれきちんと自治体の仕事をしている方だったし、
埼玉県からクオリティを保ってくれた人たちだった」と述べている。このこ
とは、年齢の制約はないものの、ライバルが既存メンバーと同世代であるこ
とを意味していた。結果として、入会についての調整が管理されていないな
かで行われており、依然として結果的な選別が行われていたことを示してい
る。さらに、一部の会員間では技術レベルの選抜が継続されていると思われ
ていたために、新たなメンバーの参加に対して一部では消極的な姿勢が続い
ていており、実質的な障壁として存在していたことが想像に難しくない。

100　天野巡一（2004）『自治のかたち，法務のすがた～政策法務の構造と考え方～』公
　　人の友社

第一次地方分権改革への関与

1999年7月に成立した、地方分権の推進を図るための関係法律の整備等に関する法律（地方分権一括法）に向けて、1995年5月に地方分権推進法が制定され、同年7月には地方分権推進委員会が発足した。この委員会について、新藤宗幸は「地方分権推進委員会の理論的支柱であり、各省庁との折衝を取り仕切ってきた実務上のリーダーは、『本職は総理府事務官、東京大学教授は非常勤』といった状況におかれた西尾勝氏であった」と述べている（新藤 1999：234）[101]。委員会は1996年3月に中間報告を出した後、翌4月に2つの検討グループが新たに設置された。委員会に直属する作業グループとしての行政関係検討グループと、補助金・財源問題検討グループである。そして、西尾勝は行政関係を取りまとめる行政関係検討グループの座長に指名される。最終的に475の機関委任事務制度を廃止するに至った検討グループと省庁との交渉には「グループヒアリング方式という、それまでにない方式（東京市政調査会 2009：377）[102]」が取り入れられた。このグループヒアリング方式について西尾勝は次のように述べている。

> そこで考え出しましたのが、「グループヒアリング方式」というもので、これは別名「膝詰め交渉方式」と呼んでおりましたけども、要するに委員会側の方から交渉担当者を何人か選びます。建設省関係の交渉はこの委員とこの専門委員とこの参与に担当してもらおう、…＜略＞…交渉担当者が委員の中から選ばれ、専門委員の中から選ばれ、参与の中から選ばれたということであります。そういう小人数の交渉担当者と相手の省庁の局長クラスの人と膝詰め談判を繰り返すことによって合意点を探そうという、これがグループヒアリング方式なのであります。（西尾 1999：124）

101　西尾勝（1999）『未完の分権改革』岩波書店
102　東京市政調査会（2009）『地方自治を掘る』東京市政調査会

このグループヒアリングの準備において、西尾勝は次のように述べている（下線は引用者）。

　私も行政学の専攻者ではありますが、行政の隅々まで知り尽くしているわけではありません。各省の一つ一つの行政について交渉していくわけですから、交渉していく中身について私に知識がないという問題もあります。<u>そこで私たちを補佐する人たちがおりまして、この人たちが一所懸命ペーパーを書いてくれる</u>。この行政、法律の仕組みはこうなっていて、このことについて各省側はこういう見解を述べてきています、それに対して私どもが反論をして変えようとすれば、<u>こういう論理で、こういう論拠で交渉に当たるべきではないか、というペーパーを次々とつくってくれるのです</u>。それを翌日以降の交渉に備えて一所懸命、一夜漬けで勉強しなければならない。（西尾 1999：125-126）

　しかし、ここでは行政の現場と法律の仕組みの知識を持ち、省庁側の見解を予測した交渉案について、地方自治の広範な業務にわたり西尾勝に解説できる「私たちを補佐する人たち」が誰であるかは記されていない。
　ところが、横須賀徹の記述を重ねることで「私たちを補佐する人たち」が誰なのかが明らかになる。2015 年 8 月 29 日に吉祥寺第一ホテル 8 階天平の間で行われた「松下圭一先生をおくる会」において、西尾勝は発起人を代表した「お礼のことば」で、次のように述べている。（下線は引用者）

　松下先生による濃密なご指導がなかったならば、のちに私が地方分権推進委員会（諸井委員会）に参画し地方分権改革に従事するようになったとき、霞ヶ関の各省の官僚諸君との「膝詰め交渉」を乗り切る事は到底できなかったと、確信しております。と述べ、分権推進委員として十分に活動出来た基礎をつくってくれたことに感謝の発言をするとともに後段で、<u>行政技術研究会の自治体職員にはしばしば情報提供を依頼し、ご</u>

協力いただきました。なかでも記憶に残るのは、国民年金行政における
都道府県の社会保険事務所と市区町村の国民年金係との間の連携関係の
実態について、行政技術研究会有志から詳細なレクチャーを受けた記憶
です。武蔵野市、三鷹市、小金井市、国分（ママ）市からそれぞれ選ばれ
た4人の自治体職員からレクチャーを受け、ようやく実態を正確に知る
ことができました。その上で、私が考えあぐねていた改革の落とし所を
めぐる諸論点についても4人のそれぞれの意見を聴取し、これで漸く厚
生省官僚等との交渉に臨む私の腹が固まり、腰が据わりました。ほんと
うにいまでも、行政技術研究会の諸君に深く感謝している出来事でした。
（横須賀2017：25-26）

　ここでは「選ばれた4人の自治体職員」が誰であるかは明言されていないが、
西尾勝を「補佐する人たち」が行政技術研究会のメンバーであることが明らか
になる。この後、松下や行政技術研究会への言葉がさらに続く。（下線は引用者）

ところが、後日になって聞かされた話によれば、行政技術研究会の諸君は、
私からの度重なる協力要請にどこまでまともに応じるべきなのか迷いも
あって、松下先生に相談したところ、「西尾から情報提供や意見具申の要
請があったときには、徹夜をしてでも迅速に対応し、的確な情報や意見
を集めて送り返せ」という、強い指示を受けていた、ということでした。
（横須賀2017：26）

　行政技術研究会メンバーは、その主導的立場であった松下の指示を受ける
以前から、地方分権推進委員会の機関委任事務廃止の方針に沿った自治体現
場における課題と、法制面を含めた課題解決の方法を含めた情報提供を行っ
ていた。このことは、地方自治体は政策実践の場とする多摩の研究会の考えを、
メンバー自らの意思で行動に移したものであり、20年以上続けてきた自治体
現場における課題解決と、法制面を含めて追求する研究活動の成果が、地方

自治の歴史の一部に「情報提供」というかたちで寄与した事例であることを
示している。

（6）1999 年 介護保険原点の会

研究会の概要

　介護保険原点の会は、2000年4月に施行された介護保険制度の導入前後に活
動した自治体職員による自主研究会である。1999年8月11日に、17 人の自治
体職員により始まった研究会は、1999 年からの第 1 期と 2003 年から 2005
年までの第 2 期があり、それぞれの名称を「自治体介護保険研究会」、「自治体
介護保険政策研究会」という。鏡論の発案からスタートした研究会は、2005
年4月7日までの約 7 年にわたり活動を行った。活動の途中、2001年9月に開
催した合宿において、そこに参加した堤老健局長［堤修三　厚生省介護保険準
備室事務局長（当時）］より「自治体と厚労省が一緒になって政策づくりを行う
稀有な研究会であり、これが介護保険の原点の会である」との発言があった。
それ以降は愛称として「介護保険原点の会」が使われるようになる。

　研究会は、平成15年4月に第 1 期の活動を休止した後、厚生労働省からの
働きかけによって第 2 期として再開した。その活動について、鏡は「ほんと
は第 1 期で止めたかったのだけど、アンテナショップみたいなかたちで有要
ということになって、やってくれと厚労省から頼まれたんだ。せっかくだか
ら人選を改めて」と述べている。このことから、厚生労働省内においても研
究会の存在が有意であったと伺うことができる。しかし、第 2 期の研究会は、
約 2 年間の活動の後に休止することになる。その理由について、鏡は次のよ
うに述べている。

　　鏡　：＜略＞…2 期やって、2005 年頃には 2006 年改正にかかる議論で
　　　　　介護保険の理念や方向性が全く食い違うようになった。小泉内閣
　　　　　になって財政主導の政策作りになってきた。サービスをいかに小

　　　さくするかという。介護保険はサービスを提供することを前提に
　　　考えられているので、それって生活できない人が出てくるんだよ。
　　　給付と負担のバランスを重視して我々は議論していたのに、なん
　　　かいきなり小さくする話は違うんじゃないのか。2005年から介
　　　護予防事業の話が出てきた。「介護予防事業なんて保険じゃないで
　　　しょう」という話になって、原理原則から外れているから平成17
　　　年4月に［活動を］止めた。

　多摩の研究会メンバーである鏡論の発案から誕生した介護保険原点の会は、
自治体職員による介護保険制度の研究会である。研究会は、厚生省職員（2001
年から厚生労働省）をオブザーバーという名目で迎え、政策実践者と政策立
案者という双方の立場の議論が交わる場であった。3層構造である日本の行
政組織において、国が基礎自治体から直接情報を得るためには、何らかの国
側の行動が必要である。まして、国と基礎自治体双方の職員が、新制度の運
用方法策定課程において、定期的に、上下の関係なく双方の課題を発表、議
論する場は稀代であった。
　この研究会では、要介護認定事務、保険料徴収事務、個々の給付事例の問
題や制度の周知など様々な実務についての提案が行われている。例えば住宅
改修では、室内に限らず、エントランスや入口の段差などを、給付の範囲で
改修できるようにするなど、現場での意見や苦情を改善策に盛り込んでいる
（鏡2010：5）。このように、準則づくりにおける自治体現場の思考を検討の
上で政策導入したことは、介護保険制度の詳細設計や運営の安定化に貢献を
している。そのやり取りは、1999年8月から2003年3月2開催した研究
会において自治体及び国側の詳細な発言等を記録した、鏡論編2010『統括・
介護保険の10年〜2012年改正の論点〜』に詳しい。

表23　介護保険原点の会活動年表

年月	活動	備考
1997年12月17日	介護保険法制定	

1999 年春	大井川町で研究会の提案	
1999 年 8 月 11 日	自治体介護保険研究会（第 1 回）	第 1 期 3 年 7 ヶ月 41 回
2000 年 4 月 1 日	介護保険法施行	
2001 年 1 月 6 日	中央省庁再編	厚生省は厚生労働省に
2001 年 9 月	愛称「介護保険原点の会」命名	堤修三老健局長
2003 年 3 月 6 日	自治体介護保険研究会（最終回）	
2003 年 4 月 8 日	自治体介護保険政策研究会（第 1 回）	第 2 期約 2 年 20 回
2005 年 4 月 7 日	自治体介護保険政策研究会（最終回）	
2005 年 6 月 22 日	介護保険法等の一部を改正する法律制定	

出典：筆者作成

研究会の特徴

　鏡が「なぜ自治体と国が一体となった研究会ができたか。今考えると実に、不思議である」と述べるこの研究会の特徴は、厚生省内の会議室で自治体職員が自主研究会を開催すること、その場に厚生省職員がオブザーバーとして参加する点にある（鏡 2010：3）[103]。それは、公的介護保険を実施できるように詳細設計を行う段階で、自治体職員の任意の研究会が厚生省の会議室を借りて行われ、その研究会で様々な論点を検討、議論する過程を厚生省の介護保険担当職員が外側のサークルで検分するフィッシュボールスタイルであった。自治体職員の自主研究会活動に対し、会議室の使用を許可した厚生省の受入れ背景について、鏡は次のように述べている。

　　鏡　：＜略＞…厚生省側は 5 番目の保険制度として介護保険制度を作ったのだけど、各市町村が保険者になるから、保険者として機能するか確信がもてなかったのではないかな。従来の様に県をとおしてだと、きちんとした意見が伝わらないと思ったんだと思うよ。だから、保険者である自治体職員と直接話せることはメリットがあると思ったんだよ。もちろん自治体側は、直接厚生省の担当者

と話をすることによって制度の問題点とか、実際に運営しての課題とか「ここが辛いよ」とか、直接やりとりすることができるじゃない。さらに、一番新鮮な情報が得られるということがあるので、お互いに WIN-WIN な関係が作れたと思ったよ。

　鏡が「都道府県を通さずに、ストレートに市町村の情報を得て、制度の耐久度や適正性についての確証を得たかったのではないか（鏡2010：4）」と述べるように、市区町村が新たな保険者になる新制度の設立において、国、都道府県、市区町村の3層構造である日本の行政制度が障壁の一つになっていた。従来、自治体から省庁への照会は、都道府県をとおして行われていた。鏡が、「従来の上位下達（ママ）の事務通知や『貴見のとおり』という行政回答を数週間かけて得ていた環境から見れば、まさに革命であった（鏡2014：28）」と述べるように、制度運用の準備と運営に際して生じた疑問や課題を、制度設計の意図を確認しながら即座に回答を導くことのできる環境は、双方にとってこれまでにないものであった。鏡は、自治体側の状況について次のように述べている。（鏡2010：3）

　　その当時、厚労省［厚生省］は制度づくりの佳境を迎えていたにもかかわらず、様々な課題を解決できていなかった。それが証拠に政省令や通知集は遅れに遅れていた。介護保険に携わっていた自治体職員の大きな仕事は、新しい情報をいち早く入手する事であった。

　このような状況を踏まえ、異例ともいえる一連の厚生省の対応について、鏡は次のようにインタビューに答えている。

　鏡　：＜略＞…最初は、「そこで自治体の職員が介護保険についての研究をする」としたの。要は介護保険について毎回テーマ設定して、それについて議論をすると。それを、「厚生省の人間が聞きたいの

だったらどうぞご自由に。その代わり、集まりやすいのが厚生省［霞が関］なので、神奈川県、千葉県、埼玉県の人間が集まってくるわけだから、真ん中の厚生省が一番集まりやすいわけだから、会議室を貸してね」という話をしたんだ。そういうのは条件だったけど、当時、神田さんが更に上司である介護保険制度実施推進本部事務局長の堤修三さんに話しをして、イエスという答えをもらったんだ。それも画期的なことだったよね…＜略＞。

小関：そうですね。お願いしても実現しなそうな条件です。

鏡　：自治体の一職員がいきなりそういう事をやらせてくれと言って、それをきちんと真摯に受け止めてくれて、OK を出した厚生省も「度量が大きいな」と思った。

　この、会場を貸し出すのなら、厚生省職員がオブザーバー参加してもよいとする考えについて、その意義を鏡は次のように述べている。

鏡　：＜略＞…当時、対外的に文書を作る際には「自治体介護保険研究会」と書いていた。なぜそう言っていたかというと、厚生省は「自治体勉強会」って言っていたんだよ。内部では、自治体との研究会などあり得ないとの意見もあったみたいで、「自治体勉強会」というのは、自治体が厚生省に勉強に来る会と呼んでいたんだ。だから、あえて勉強会ではなく研究会なんだよと、この正式名称で通したよ。当時の環境は、自治体学会はあるものの、厚生省は正式には地方公共団体と呼んでいた時代だった。地方政府を自治体であるとの認識をさせたかったからね。国と地方が対等の関係で研究活動を行う事が重要だって考えていたから。要は、「俺は学ばせてもらうつもりはないよ」ということでもあるね。

　鏡が自治体職員を主体とする研究会にこだわった理由は、国が地方公共団

体組織を「自治体」であると認識していない背景に対し、「国と地方」が対等の関係で研究活動を行う事に意義があることを示すことにあった。それ故に、鏡は国に対してお願いをするのではなく、対等な関係を前提に提案を行ったのである。

設立経緯

　では、なぜ鏡がこの研究会の設立に携わることになったのか。それには2つの流れがあった。一つは、所沢市自治振興課配属時代にコミュニティ政策を担当していた当時から接点のある、大森彌との縁である。このことについて、鏡はインタビューに次のように語っている。

　鏡　：＜略＞…介護保険については、何故そうになったかというと、大森彌先生が介護保険の政策作りの中心になったんだ［厚生省「高齢者介護・自立支援システム研究会」座長］。それは、厚生省の山﨑史郎という職員がいて、当時の福祉の研究者は給付の拡大ばかりを主張するので、給付と負担のバランスをとる介護保険の設計には向いていない。保険制度は給付の大きさによって負担料が決まる制度なので、給付のことだけを考える福祉学者だとパイが大きくなってしまうということを危惧したのだと思う。それで、負担のこともきちんと考えられる行政学者が誰かいないかというので、それで大森彌さんにやってくださいという話になったんだよ。当時所沢市にお住まいだった大森さんが私のところに来て、新たな保険制度を作る話があるが「国保の二の舞になるから、新しい保険制度についてはちょっと冷ややかなんだ。しかし措置制度は潰さなければならないと考えている」と言っていた。その時に介護保険制度というのは、「例えばケアマネージャーの制度を作るので、給付の管理をきちんとできるケアマネージャーが機能すれば、それは国保の二の舞にならないんじゃないのか。予算管理も結構

しやすい制度になるんじゃないのか」ということを言って、それで「現場からの情報提供もしますよ」ということで、大森さんが制度を進めていくので「支援しますよ」ということになった。

　所沢市職員時代から縁のある大森と、自治体現場から情報提供など運用面の協力を約束したことであるが、20代の自治体職員であった鏡が研究者とのつながりを構築していたことに驚かされる。そして、もう一つの流れについて、鏡は次のように述べている。

　鏡　：＜略＞…介護保険が出来た当時って、自社さの時だった。自民、社会党、さきがけだったかな。菅さん［菅直人］が厚生大臣になって、当時、民主党に宮地さんという政策づくりを担っている人がいて、大学時代からの友人である菅大臣と同時に新藤宗幸先生ともパイプがあって、制度設計を手伝える人材を探していて「自治体学会からだれか介護保険について詳しいやつはいないか」ってことになり、新藤さんから「勉強会があるから行ってくれないか」という話が来た。それで、菅さんの勉強会に行くことになったんだ。介護保険のスタートの前だね。そこには、後々に介護保険を動かしていく多くの人材がいた。当時亡くなった池田省三という人が自治総研の事務局だったので、彼とも様々なかかわりがあった。
　小関：このときは自治総研だったのですね。月1回の開催ですか。
　鏡　：そう月1回で。自治総研主催というわけではないのだけれど、要は「菅研究会」ね。そこで、関係業界で介護保険を立ち上げるための政策作りをはじめた。

　ここでは、自治体職員として勤務する傍ら、自治体学会などで研究活動を行っていた鏡の人脈から、新たなステージとして介護保険原点の会の活動につながっている。この2つの流れから、鏡は介護保険制度の検討過程に深く

かかわるようになった。介護保険原点の会設立当時のやり取りについて、鏡は次のように述べている。

> 鏡　：＜略＞…厚生省とパイプが出来たりして、大井川町［現焼津市］で大森さん［大森彌］の介護保険の政策の勉強会をやるっていう話になった。1990年だったと思うけど、大森さんが呼ばれて、自治総研の池田省三のほかに山崎史郎さんとか、神田裕二さんなど介護保険の厚生省側の人が来て、シンポジウムがあったんだ。シンポジウムが終わって、その席で「自治体にも政策づくりに長けた人がたくさんいるので、厚生省の現状は非常に厳しいので、自治体と厚生省がともに研究をできる介護保険の研究会を立ち上げないか」と打診した。神田さんが厚生省内部で協議した結果、「ぜひお願いします」ということになったんだ。

　研修会を終え、酒宴の雑談の中で、当時厚生省介護保険準備室次長であった神田裕二に鏡が提案したこの声掛けから発足した研究会（鏡 2014：27）は、鏡が入庁後すぐに多摩の研究会に参加したこと、自治体学会設立に関わった経験などから、政策の課題を見極め、処方箋を提案して実践する思考が自然な考えとなっていたことがうかがえる。

　そして、1999年8月11日に開催された第1回の研究会は、厚生省で最も格式の高い部屋とされる省議室で行われた。その様子について、鏡は次のように語っている。

> 鏡　：初回は20人くらいの自治体職員で、当時課長補佐クラスから係長とか主任の人たちが集まった。それで、審議会の介護給付研究部会で使う部屋を用意してくれたんだよ。マイク付きの部屋を一番初めに用意してくれたんだよ。初めに堤修三さんが「介護保険制度について研究したいという皆さんの意欲を応援したい」とか挨拶してく

れて、皆高揚していたね。

このあと、研究会は毎月1回、第2水曜日に厚生省の会議室で継続して開催された。

情報管理

介護保険原点の会の運営方法には、鏡がこれまでに経験をしてきた多摩の研究会の方法が反映されていた。それは、「現場の自治体職員がものを考えて発言する人達が増えることが必要だ」と松下が考える、多摩の研究会の活動目的である。鏡は、自主研究会活動の環境整理とクオリティーコントロール等について次のように述べている。

　鏡　：研究会を自治体が主導する形で進めた。何故かと言うと、厚生省主催にすると、「何故その自治体なんだ」という僻みやっかみが出るんだよ。「何故、所沢市なんだ」と、厚生省がいちいち説明しなくてはならない。さらに、出席者は自治体に所属しているが、個人としての参加とした。もちろん出張手当や時間外手当がでない自主的な集まりにした。だけど後から聞いた話では、復命していた職員もいたんだ。だから、様々な障害を避けるために、「表向きは自治体がやっているんだということにしたほうが、厚生省も都合が良いでしょ」という話はしたんだ。それで、研究会は私が案内文書を作成して、自治体からの参加者や厚生省に通知する私的な研究会にしたんだ。

鏡自身が案内文書を作成し、自治体職員メンバーや厚生省に通知する私的な研究会としていた手法は、厚生省が研究会に参加する市区町村の選択基準で矢面に立たない配慮であり、様々なひがみやっかみが発生しないよう外部からの批判に注意を払う研究の環境づくりであるとともに、研究会のクオリティーコントロールの手法でもあった。このような研究会の運営に対し、厚

生省側は公になっていない資料を提供している。情報管理について、鏡が「『公
になっていない資料だから［外に］出すな』という事は言っていた。それは、
研究会［多摩の研究会］と同じ方式だった。「ここで話し合っている事はしゃ
べるな」という事と、「『ここに来ていることは言うな』という事は言われて
いた」と述べるように、多摩の研究会の運営手法を踏襲していた。

人選

　では、この研究会メンバーはどのようにして集めていたのであろうか。
1997年12月以降、介護保険の仕組みをいかに立ち上げるかは、自治体の大
きな課題となっていた。自治体内では、かつて経験した事のない人事異動が
行われていたのである。自治体における当時の職員の配置状況について、鏡
は次のように振り返っている。

　鏡　：介護保険のときは人事バブルみたいのがあって。大変な仕事で
　　　　しょ、新たな保険制度を作り運用するなんて。政策能力と胆力のあ
　　　　る人が集められたのだろうね。
　小関：人事バブルですか。
　鏡　：そうだよね。当時、絶対福祉に行かないような人がさ、異動してきた。
　　　　当時の福祉の職場って、どちらかというと、あまり文句を言わないけ
　　　　れど、生活保護のワーカーみたいに過酷な業務に耐えられる、簡単に
　　　　潰れない人達が行く職場みたいなところがあった。人事担当者は、
　　　　冷静に見ているよね。財政とか職員課のスタッフ部門には、それなり
　　　　の人を付けるじゃない。国も財務省や外務省には同じような事があ
　　　　るでしょ。厚労省の仕事を積極的にやりたいって人は別だけどさ、人
　　　　事的な序列がまったくないとは言えないよね。介護保険をやるにあ
　　　　たっても、まあ、これまでライン部門に異動しなかった人達が集まっ
　　　　てきた。だからその当時の介護保険部門の政策形成能力は高かった
　　　　と思うよ、だから研究会も成立した。それが証拠に、制度創設後、何年

かすると人事異動で人が離れることによって、正直レベルダウンす
ることがあり、仕方なかったけれど現実を感じたよね。

　小関：一時期、そこだけ職員のレベルが高かったのですね。

　自治体の人事異動は、大きな政策課題に対しては専門に対応する組織が用
意され、それを遂行できる職員が手当される。介護保険制度導入当時におい
ても、各自治体の福祉の現場には、政策能力が高い職員が揃っていたのである。
そして、厚生省が気にするであろう人選について、鏡は「『人選もこっちでや
るからね』…＜略＞…メンバーはすべて一本釣りだったんだ。多摩の研究会
と同じように『こういう研究会があるから来ないか』」というやり方で来た人
たちばかりだから。だから、力があったよね」と述べている。多摩の研究会
のメンバー選出において、松下が「自分のライバルを呼んできなさい」と表
現した人選により研究レベルを維持した手法がこの研究会においても継承さ
れていた。人選について、鏡は厚生省に『そこはオープンにしないよ』と伝
えており、研究会を維持できた要因だとインタビューに答えている。

表24　自治体介護保険研究会名簿（肩書は2002年現在）

内閣府 厚生労働省	内閣参事官 介護保険課 鹿児島県大口市から出向 総務課 老人保健課 計画課	課長補佐 企画官 企画官 課長補佐 計画官	神田裕二 熊木正人 西　直樹 樽見英樹 福本浩樹 石黒秀喜 石田光広
東京都 　足立区 　荒川区 　品川区 　稲城市 　東久留米市 　調布市	介護保険課 介護保険課 保健高齢者事業部 高齢障害介護課 介護福祉課 介護保険課	課長 課長 部長 係長 課長補佐	根本　明 皆川　誠 新美まり 澤千登士 田中　潤 荻原久男
埼玉県 　東松山市 　鶴ヶ島市 　和光市 　所沢市	高齢介護課 高齢障害課 介護保険室 高齢者いきがい課	係長 課長 主席主任 副主幹	塚越　茂 勝浦信幸 東内京一 鏡　諭

千葉県			
鎌ケ谷市	高齢者福祉課	主査	川名みどり
流山市	障害支援課	次長	石原重雄
神奈川県			
横浜市	企画課	課長補佐	松本　均
川崎市	介護保険課	係長	佐藤芳昭
相模原市	介護保険課	主任	伊藤琢美
横須賀市	長寿社会課	主任	小貫和昭
福島県			
福島市	管理課	主査	阿部雅人

出典：大熊2009[104]を基に筆者作成

　国側の懸念材料でもあった自治体の選抜を鏡が取り仕切ることには、他団体からの僻みややっかみ、国側で自治体の選定についての議論が起きないための前提作業であった。この点も、多摩の研究会の秘匿性をもった組織運営と共通の考え方である。この活動に対して、気になるのが厚生労働省側の反応である。このことについて、鏡は次のように述べている。

　鏡　：＜略＞…研究会がはじまって、初めは厚生省の人たちがびっくりしちゃって。「自治体の人たちはこんなに政策能力があるのか」ってね。資料なんかすごかった。みんなきちんとした資料を出してくれて。発表するのを前提に資料作成を依頼したのだけど、みんな発言したがってた。わが市の考え方や取り組みについて、素晴らしい内容の資料をまとめてきた。介護保険の問題とか、こういう風に進めた方が良いとか。自治体のメンバーは、一秒でも多く発言や発表をしたくて、いつも研究会の時間は超過していたよね。厚生省は喜んでいたと思うよ。こんなにきちんと介護保険制度を考えてくれている自治体があるのかということになって、それからは毎回、横須賀

104　大熊由紀子　ゆき．えにしネットホームページ「物語・介護保険第63話燃えた市町村職員たち（月刊・介護保険情報2009年10月号）」http://www.yuki-enishi.com/kaiho/kaiho-63.html（閲覧日：2021年6月12日）

の資料［2011年『総括・介護保険の10年』公人の友社、p82-198］
にあったように、厚生省の人が来てくれて、きちんと情報提供をし
てくれた。「今こういう事を考えているんだけどどうだ」みたいな。
我々にとっても政策作りに役立った…＜略＞。

　研究会メンバーは、鏡が「人事バブル」と表現する当時の介護保険人事を
背景に、学会や研究会で鏡がこれまでに築いた自治体職員ネットワークの人
脈を活かし、人選したものであった。こうして、より政策研究能力が高い自
治体職員が霞が関の会議室に集められたのである。
　なお、介護保険原点の会は、鏡が多摩の研究会に事前に相談をしたもので
はなく、単独の判断で研究会を発足したものである。通達研究会から多摩の
研究会に参画し、そこで身につけた研究会の運営スタイルを介護保険制度を
テーマに実践したものであるが、多摩の研究会と介護保険原点の会はどのよ
うな関係性だったのであろうか。その点について、鏡に確認を行った。

　　小関：やはり、多摩の研究会の運営手法なのですね。多摩の研究会メン
　　　　　バーとの交流はなかったのですか。
　　鏡　：始めの頃は加藤良重さんとか、介護保険関係にはいたんじゃないか
　　　　　な。この研究会は加藤さんだけだったかな。別の地域包括の研究会
　　　　　には秋元さんを呼んだことがあったけど。まあ、加藤さんも来たん
　　　　　で、武蔵野の端っこ［多摩の研究会の系譜］に入れてもらってもかま
　　　　　わないけど、お圭さん［松下圭一］はいい顔をしなかったよ。「お前
　　　　　は厚生省と付き合っている」とか「魂を売った」とか。「迎合してい
　　　　　る」、「堕落である」と厳しい意見をもらって。準則づくりのお手伝い
　　　　　した際には「西尾［西尾勝］に怒られるぞ」と烈火のごとく怒られ
　　　　　たよ。まあ、初めはそういう事を言っていたけど、介護保険というの
　　　　　は自治体主導の政策にならないという事は、ご本人もお考えだった
　　　　　と思うんだ。「ケアマネジメントとかそれぞれの政策についての意

　　　　見を市町村が考える制度だ」ということを説明したよ。結局、「介護
　　　　保険の自治体側の発表者」みたいな「政策を提起する人」という役
　　　　割は、メディア等での認知は頂けたように思う。講演することも多
　　　　かったし、本を書くことも多かった。当初、松下先生は, 省庁と付き
　　　　合う事については評価してなかったけど、その後、自治体寄りの政
　　　　策を少しずつ入れていったら、「良くやった」と言ってもらえるよう
　　　　になったよね。単著を出したり、文章化をした時は喜んでくれたよ。

　通達研究会から多摩の研究会で活動し、そこで身につけた研究会運営のス
タイルで介護保険制度をテーマに実践した鏡に対し、当初は、厚生省に取り
込まれたのではないかと思い、快く思っていなかった松下ではあったが、後
に、自治体現場における研究の成果であるとして「④国の政策形成をめぐって、
高齢者介護にみられるように、ひろく自治体職員が省庁の政策立案につい
て直接の批判・参画をはじめようになる。特に④は画期的事態（松下 1999：
15)」と述べている。
　松下は、鏡の活動を評価した上で「熟達した自治体職員が公述人、参考人
となり、立法改革をせまる時代が始まっていくと考えます（松下 1999：16)」
とも述べ、今後はさらに自治体現場の意見が重用されるとしている。
　2003 年 4 月の自治体介護保険研究会の活動休止後、研究会は厚生労働省
から活動再開の要請を受けて、自治体介護保険政策研究会として再開した。
このことは、自治体職員の自主研究グループ活動が有意であったからに他な
らない。この研究会活動を振り返り、鏡は次のように述べている。

　　　その中身が形式だけで終わらなかったのは、それぞれにとっての有用性で
　　　あったのであろう。自治体職員は、制度が良くなる事によって、自ら所属
　　　する自治体をはじめ全国自治体の制度作りが望ましい姿になることに合
　　　わせて、市民の信頼に応えられる制度になるために必要な協力関係と信じ
　　　ていた。厚生省もおそらく、歴史的な一大事に向かい、失敗が許されない

中で、保険者としての市町村が、この制度をきちんと運営できる事が肝要であると思っていたのではないだろうか。とにかく、介護保険を市民の信頼に答えられる制度にしたいという点は共通していた。（鏡：2010：4）

　介護保険原点の会では、「自治体と国の職員が対等の立場で議論」、「政策立案者と政策運営が共に研究」、「自治体担当者は保険運営者の視点で検討」など、これまでにない研究が行われた。鏡が松下圭一の著書との出会いから市役所を就職先に選択したことにはじまり、多摩の研究会の門を叩き、大森彌との出会い、自治体学会設立との関係、介護保険制度研究会への参加のタイミングなど、様々な経緯を経てうまれたつながりと、行動力の産物である。入庁時より自治体における政策の主体性を考えていた鏡の政策研究に対する考えと、多摩の研究会の運営手法が反映された研究会が、国の政策に影響を与えた出来事であった。

4　多摩の研究会の独自性

　多摩の研究会の特徴として、活動の秘匿性と高い学術性、メンバーシップを挙げることができる。

（1）秘匿性

　多摩の研究会は通達研究会以降、その活動記録を自ら残していない。自治体学会の設立関与についても自ら公表せず、松下も詳細を記してこなかった。同じ時代を共に行動した関係者にとって、松下や多摩の研究会の活動は周知の事実である。それでも公表されてこなかったのは、その立ち位置についての暗黙の了解が成立していたからである。本書では、研究会の秘匿性を研究会活動に

ついての秘匿性と、研究内容についての秘匿性と定義してきた。この秘匿性は
完全な秘密主義ではなく、目的を持った研究会独自のものであった。

秘匿性と4つの目的

　まず、研究内容の秘匿性とは、研究会における発表者、テーマ、内容や資
料、そして質疑について、外部に持ち出さないことである。これらのルールは、
研究会で個別案件の情報交換や自由闊達な議論を行うために必要な、心理的
安全性を担保するために必要なものであった。

　次に、研究会活動の秘匿性とは、メンバーが研究会に所属することを伏せ
るものである。この秘匿性を知るために、通達研究会からのメンバーで「口
外しないというのが、ルール」とインタビューに答えた鏡に質問を行った。

> 小関：＜略＞…まるで秘密の会ですね。
>
> 鏡　：そうだよ。「口外するな」って言われていたよ。何故かというと、「松
> 　　　下と付き合うと評価に影響するぞ」ということを凄く気にされてい
> 　　　た。例えば、研修会に松下さんに講師できてもらうじゃない。先生の
> 　　　ところへ行って色々話し相手になった方がいいかなって思って講
> 　　　師席に行くじゃない。そうすると、「もう現場へ帰ったほうがいい
> 　　　ぞ」とか、すごく気にしていました。

　研究会の秘匿性には、松下の活動実績が関係していた。松下は、大衆社会
論を唱えた論客であり、総合雑誌や新聞、雑誌、業界紙に登場する、名を馳
せた評論家である。さらに、日本社会党との関係や革新自治体の支援、美濃
部都政のブレーンとしてのかかわりなど、政治的影響力のある革新系政治学
者としての顔を持っていた。松下と共に活動をすることで研究会メンバーに
も政治信条があると誤解され、職場での偏見や風当たりに配慮をし、立場が
危うくなるのを避けるために松下との関係を表に出さぬよう指導した言葉
だったのである。自治体現場において松下との関係性を前面に出せば、そこ

で何をしているのか、目的は何かなどの当事者が望まない憶測を周囲が抱く
ことが容易に推測できる。松下の、自身の政治色が組織や活動に影響を与え
ないようにする気配りは、氏の自治体学会に対するものと同様であった。

　さらに、松下が多摩の研究会の運営に用いた秘匿性には、もう一つの理由
が存在していた。このことについて、天野は次のように述べている。

　　天野：松下先生からは、「松下研究会に入っているなどと言うと、出世が
　　　　　遅れるから言うな」と言われていた一方で、先生は常に「職場では
　　　　　偉くなれ。そうすれば自分の考えた政策が実施できるようになるか
　　　　　らだ」と言っていたんだ。事実、私が平成5年に企画課長になった際
　　　　　には、「そうかそうか、よかったな」と大変喜んでくれたんだよ。松下
　　　　　先生が通達研究会、先端行政研究会の存在自体を積極的に公表しな
　　　　　かったのは、メンバーが所属先で異端児扱いされることを避ける目
　　　　　的があったんだ。これは、松下先生から直接聞いて確認しているん
　　　　　だよ。松下先生と研究した自治体政策や制度設計を職場で実践する
　　　　　には、ある程度の権限を持った職位につく必要があるんだ。だから、
　　　　　将来、自治体の政策を担う職員の一員になれるよう、その機会が来
　　　　　るまでは、自主研究グループ活動のことは口外しないように言って
　　　　　いたんだよ。それは、職場で変わり者のレッテルを貼られないよう
　　　　　にするための配慮であって、参加している自治体職員を守るための
　　　　　ものなんだ。

　松下は、研究会で研鑽を積んだメンバーが自らの職場で相応の役職に就き、
政策を実践する将来を長期に捉えていたのである。

　さらにもう一つ、当時の自主研究活動に対する評価が研究会の秘匿性に影
響を与えていた。このことについて天野は、「当時は自主研活動をしていると、
変わり者と言われて出世コースから外されるような雰囲気でした」と答え、
次のように述べている。

　天野：＜略＞…なぜかというと、真の意味は「通達や、上から言われた通りの仕事をやることがお前たちの仕事だ、余計なことを考えるな」というふうに考えるタイプの管理職と、勉強をするということ自体にアレルギーを持っているタイプの管理職と、［上司は］大きく2つに分かれるんだよ。要するに、新しいことをやるアレルギー。そういう時代だから、勉強会なんてとんでもない時代だったんだよ。それを、勉強会あるいは自主研究会［に参加する］っていうのは、革新としか思ってないわけだ。昔の我々以前に、研究会や勉強会だと称して、政党が自治体の職員を集めて自主研修を、何か補助金を出してやっていた。だから、そういう面で［考えると］、手弁当で参加することが自主研究なんだよね。一定の政党なり思想なりに基づいて集まって勉強会をやるのは、自主研究会なのか。ということなんだよ。自主研究の要件というのは、手弁当で住民自治のために何ができるかということを、きちんと政策手段として考える。だから、制度設計、それから、政策実施手段。それを目指した研究会だったんだということだね。だって、彼らがやっていたのは。講師にもお金がどこかから出ているだろうしね。政党の勉強会じゃなくて、研究会と称した研修会だよね。自分の広告をするための研修会という位置づけなんだよ。昔は、［市役所内部では］勉強会なんかをやるような人間なんていうのは、とんでもない奴なんだよ。国から言われたことを通達通りにやればいいんだと。まぁ、こんなような感じが結構あったからね。今でも残ってるよね。

　当時は、保守的な思考や政治的な勉強会の存在が、自主研究活動に対する偏見につながっていた。活動の理解を得られていなかった自主研究活動は、偏見を避けるためにも、秘匿性が求められたのである。

　多摩の研究会を語るとき、その秘匿性を伴う活動から秘密主義と捉える向

きもあるが、それは誤解である。研究会はパブリックに開かれた活動ではないがゆえに、噂がその印象を左右していた。松下の運営方針である秘匿性は、当時の環境下において研究活動を実践するにあたり、職場で安定した立場を持たない若手職員を守るために採用した組織運営方法だったのである。

　また、松下の組織運営論には、特定の人物やグループが組織運営の主導権を握ることを厭う思考が存在していた。このことについて、鏡は次のように述べている。

鏡　：それは、松下さんの美学でもあるんだ。

小関：美学ですか。

鏡　：つるむというかグループ化、セクト化するのを嫌っていた。結果的には、「セクト化した」って言われても仕方ないのだけど。だけど、グループを作るとさ、自分たちが主導権を取ろうとか見られるじゃないですか。それは、松下さんとしてはよしとはしなかった。例えば、松下さんが法政大学の法学部長をやったのだけど、1期で辞めちゃったとかね。

小関：1期だけなのですか。

鏡　：松下さんの基本的な考え方はさ、「ボス化しない」っていうのがあるんだよね。それで、通達研究会や先端行政研究会って、きちんと年功序列なんだよ。例えば、研究会で会長を決めようって言うと、「誰が一番歳上なんだ」って。「江口さんです」と言うと、「じゃ、江口は1期やれ」と。で、「1期終わったら、次に天野に引き継ぐんだぞ」、「次は岡田だぞ」と、言って、きちんきちんと会長職を受け渡すような、そういうところがあるんだよ。…＜略＞…順番もきちんと決めて、長く権力の座に座らないということに、すごく配慮をした人だった。それが、自治体学会の運営にも反映されているよね。そういう考え方を全く無視してしまった代表運営委員もいたけど。松下さんの配慮というのはそういうこと。ボス化しない、会長職は輪番制である

　　というところかな。

　一部の者が組織の主導権を握ることを避ける松下の組織運営論は、緒についたばかりの自治体政策研究の全国組織化の現場において、多摩の研究会が主導権を握るように見られない配慮でもあり、松下の行動には自身や研究会が前面に出ることを避けている様子がうかがえる。長年にわたり松下と行動をともにした天野や鏡の言葉からは、松下の目立つことをよしとしない、周囲の注目を受けながら事を進めることを避ける思考が明らかである。同様の記録は、松下が武蔵野市の市民委員になった際にも残されており、横須賀は次のように述べている。（下線は引用者）

　　市民による委員会がまったくの中心となった形態で、委員会が議会とも議論し計画を創っていく長期計画である。しかし、真の松下らしさの形態は、自分が実務の中心人物として進めるが、委員長は東京大学教授の遠藤湘吉とし、地元成蹊大学の佐藤竺と造園家の田畑貞寿（後に千葉大学教授、造園学会会長、当時東京大学特別研究員）を配し、委員長の権威と地元大学の行政学者で学生の参加を促せる人材、加えて、武蔵野のアイデンティティーである緑の保全に対する知恵を持つ造園家と、目配りのきいた陣容を整えて進めた。次の展開では、自分の後を東京大学において辻清明行政学の後任となる西尾勝教授に託く（ママ）していく。このことがまた次の展開につながっていく。（横須賀 2017：9）

　松下は、武蔵野市の長期計画策定委員でも同様に、その政治色が前面に出ない配慮を行っていた。その一方で、自治体学会設立と同年の 1986 年には日本政治学会の第 15 代理事長に就任し、その 10 年後の 1996 年に設立された日本公共政策学会では初代会長に就任している。このことは、物事を達成するのに必要な時には自ら前面に出ない立場を選択し、自身が前面に出ても目的が達成される場合には、自身の名前を表に出すことにこだわりのない、

状況に応じて自身の立ち位置を積極的に制御することを示している。後に、松下は、2010年の自治体学会第24回佐賀武雄大会で名誉会委員になっている。その功績は「自治体学会設立に特に尽力し、発起人の一人として、全国に呼びかけ、この人がいなければ自治体学会は存在しなかったと言っても、過言ではない…＜略＞…自治体学会の精神的な支柱のお一人ある」とされており、学会設立の貢献者でありながら、最後まで役職に就かなかったのは前者の理論なのである。

秘匿性の変化

　これらの秘匿性は活動の変遷に伴い、段階的に変化をしている。まず、研究活動の非公開制が確立された通達研究会では、固定メンバーであり、論文は個人名で発表し、研究会の名称は公表してこなかった。研究会活動の傍らで自治体学会設立に奔走していた時期であるが、その過程において通達研究会の存在は伏せられ、記録されてこなかった。

　次に、活動の公開性に変化が見られたのが先端行政研究会である。自治体学会設立後に通達研究会から移行し、自治体学会で研究者と自治体職員の交流が進んだように、研究会にも新たに自治体職員と研究者を迎えている。研究会の二次会では、自治体学会の運営についての話し合いも行われており、自治体職員側と研究者側の双方の意見を調整する場にもなっていた。

　一方、研究会メンバーの勧誘は一本釣りとはいえ、参加を望まない者もいたはずである。その勧誘の過程では研究会の成果や意義を説く必要があり、一定数の声掛けが行われるなかでは研究会の存在は漏れ伝わっていく。

　最後に、多摩の研究会において参加がオープンになったのが、行政技術研究会である。天野は2003年に多治見市で登壇したセミナーにおいて、「細かい会則はございませんので、よろしかったら一度ご参加ください（天野2004：11）」と述べ、翌年に出版した『自治のかたち、法務のすがた』でその言葉を記している。

　ここで、活動の非公開性とオープンな参加については整理が必要である。

　まず、多摩の研究会における自治体職員の研究発表については、自身が担当する業務内容の課題発表を基本としている。それは、自治体現場の課題を解決するための政策を検討する上で、機微を穿つことは必要な情報だからである。同時に、その内容は慎重に取り扱われ、議論の内容や資料を外部に伝えない方策が求められる。その発表内容について誰が何を発表したかということについては、現在においても非公開性が貫かれているのである。

　次に、参加がオープンになったとはいえ、研究会の開催は公開イベントのように日時や場所を公表していない。研究会は web 上で情報発信を行っていないことから、研究会に参加する過程においては、その場に参加する以前に、既存メンバーか周辺情報を持ち合わせている人物の仲介が必要である。参加の意向を打診する相手を見つけるための情報収集が必要なのである。これが、参加はオープンである（制限はない）が、何時でも誰でも参加できるものではない「オープン」の実情であり、研究会に参加しようとした際に最初に接することになる一種の秘匿性である。

　行政技術研究会で研究会の名称や存在をオープンにした背景には、「職場の軋轢を受けない」ために必要とされた秘匿性の解消が存在していた。研究会の発足当時、メンバーに対する職場の軋轢を回避するために必要であった秘匿性は、その後、メンバーが昇任し、一定の役職に就くことで解消をしている。天野が「よろしかったら一度ご参加ください」と記した当時、通達研究会当時からの最年少メンバーである鏡も、既に配慮を必要としない立場になっていたのである。

　一方、古くから参加している者のなかには、彼らが参加した当時の秘匿性を意識していることが伺えると同時に、天野のインタビューからは、途中から参加をした研究者の一部は秘匿性を重視していた様子が伺える。その理由としては、メンバーであったことが一つの誇りであったのかもしれない。あるいは、研究内容についての秘匿性と、研究会活動についての秘匿性の意味を一緒くたに捉えていたのかもしれない。このようなこともあり、書籍に「参加はオープン」と記されながらも、多摩の研究会の秘密性が現在も一部で語

り継がれているのである。

　秘匿性は研究会の特徴でもあるが、一方で相反する活動も行っている。それは、通達研究会以来行っている、ほかの自主研究グループとの合宿研究会の実施である。更に、天野が大学に赴任先で地域の自治体学会を組織した後には、岩手県や青森県の自治体職員が研究会運営の視察を兼ねて参加をしている。これらの例をみれば、交流先の自治体職員には松下をはじめ、メンバーの顔が割れていることになるが、相手がメンバーの地元自治体ではないことから、所属自治体に知られる心配はなかった。合宿の目的は政策研究会活動の普及と交流のほかに、自治体学会運営における委員等の発掘を兼ねていた。当時、自治体学会は全国の自主研究グループの連合体的に作られていたこともあり、自治体職員の委員選出はその選出母体を一定程度意識した上で、推薦の依頼を行っていたのである。

　これらのことから、多摩の研究会の秘匿性は、状況に合せて段階的に変化をしながら運営されており、現在においては秘匿性ではなく非公開性の表現が実態に近く、積極的に活動の公開をしていない団体と言い換えることもできる。もし、研究会が秘密主義に徹するのであれば、所属を付して実名で研究書を刊行する必要はなかった。しかし、それでは松下が提唱した自治体職員が市民、労働者、公務員の3面性を持ちながら自治体現場の課題を研究する職員参加の意義が薄れてしまう。匿名や一般論では、自治体現場で起きていることを政策研究に訴える力が弱まってしまうのである。

　なお、研究内容を明かさないことは、活動中の行政技術研究会にも継承されている。それゆえに、本書においても現職自治体職員の在籍は明かさないし、その発表内容は明らかにしない。それは、1980年に活動を開始した通達研究会から現在も続く、多摩の研究会の「秘匿性」なのである。

（2）学術性

　多摩の研究会の学術性のについて、行政学の研究者が参加していること、

メンバーが自治体を退職した後に研究者になっていることの2点を挙げることができる。

　一つめの研究者の参加について、多摩の研究会はその運営当初から、政治学者、行政学者である松下が指導し、研究に影響を与えてきた。その後、先端行政研究会では西尾勝、武藤博己、西尾隆、坪郷實が参加し、行政技術研究会からは小原隆治、宮﨑伸光、廣瀬克哉が参加をしているように、段階的に研究者が加わっている。自治体職員が主導する自主研究グループ活動に、研究者がこれほど集う事例は珍しい。そこで得られたものは、自治体職員にとっては学術的な視点によるサジェスチョンを受けることで得られる研究の昇華であり、研究者にとっては自治体の課題とデータを現場の職員から直接説明を受けることができるフィールドの提供であった。自治体政策研究における双方のメリットが、研究の学術性をより一層高めていたのである。

　二つめは、自治体職員から研究者への転身である。多摩の研究会には、自治体を定年退職または早期退職した後に、大学教員を勤めるメンバーが何人もいることが挙げられる。多摩の研究会の会員数は明らかにされていないが、鏡によると、行政技術研究会参加した者は名簿に載っているだけで50人ほどである。そのなかで、研究会メンバーが自治体を退職後に、どのような道を歩んでいるかを示したものが**表25**である。

表25　多摩の研究会メンバーの退職後一覧

氏名	市政研究グループ	通達研究会	先端行政研究会	行政技術研究会	退職後
江口清三郎	○	○	○	○	大学教授
小口進一	○	○	○	○	大学講師
柏木巖	○	―	―	―	
坂元博海	○	―	―	―	
佐竹英章	○	―	―	―	
塩原恒文	○	―	―	―	
平出宣一	○	―	―	―	
平賀元晃	○	―	―	―	教育長

宮崎俊作	○	—	—	—	
秋元政三	—	○	○	○	
天野巡一	—	○	○	○	大学教授
大島振作	—	○	—	—	大学講師
岡田行雄	—	○	○	○	教育長・大学講師
鏡諭	—	○	○	○	大学教授
加藤良重	—	○	○	○	研修所特別講師、大学講師
昼間守仁	—	○	○	○	副市長・大学講師
石川久	—	—	—	○	大学教授
風間清司	—	—	—	○	副市長・大学講師
清水英弥	—	—	—	○	大学講師
富澤守	—	—	—	○	大学講師
樋口満雄	—	—	—	○	副市長

出典：筆者作成

　通達研究会から参加する江口清三郎、小口進一、天野巡一、大島振作、岡田行雄、鏡諭、加藤良重、昼間守仁の8名が大学の教壇に立っている。江口は、定年退職前に1990年に山梨学院大学法学部法学科助教授に転身しており、後に同大学法学部教授、大学院公共政策研究科教授、法学部長を歴任している。天野も定年前に退職し、その翌日に大学教授に就任している。学士卒の自治体職員である天野が大学教授に転身し、その後、博士後期課程の指導教授も務めたことは、稀有な事例である。定年退職後を含めると、通達研究会メンバー9名中8名が大学教授や講師を勤めていることは、自主研究グループとしては異例といえる割合である。社会人が終業後に通学できる大学院が開設された1990年代以降、そういった大学院を経て実務家教員が誕生した時期に、多摩の研究会は大学院を介さずにそれを担う人材を輩出していた。これらのことは、研究会活動における学術性の高さを表している。

　多摩の研究会は、これまでの自治体職員にはあまりなかったキャリアパターンを自主研究グループから複数輩出する特異な事例であり、自治体職員でありながら大学の求める研究内容や学術性、研究レベルを有していたことを示

している。その研究レベルの醸成は、松下や西尾勝といった学界を代表する研究者の指導の下、20年から30年以上の長きに渡り、職務の傍らで自治体政策研究を継続した結果であり、プライベートの時間の多くを自治体政策研究に費やしてきた積み重ねの成果であった。

　このように、多摩の研究会は学士卒の自治体職員が実務家教員になるキャリアパスを切り開いた、最初の教員の一群を輩出した団体であるが、これらは活動当初から目指したものではなく、自治体現場の課題研究を継続した延長線上に展開したものであった。多摩の研究会メンバーが自治体政策研究に精通していく過程で松下が行っていたのは自治体職員の能力開発であり、自治体政策研究に取り組む人材育成である。この松下の考えについて、鏡は「とにかく『政策能力が上がることは、市民生活が豊かになることだ』というのが松下先生の根本だと思います。それは、『専門家が引き上げるのではなくて、現場の自治体職員がものを考えて発言する人達が増えることが必要だ』と考えたのだと思います」と述べている。

　松下は、市民参加の実践と多摩の研究会への参加をとおして、自治体現場には数々の法令や制度によって割り切れない、しかし、本気で取り組む価値のある課題が数多にあることを見いだし、それらに向き合って課題を少しでも前進させていくことに力を発揮できる人材を自治体現場で育成することが、地方自治政策において重要な項目であると考えたのである。松下が行った自治体職員による自主研究活動の支援は、市民に一番近いところにある基礎自治体が地方政府としての役割を果たす上で重要な人材育成であった。

（3）メンバーシップ

　通達研究会以降のメンバーは、研究において相互に意識し、切磋琢磨できる関係性の職員が選出されていた。それは、互いにライバル関係と思われる人物であると同時に、研究活動が共通の利益になり、かつ、活動を阻害しない人物であること、研究に時間や労力を割くことを厭わない人物である。そ

して、先行メンバーによる事実上の承認行為が行われていた。この行為は、研究会の構成員として果たさなくてはいけない役割について、研究会に対する貢献と姿勢を改めて確認するものであった。仲の良い知人を集めた研究会にしなかったのは、活動目的を明確に見据えた活動であることのほかに、市政研究グループがメンバーの共通の趣味である登山やハイキングに傾倒していったことに対する反省かもしれない。このように、設立時に松下を迎えたことにより運営手法を確立した通達研究会では、独自のメンバーシップ制度を実践していた。それは、「自分のライバルとして、それなりに意識できるような能力ある人たちを連れて来なさい」という、松下のことばに現れている。研究会は、集うことが目的ではなく、研究することの1点において時間を共有する意義を感じるメンバーとの議論に価値を見出したのである。

　多摩の研究会は目的に特化した研究集団としての性質を有していたことから、目的を細分化した研究会も派生した。自治体行政法務研究会では、天野が中心となって文書法規経験者を中心にメンバーを集めており、多摩の研究会メンバーのほかに、これまでに研究活動を共にしたことのないが、法務分野に理解の深い他自治体職員をメンバーに迎えている。

　また、鏡が主宰した介護保険原点の会は、自ら研究会を企画提案するとともに、人選と勧誘を行っている。立ち上げ時に多摩の研究会メンバーは参加しておらず、介護保険分野の自治体職員で構成されていた。

　このように、派生した研究会においても仲間意識にとらわれずに目的に沿ったメンバーで構成し、研究活動を目的とした個人の集合体として機能する活動が行われていた。「自分のライバルと思える人を連れてきなさい」という松下の指導は、研究会のクオリティーコントロールと同時に、参加する者が研究会の一員として果たさなければいけないメンバーシップの要素を備えていたのである。

5　小括

　多摩の研究会が生まれた背景には、多摩地区の革新市政の流れがあり、市民参加の先駆自治体であった武蔵野市の市民委員に松下が就任したことがあった。松下は、職員参加が進展しない原因の一つに自治体組織の閉鎖性を挙げているが、これも市役所内部の様子を知ることで得たものであろう。そして、松下が自治体職員の政策能力を引き上げることを考えたのは、市民参加を通じて、そこに自治体の解決すべき課題とその政策、解決できる職員が揃っていることに気づいたからである。

　多摩の研究会の運営方法が確立されたのは、松下が運営を主導した通達研究会である。松下も江口も既に故人であり、通達研究会の設立経緯について確認する術はないが、研究会メンバーを集めた中心人物が江口であることを考えると、設立における設立の自治体職員側の起点は江口であろう。通達研究会が誕生する口火を切ったのは、江口が先か松下か先か、実際にはわからない。しかし、松下と江口の主導で2人の思惑が重なって通達研究会がスタートした。それを発想し、主導したのが江口であり、運営を実践し、主導したのが松下である。

　多摩の研究会は、数々の先駆的な業績を残してきた。研究会がその後の自治体政策研究に与えた影響は、自治体職員のパイオニアワークとして複数の事例が物語っている。自治体職員による初の自治体政策研究書の刊行、政策法務の造語と新たな研究分野の創出、歴史ある法律雑誌への連載、自治体学会の原型となった研究活動の実践と自治体学会設立と運営の支援、自治体職員と研究者の交流、学士卒の自治体職員による実務家教員の誕生、省庁と連携した自主研究グループ活動や第一次地方分権改革の支援など、数々の先駆的な実績が存在している。当事者へのインタビューからわかったことは、いずれも、前例にと

らわれない研究活動を 40 年を越えて継続する過程で生み出したものであった。そして、最も重要な功績は、当時、職場では受け入れられなかった自主研究グループ活動に、正統派自主研究活動の場としての自治体学会設立への道を切り開いたことである。現在では、自治体職員による自主研究グループ活動は当然のことであるが、当時、自主研究活動をする者は変わりものであり、職場では異端児とみなされていた。その時代の自治体職員による自主研究活動の重い扉をこじ開けたのが、通達研究会を主導した江口と松下の先見性である。

研究会の系譜とメンバー

　市政研究グループから介護保険原点の会まで、これら 6 つの研究会を一つの系譜と捉え、活動を時系列的に整理したものが**表 26** である。

表 26　多摩の研究会の系譜

　多摩の研究会について、その著書の奥付から構成員を確認できるのは、市政研究グループと通達研究会のみである。先端行政研究会以降の悉皆名簿は公表されていなため、雑誌寄稿や誌面対談等によりその在籍が確認できる者を一覧にしたものが**表 27** である。

表27　多摩の研究会構成員一覧

氏名	所属 （参加当時）	市政研究 グループ 1977〜	通達研究会 1980〜1986	先端行政研究会 1986〜1992	行政技術 研究会 1992〜
松下圭一	法政大学	○	○	○	○
平賀元晃	田無市	○			
平出宣一	東京都	○			
江口清三郎	三鷹市	○	○	○	○
小口進一	国分寺市	○	○	○	○
柏木巌	立川市	○			
佐竹英章	中野区	○			
塩原恒文	武蔵野市	○			
坂元博海	東久留米市	○			
松村博之	日本都市企画 会議事務局	○			
宮崎俊作	国立市	○			
鏡諭	所沢市		○	○	○
昼間守仁	小平市		○	○	○
秋元政三	三鷹市		○	○	○
岡田行雄	三鷹市		○	○	○
天野巡一	武蔵野市		○	○	○
大島振作	三鷹市		○		
加藤良重	小金井市		○	○	○
西尾勝	東京大学			○	○
坪郷實	早稲田大学			○	○
武藤博己	法政大学			○	○
西尾隆	国際基督教大学			○	○
小原隆治	成蹊大学				○
宮﨑伸光	法政大学				○
廣瀬克哉	法政大学				○
関根久雄	所沢市				○
石川久	富士見市				○
風間清司	川越市				○
清水英弥	入間市				○
富澤守	国分寺市				○
樋口満雄	国分寺市				○

出典：筆者作成

　多摩の研究会は、ほかの自主研究活動にも影響を与えており、その運営方法を模倣した研究会も存在している。埼玉県所沢市で活動を開始した行政政策研究会は、自治体職員を中心に自治体政策研究を実践する自主研究グループである。その前身である1992年に活動を開始した「オープンゼミ」では、当時、参加者が固定しないため研究会で交わされた意見や情報が共有できず、研究内容が蓄積されない課題が存在していた。そこで、対象者を庁内から近隣自治体職員に拡大し、固定したメンバーで1998年11月に再出発を果たしたのが行政政策研究会である。新たな研究会は、行政技術研究会の運営手法を模倣している。その中で最も象徴的な事は、研究会に一貫して参加し、現場目線の自治体職員の意見に対して学術的な視点で発言する研究者の存在である。それは、多摩の研究会を主導した松下圭一に対し、行政政策研究会の廣瀬克哉であった。行政政策研究会は、設立時には行政技術研究会の支援を受けるとともに、研究会同士の交流を継続している（清水2000：58）[105]。

　多摩の研究会は、その活動の歴史の中で活動内容に変化が見られるが、自治体政策研究を広めること、次世代の研究者を育成することなど、自治体現場の知見をもって政策研究を発展させることをライフワークとして いる活動体である

表28　多摩の研究会の活動年表

年月日	活動	備考
1977年7月	市政研究グループ発足	1990年頃活動終了
1979年10月	通達研究会準備会開催	立川市民会館，江口、小口、天野
1980年8月	通達研究会発足	松下、鏡、昼間、秋元、江口、小口、岡田、天野、大島、加藤
1980年11月1日	『職員参加』刊行	松下、平賀、平出、江口、小口、柏木、佐竹、塩原、坂元、松村

105　清水英弥（2000）「行政政策研究会」『Think-ing 第2号』彩の国広域連合自治人材開発センター

1981年4月	『ジュリスト増刊総合特集No.22 地方の新時代と公務員』掲載	大森彌の司会で、小口、塩原、田村明、平出の紙上座談会と平出、平賀、塩原、江口の寄稿
1982年5月5日	『地方自治職員研修臨時増刊号No.10 岐路に立つ自治体職員』掲載	市政研究グループの名称をはじめて掲載。宮崎、塩原、坂元、平出、平賀、松村、柏木、佐竹、江口、小口
1983年8月6日	『地方行政』「許されぬ弁護士費用の公金支出」寄稿	天野
1984年5月28日	第1回全国自主研究交流シンポジウム開催	中野サンプラザ
1984年10月18日	第1回全国自治体政策研究交流会議開催	神奈川県民ホール
1985年7月	『法律時報』連載執筆依頼	天野
1985年10月	自治体行政法務研究会発足	松下、天野、岡田、加藤ほか
1986年4月19日	東京自治体学フォーラム開催	東京自治会館、代表世話人江口、役員大島、小口、宮崎、秋元
1986年5月23日	自治体学会設立	横浜開港記念館
1986月7月15日	『自治体の先端行政 現場からの政策開発』刊行	松下、鏡、昼間、秋元、江口、小口、岡田、天野、大島、加藤
1986年7月	通達研究会解散	
1986年9月	先端行政研究会発足	西尾勝参加、構成員不明
1986年10月	『法律時報』連載開始	市町村職員初の法律専門誌執筆
1988年3月30日	『自治型の行政技術』	年報自治体学会第1号、研究会名引用
1988年7月2日	「政策法務」誕生	松下、天野、岡田、加藤ほか赤城山合宿
1988年7月	『法律時報』連載終了	
1988年	自治体行政法務研究会活動解散	
1989年2月28日	『政策法務と自治体』刊行	天野、岡田、加藤ほか
1990年7月6日	自治体学会報告	「個性化時代の自治体法務、政策法務」報告
1991年12月	先端行政研究会解散	
1992年1月	行政技術研究会発足	
1994年	宮城県市町村職員研修開催	天野、全国初の「政策法務」研修
1995年5月	判例自治5月号「武蔵野学派」紹介	鈴木庸夫「自治体の政策形成と政策法務」

1995 年 7 月 3 日		地方分権委員会発足、西尾勝行政関係検討グループ座長
1996 年 12 月 20 日		第一次勧告（地方分権推進委員会）
1997 年 7 月 8 日		地方分権一括法制定
1997 年 12 月 17 日		介護保険法制定
1998 年 11 月	仮称「行政政策研究会」発足	所沢市役所、関根、清水
1999 年春	大井川町で介護保険研究会の提案	鏡
1999 年 8 月 11 日	自治体介護保険研究会開催	鏡、第 1 期
2000 年 2 月 18 日	行政政策研究会	廣瀬克哉参加
2000 年 4 月 1 日		地方分権一括法・介護保険法施行
2001 年 1 月 6 日		中央省庁再編、厚生労働省に改組
2001 年 9 月	愛称「介護保険原点の会」命名	堤修三
2003 年 3 月 6 日	自治体介護保険研究会最終回	鏡
2003 年 4 月 8 日	自治体介護保険政策研究会発足	鏡、第 2 期
2004 年 3 月 31 日	『自治のかたち、法務のすがた』刊行	天野
2005 年 4 月 7 日	自治体介護保険政策研究会最終回	鏡
2005 年	岩手自治体学会設立	天野
2015 年 5 月 6 日	松下圭一逝去	
2015 年 8 月 29 日	「松下圭一先生をおくる会」開催	吉祥寺第一ホテル、発起人代表西尾勝

出典：筆者作成

第4章　自治体職員による自治体政策研究活動

　地方自治法制定以降、地方自治が注目されるには、社会基盤の整備とそれに伴う課題が表出するまで時間を要した。地方自治に関連する書籍が少ない当時の状況について、鳴海は「あまり自治体に関する本は出版されていなかったのですが、この頃になって、ようやく日本で地方自治に関する本や雑誌が出版されるようになる。それを買って勉強しようという自治体の職員がたくさん増えてきました。そのいちばんの象徴が、1973年に岩波書店から出た『現代都市政策講座全12巻』です」と述べている（鳴海2007：100）。

　社会背景の変化とともに自治体の政策が注目されるようになり、1978年の地方の時代シンポジウム、1984年の全国自主研究交流シンポジウム、第1回全国自治体政策研究交流会議、1985年の第2回全国自治体政策研究交流会議、1986年の日本列島縦断・自治体学会連続フォーラム、そして、同年5月の自治体学会設立総会につながる自治体政策研究のトピックには、自治体職員の意識変化と自主研究グループ活動が関係していた。

1　自治体職員による政策研究活動の変遷

　地方自治体活性化研究会は、1982年から83年にかけて自主研究グループの全国調査を実施し、『自主研究実践ハンドブック』にまとめている。その結果を社会福祉や都市問題など13の研究分野に分類しているが、自治体政

策研究に限定した研究会については、その分類に存在していない。そこで、1980年以前の自治体政策研究をテーマにした自主研究グループの活動状況について、1970年後半に多摩の研究会に関心をもち、1982年に自ら自主研究グループ「地方自治研究会（地方自治体活性化研究会1984：51）」を主宰していた鏡諭にインタビューを行った。

　鏡　：＜略＞…通達研究会が立ち上がったあとに、自治体学会設立の動きがあった。それで、地域ごとの研究会が成熟したり、現代都市研究会や行政通達研究会があったり、関西では亡くなった寝屋川市の荒川さんがやっていたグループとか、各地の動きが漏れ伝わってきて。そんなのが少しずつ出てきたので、それらをつなげる全国組織、そういうネットワークを作る必要があると松下さんが考えて、自治体学会が設立されることになった。

　　　　　　　　　…＜略＞…

　小関：＜略＞…多摩の研究会と現代都市研究会の前に政策研究を行っている団体の活動をお耳にしたことはありますか。

　鏡　：庁内の内部研究会とか組合主導の研究会とかはあったと思うけど、自治体をこえた横断的な自主研究会は、市政研究グループがどういう経緯でできたのかわからないのだけど、それぐらいだったんじゃないかなあ。

　インタビューからは、当時、特徴的な活動を行っていた各地の団体については一定の情報が広まっていた一方、自治体政策をテーマに研究を行っていた団体の情報は乏しいことがうかがえる。そこで、第4章では自治体職員による自治体政策研究の展開を概観するため、設立背景に独自性があり、または重要な役割を担い、その後の自治体政策研究に影響を与えた自主研究グループと全国的な集会を対象に調査を行った。

2 1977年 現代都市政策研究会

　現代都市政策研究会（通称、都市研）は、中央大学政治学科大原光憲ゼミで都市政策を学んだ同期生を中心に、7名の自治体職員が1997年5月に設立した研究会である。同会は会則を定めており、その活動目的を「都市の持続可能な発展のために最適な公共政策の形成・実現をめざし、調査・研究・教育・運動・提言をおこなう」としている。その会の名称については、学生時代に読んでいた書籍から命名をしている。

　　1977年（昭和52年）当時、岩波書店から岩波講座「現代都市政策」という本が、松下圭一先生などを編集員として全11巻発刊されていました［1972年刊行、11巻と別刊「世界の都市政策」による全12巻］。大学を卒業してからもこの「現代都市政策」を引き続き読み切ろうとの動機から会が発足し、この本のタイトルをとって『現代都市政策研究会』という会の名称をつけました。（現代都市政策研究2008：見返し）[106]

　また、研究会の設立経緯について、創設時のメンバーである遠藤は次のように記している。

　　都市政策を勉強し卒業したが、気がつくとみな自治体に就職していた。当時は、オイルショックの後で、就職が大変厳しい時代だったが、今となって思えば、初志を貫徹した選択であったわけである。「せっかく勉強し、さらに自治体職員や研究者を選択したわけだからこのまま別れてし

106　現代都市政策研究会（2008）『30周年記念誌どうするこれからの自治体〜新分権時代の行政改革と自治体、市民、職員の今後のあるべき姿を探る』現代都市政策研究会

まうのはもったいない。これからも勉強を続けよう。」との機運が盛り上がるのも不自然なことではない。簡単に言えば、そんな成り行きで現代都市政策研究会を創設することになったのである。(現代都市政策研究会：ホームページ) [107]

　武蔵野市、三鷹市、東京都、渋谷区、藤沢市、草加市などの自治体に就職した 20 代前半の職員により活動を開始した研究会は、その後、自治体職員にとどまらず、大学の研究者、学生、民間シンクタンクの研究職などさまざまな分野で活動する会員で構成されるようになり、2008 年には約 70 名の組織になっている。その活動内容は研究会の実施と共に成熟し、現在は、会員報告、外部講師を招いた講演会、フィールドワークの 3 つを中心に活動を行っている (現代都市政策研究会 2017：4) [108]。「オイルショックの後で、就職が大変厳しい時代だった」と述べているように、メンバーの自治体への就職は、経済不況を背景とした第 1 次自主研ブーム世代の典型的な例である。そして、学生時代の志を共にしたメンバーは就職後も研究を継続し、1980 年代の第 1 次自主研ブームを経てなお、現在も研究活動を継続している。研究会の特徴は研究の継続性に加え、自治体政策研究の発展に参画をしている点を挙げられる。このことについて、次のように記している。

　　自治体学会を構成することとなる、関東自治体学フォーラム［東京自治体学フォーラム］についても、最初のころから都市研は事務局の一翼を担い、自治体学会創設にかかわってきたと言ってよいかと思っています。(現代都市政策研究会 2017:4)

107　現代都市政策研究会HP「都市研20年の歩み」http://www.geocities.co.jp/WallStreet/3999/ (閲覧日:2019 年2 月11 日)
108　現代都市政策研究会 (2017)『都市研40 周年記念シンポジウム新しい世代につなぐ』現代都市政策研究会

　設立から40年以上に渡り、自治体を退職してもなお活動を継続する研究
会は、創設メンバーにとっては在職期間を超えた研究活動期間である。1977
年設立は多摩の研究会の市政研究グループと同年であり、自治体政策研究を
テーマとする自主研究グループの草分けであると同時に、学生時代の研究と
就職、自主研究が同一線上にあるのがこの研究会の特徴である。

資料5　現代都市政策研究会の主な活動

1977年	設立総会開催　武蔵野公会堂（武蔵野市）7名（5月）
	第1回研究会開催，参加論をテーマに年間3回の活動（6月）
1978年	外部講師招聘：北野弘久教授「自治権の可能性 - 新固有権説 -」
1979年	月例会の研究スタイル定着
	報告会：松下圭一教授招待（12月）
1980年	山中湖合宿「長期計画策定方法と埼玉県某村長期計画」
1981年	シンポジウム「明日の多摩を考える市民の集い
	- 情報公開制度を求めて -」
	開催　※三多摩問題研究調査会共催
	月例会、外部講師講演会、秋合宿の活動スタイル定着
1982年	メンバー業務報告の定着
1983年	横浜フィールドワーク「都市・横浜を見る」実施
	会員報告、外部講師講演会、フィールドワークの活動スタイル確立
1993年	年報1号「21世紀の自治体像を考える」発行
1994年	年報2号「都市政策のフロンティア」
	上海合宿実施
1995年	年報3号「21世紀都市・上海の共同研究」
	神戸災害復興調査実施
1996年	年報4号「神戸で災害復興を考える」
1997年	設立20周年記念シンポジウム「分権時代の自治体改革」開催、
	基調講演：松下圭一（5月）
1997年	年報5号「分権化時代の自治体改革」
1998年	年報6号「地方分権活用マニュアル－地方分権を具体化するために－」
	ニューヨーク・サンフランシスコ調査実施
1999年	年報7号「まちづくりとNPO」
2005年	バンコク調査実施
	年報8号「東南アジアの都市－バンコクのコミュニティ開発の活動と政策－」
2007年	設立30周年記念シンポジウム開催「どうなるこれからの自治体」、
	基調講演：今村都南雄（6月）

2010 年	ソウル調査実施
2017 年	設立 40 周年記念シンポジウム「新しい世代につなぐ」開催、記念講演：嶋田暁文（11 月）

出典：現代都市政策研究会 2008：58-60、現代都市政策研究会 2017：4-5 を基に筆者作成

3　1983 年 自治体活性化研究会

　1983 年 4 月に発足した地方自治体活性化研究会[109] は、通達研究会に参加した大島振作が全国の有志に呼びかけ、21 人の自治体職員と活動を始めた自主研究会であり、翌年に、「自治体活性化研究会」へ改称している。その発足の目的について、杉本は次のように述べている。

　　全国の自治体職員研修担当者を主体とする有志により、地域の境界をとり去った人と人のネットワークをめざす自主研究グループ「地方自治体活性化研究会」（翌年、「自治体活性化研究会」に改称）が発足した。狙いは自治体職員の意識改革、自治体と行政の文化化、自治体の活性化等である。（自治体活性化研究会 1989：45）

　研究会の前身は、全国自治体の職員研修担当者によるネットワークである。1984 年 1 月に刊行した『自主研究実践ハンドブック』において、自主研究グループの全国調査が 1983 年の研究会設立以前の、1982 年 8 月から 1983 年 6 月に行われているのはこのためである。
　主な研究会の活動は 1985 年の「自治体の自己革新」のように統一テーマを

109　2019 年刊行の『自治体職員かく生きる：116』ではその発足を 1982 年としているが、1984 年刊行の『自主研究実践ハンドブック－地方自治体活性化のために』はしがきに記載のある 1983（昭和 58）年 4 月を発足とした。

持った定例研究会の開催、プロジェクト研究、自治体研究（自主研究、政策研究、委託研究）、自治体職員交流の推進、各種イベント、機関誌の発行などである。研究会が発行する季刊誌「自治のひろば」については、「全国の自主研究グループを結びつける唯一の絆であり、かつ、明日の自治体を創造しようとする人たちの交流の場でもあります」と述べており、活動当初から全国連携の仕組みを考えていたことをうかがえる（自治体活性化研究会 1883：42）[110]。

　また、代表の大島は通達研究会メンバーでもあり、その在籍期間は当研究会と重複をしている。1984年当時、副代表は土方準（川崎市）、丸富弘雄（高槻市）、阿部親也（新庄市）の3名であり、総合労働研究所に新たに開設した『自治体研究センター』が事務局となって、本部事務局の他に関西、東北、北海道、中国・四国、九州にブロックを置いている。

表29　地方自治体活性化研究会メンバー

氏名	所属	備考
大島振作	東京都三鷹市副参事	代表
三木稔	北海道旭川市中央公民館長	
堀籠克彦	宮城県仙台市財政局調度課長	
板垣啓二	山形県山形市企画広報部秘書課長	
本名富女男	福島県会津若松市商工観光部観光課主査	
柴崎文夫	群馬県藤岡市総務部秘書課長	
後藤睦和	埼玉県上尾市民生部保育課長補佐	
武田昇	埼玉県三郷市企画財政部電子計算係長	
幸池稔晴	東京都武蔵野市用地部用地第二担当副参事	
永野五郎	東京都三鷹市市民部コミュニティ課主任	
郡司盛昭	東京都町田市教育委員会文化部青少年係長	
宮崎俊作	東京都国立市福祉部社会福祉課長	
川口和夫	神奈川県立県民ホール業務部長	
土方準	神奈川県川崎市職員局事務管理課長	
杉本篤	静岡県富士市行政管理部人事課研修係長	
市原保徳	大阪府東大阪市企画部主幹	

110　地方自治通信（1986）「地方自治通信1985年2月183号」地方自治センター

丸富弘雄	大阪府高槻市職員研修所所長	
小島八千代	高知県高知市企画部自治活動課長	
推原輝男	大分県大分市鶴崎支所庶務係長	
河野力	鹿児島県鹿児島市職員研究所所長	
宮城實	沖縄県浦添市市民生活課長	

出典：（地方自治体活性化研究会 1984：4-5）を基に筆者作成

　研究会が 1984 年に刊行した『自主研究実践ハンドブック』は、「自治体職員らが企画したはじめての自主研究実践ハンドブックであると確信しています（地方自治体活性化研究会 1984：1）」と述べているとおり、自主研究活動が活性化した 1980 年代前半の様子について、自主研究活動を実践する職員の立場から調査・記録した貴重な資料である。

　また、研究会は自治体職員の自主研究グループによる初の全国大会である、第 1 回全国自主研究交流シンポジウムを 1984 年 5 月 28 日に東京の中野サンプラザで開催した。更に、1985 年 4 月からは毎月 1 回のペースで自治体ゼミナールを東京・代々木の自治体研究センターで開催しており、事例発表者については自主研ハンドブックに掲載された団体や、参加者が推薦する発表者に依頼をすることで、交流を図っている（自治体活性化研究会 2019：118）[111]。その後、1987 年 12 月には全国各地の会員に呼び掛けて情報を募り、集まった約 1,200 に及ぶユニークな事業制度の中から選別した 236 事業を「アイデア行政　条例・要綱・規則」[112] として刊行している。その後も研究合宿や福祉環境団体、研究者生活福祉研究機構との連携や調査研究などの事業を継続している。

111　自治体活性化研究会編著（2019）『自治体職員かく生きる』一般社団法人生活福祉研究機構
112　自治体活性化研究会（1987）「アイデア行政　条例・要綱・規則」総合労働研究所

4　1984年 全国自主研究交流シンポジウム

　1984年5月28日に開催された全国自主研究交流シンポジウムについて、鳴海は「多摩政策研究会の呼びかけで『自治体活性化研究会』による全国自主研究交流シンポジウムが東京の中野サンプラザで開かれた。これには自治体職員だけでなく、中野まちづくり研究会など、まちづくり運動、さまざまな市民運動のグループも加わった。新しい自主的な政策研究型の職員たちと市民運動グループとが一緒になった初めての集会であった（鳴海2012：6）[113]」と述べている。当時、自治体組織による自主研究活動の全国的な集まりは開催されておらず、任意の活動体である自主研究グループが自治体職員の参加を全国に呼びかけたはじめての取り組みであった。

資料6　第1回全国自主研究交流シンポジウムプログラム

```
基調講演　自治体における「自主研究」の役割　　　　　　　松下圭一
分科会①　市民参加と地域福祉「与えられる福祉から創り出す福祉へ」
　　　　　　　　　　　　　　　　　　　　　　　　　　助言者・京極高宣
　　　　　＜報告＞富士市「リサイクルと障害者の働く場について」
　　　　　　　　　上尾市「つくし会の活動について」
分科会②　市民生活とコミュニティ「住み、働き、集い、学び、地域の中で
　　　　　考えるコミュニティ」　　　　　　　　　　　助言者・鳴海正泰
　　　　　＜報告＞館山市「自主研究グループ・三日会の発足について」
　　　　　　　　　三鷹市「三鷹市におけるコミュニティ活動について」
分科会③　市民参加とまちづくり「地域の特性に根ざしたこれからの魅力ある
　　　　　都市、まち、むらづくり」　　　　　　　　　助言者・森戸哲
```

113　鳴海正泰（2012）「自治体学会に今求められるもの」『自治体学VOL.25-1』自治体学会

```
　　　　　　＜報告＞伊丹市「住民参加による空港周辺のまちづくり」
　　　　　　　　　　富士市「行政と住民の役割分担について考える会」
　　　　　　　　　　三鷹市「現代都市政策研究会」
分科会④　高度情報化社会と自治体「高度情報化社会が行政にもたらす
　　　　　分権的社会システムの視角」　　　　　　　助言者・杉本寛
　　　　　　＜報告＞高槻市「住民記録管理システム」
　　　　　　　　　　三郷市「電算業務の概要」
分科会⑤　職員研修と自治体活性化「自治体内部に新しいエネルギーを注入し
　　　　　組織を活性化させ職員の意欲向上を求める」　　助言者・鹿久保久
　　　　　　＜報告＞神奈川県「自主研究育成と公務研修」
　　　　　　＜報告＞富士市「自主研究へのとりくみ」
```

出典：地方自治通信 1985 No. 183：40-41 を基に筆者作成

　地方自治体活性化研究会は 1983 年 4 月に発足し、その翌年 1 月に『自主研究実践ハンドブック』を刊行、同年 5 月 28 日には編集に協力した全国の自主研究グループを基盤にして「第 1 回全国自主研究交流シンポジウム」を開催した。この日本で初めて開催した自主研究の全国シンポジウムには、全国から 62 団体、123 人が参加し、松下圭一による基調講演「地方自治体における自主研究の役割」と、5 つの分科会が開催されている（地方自治通信 1985：40-41）[114]。

　その後、第 1 回シンポジウムに続いて、8 月には山形県新庄市で「自治体活性化に向けて職員の自主研究活動をどう進めるか」をテーマに東北地区自治体職員自主研究交流集会が開催され（地方自治通信 1985：40-41）、1986 年には「自主研究の役割と課題－今、時代潮流の中で」と題して第 2 回シンポジウムを神奈川県で開催している。その後、全国シンポジウムは隔年で開催されており、第 3 回は 1988 年に「自治体のパワーアップと自主研究」をメインテーマに大阪で開催している（地方自治通信 1985：40-41）。これらの活動に対し主催者は、「そこに参加したグループの活動情報のなかから、自治体職

114　地方自治通信（1985）「地方自治通信1985 年2 月183 号」地方自治センター

員の自主研究グループ活動が、全国的な広がりと、市民権を持ち始めたことが明らかとなった（自治体活性化研究会 1989：46)」と述べている。

5 1984年 全国自治体政策研究交流会議

（1）開催経緯

全国自治体政策研究交流会議とは、全国持ち回りで開催する政策研究の交流会議である。自治体学会の初代代表運営委員の1人である西尾勝が「この学会［自治体学会］の話は1984年に横浜で、神奈川県主催の全国自治体政策研究交流会議が開かれて、そのときに自治体学会をつくろうということが発議されて、議論が始まった。これが公式の発端でしょう（経済評論増刊 1986:20-21)」と述べているように、自治体学会設立の発端となった場である。第1回は、その開催により政策研究が時代の潮流になっていることを印象付け、第2回で自治体学会設立準備会を設立、日本列島縦断・自治体学会連続フォーラムで自治体学会設立の機運をつくり、自治体学会設立につなげる重要な役割を担っていた。

全国自治体政策研究交流会議を神奈川県が主催するには、2人のアクターが存在していた。それは、活動を支援していた経済学者であり革新派の長洲神奈川県知事（当時）と、1983年5月1日に神奈川県域総合研究センター研究部長に就任した、実行役としての森啓である。公務として活動を展開していたことについて、森は「新たな仕事は、県職員の『政策研究』を盛んにすることであった。研究活動を盛んにするには、『政策研究とは何か』を明晰にしなくてはならない（森2014：77）[115]」と述べている。

---

115 森啓（2014)『自治体学とはどのような学か』公人の友社

　神奈川県が全国自治体政策研究交流会議を主催したのは、自治体学会設立を主導する意図に基づいていた。長洲知事の反応について、鳴海は「自治体学会をつくるなら神奈川県がやはり中心にならなければならないのではないかと、長洲知事のところに森啓さんと私が話に行きました。長洲知事も大賛成で、自治総合研究センター研究部のテーマとして具体化していこうということになった（鳴海2007：103）」と述べるとともに、知事の考え方について、次のように語っている。（鳴海2007：103）

> 中嶌：長洲知事は1978年の地方の時代シンポジウムの際、自治体学という言葉をすでに言われています。それは鳴海先生が前に「自治体学」について書かれていたものなどに触発されていたけれども、そのイメージとしては、研究者が中心になって市民や職員も入っていくというイメージだったということなのでしょうか。
>
> 鳴海：どちらかというと長洲知事はそういうイメージだったでしょうね。その意見の違いが調整されないまま、1984年10月に全国自治体政策交流会議を神奈川県で開くことになります。

　その全国自治体政策研究交流会議は神奈川県の単独主催ではなく、横浜市、川崎市、神奈川県、埼玉県の共催であった。その理由について、森は次のように述べている。

> 1つの役場とか市役所が何かを主催するとき、そこの所長や首長がノーといったらもう動きがつかなくなります。ですから、そんな時は実行委員会形式がいいんですね。この政策研究交流会議は神奈川県自治総合センターが開催するのだけども、横浜市の都市政策研究室の室長のところに行って、「経費負担は何もないのです」、「名前だけだけれども共催になっていただいて当日は主催者の1人として会場の席についてください」と話に行った。「内容はいいことだから」と承諾してもらった。同じように

川崎市の企画局調査部長に、埼玉県の県民課の自治振興係長に共催を頼みに行きました。こうして4団体が主催をする形式にして、「第1回自治体政策研究交流会議実行委員会」をつくりました。（森2000：48-49）

　4団体の共催は、神奈川県自治総合研究センターが主導をしながらも、自治体学会設立への流れを中断させないための手法であった。このとき、森は交流会議に対して2つの開催意図を持っていた。

　意図の1つは「政策研究」なる言葉が全国の自治体に定着することをめざすことです。自治体が政策主体になるには地域課題を自前で政策化しなければならない。それには「政策研究の観念」が全国の自治体に広がる必要がある。ところが、当時の自治体には「政策研究」の言葉を避ける風潮がありました。さらには、政策研究成果の活用を意図的に重要視しない心理すらもあったのです。…＜略＞…そこで、全国会議の場で「政策研究が自治体自立の潮流であるのだ」との認識を鮮明に印象づける。そのために、当日の報告は「政策化された事例研究」を選りすぐりました。…＜略＞…開催意図の2つ目は、全国各地から集まってきた人々に「自治体学会の設立可能性」を提起することです。職員の政策研究だけでは自治体に「政策自立の潮流」をつくり出すのは難しい。職員と市民と研究者の「協働」が必要である。「実践と理論の出会いの場」が必要である。「政策研究交流会議」とは別に「自治体学の学会のようなもの」が必要であるからです。そこで、2つの提案を動議形式で提出しました。
1つは「この交流会議を毎年全国持ち回りで開催しようではないか」
2つは「自治体学会を設立するために準備委員会を設置しようではないか」です。（森2006：65-67）

　森は、抱いた意図を実現するために、全国自治体政策研究交流会議当日に向けて、いくつかの仕掛けを用意していた。

（2）第1回全国自治体政策研究交流会議

　1984年10月18日、「第1回全国自治体政策研究交流会議」が横浜市の神奈川県民ホール6階会議室で開催された。全国各地から140団体、352人の自治体職員と市民、研究者が参加した（森2006：63）。全国自治体政策研究交流会議の開催には2つの目的があり、一つは政策研究という言葉が全国の自治体に定着することをめざすものであり、もう一つは全国から集った参加者に自治体学会の設立可能性を提起するものであった（森2006：65、67）。

資料7　第1回政策研究交流会議プログラム[116]

```
開会・あいさつ                     神奈川県知事   長洲一二
基調講演                                      松下圭一
実例報告（Ⅰ）                       司会         田村 明
　（1）プロジェクト研究の実例・水郷保存事業
                                   福岡県柳川市   広松 伝
　（2）チーム研究の実例・「神奈川の韓国・朝鮮人」
          神奈川県自治総合研究センターチーム員横浜市   加藤勝彦
　（3）第3セクターによる研究の実例・「緑の回廊計画」
          財団法人）21世紀ひょうご創造協会         福田丞志
実例報告（Ⅱ）
　（4）自主研究の実例・現場から見た都市の水循環
          ソーラーシステム研究グループ（東京都墨田区）   村瀬 誠
　（5）その他の研究・市民による防災都市づくり国分寺市   小口進一
フロアー討論                       司会         田村 明
                                   助言者       大森彌、高寄昇三
　（1）コメント
　（2）討論
　（3）まとめ
閉会
情報交換
```

	都道府県	市町村	その他	合計
	29団体	69団体	42団体	140団体
	150人	150人	100人	350人

出典：地方自治通信（1985：56）[117] より引用

　森によると、それまで自治体には「政策研究」という言葉の用法はなく「政策」という言葉も自治体では通常用語ではなかった（森2006：56）。当時の自治体はいわば、国の下請け機関としてその機能を考えられていた面があった。その一方で、社会状況としては、急速な都市化、工業化による生活環境の悪化に伴い住民が地域生活への関心を高めており、このような住民意識を反映して自治体は公害行政、福祉行政に注力をし始めていた時期である。これらを背景に革新自治体が台頭し、住民は地方自治に対する関心を高めていた。

　また、森は自治体職員側の認識について、「これまでは、全国会議は省庁が招集するものだと考えていました。自治体関係者が集まって情報交換をすることは何かタブーでもあるかのような感覚がありました（森2006：98）」と述べている。このように考えられていた時代に、全国の自治体職員が参加する第1回全国自治体政策研究交流会議を開催したことは、従来の自治体職員の既成概念を大きく転換するものであった。その開会前の様子について、鳴海は次のように述べている。

　　その「交流会議」に自治体学会をつくろうと提案しようということになりました。おそるおそる言い出してみて、みんなの反応がどうかを見ようというつもりでいたのです。そうしたら森啓さんが、その集会場の入り口に大きな紙で、「今こそ自治体職員は集結して自治体学会をつくろう」という檄を貼り出したのです。（鳴海2007：103）[118]

　そして、その参加者の反応について、鳴海は次のように述べている。

　　神奈川県の関係者がしかめ面して、はがす、はがさないと問題になりま

116　参加者数集計は原文のママ。
117　地方自治通信（1985）「地方自治通信1985年3月183号」地方自治センター
118　森が第1回全国自治体政策研究交流会議の会場入口に張り出したメッセージは「はじめに」の冒頭に掲載。

した。全国から集ってきたみんながそれを見て、「これはおもしろい」「や
ろうじゃないか」という雰囲気が盛り上がったのです。そして松下圭一
さんの基調講演が終わった後の討議で、その檄文を見た人たちから「自
治体学会をつくろう」と発言が相次ぎました。（鳴海 2007：103）

　森は、会議において賛成する空気づくりをさらに仕組んでいた。このこと
について、森は次のように述べている。

　東京江戸川区の田口正巳さんは江戸川区の自主研究活動のリーダーです。
田口さんに、「合図したら、緊急動議的に『今日のこの交流会議は有益だ
から、2回目、3回目と続けるようにするのが良い』と提案してよ。会場
の雰囲気から『賛成』になるだろうから」と頼みました。三鷹市の大島
振作さんに、大島さんは大学時代からの知り合いで同じ寮にいたことの
ある人です。「貴方は職員組合の委員長をしていたので大勢の前で話すの
に馴れて（ママ）いるから、合図するから『この政策研究交流会議を自治
体職員だけの会議にしないで、ここにいらっしゃる先生方にも入って頂
いて、自治体学会というようなものをつくる、その準備会議をこの場で
設立しようではないか』と発言してよ」と頼みました。（森 2006：68）

　森の用意した、自治体学会の設立を望むやりとりは、田村明の司会により
進行した。「あらかじめ会場に回しました質問状が6枚ほど返ってきています。
その他の方でも発言したい方は手を挙げていただくとして、一応、出てます
ものからはじめていきたいと思います」と進められたフロア討論は、次のよ
うに展開された。（地方自治通信 1985：66-68）

　田村（司会）：それでは次に三鷹の大島［大島振作］さん。今日、最初に長
　　　　洲知事のごあいさつにもあったんですが、自治体学会を設立すると
　　　　いうお話。自治体学会について、その準備委員会を設置するという

　　　　ことがあってもいいんではないかというご提案でございます。

大島：長洲知事が今日のごあいさつの中でも、あるいは数年前から、自治
　　　体学会のことについての提案をなさっておられます。…＜略＞…こ
　　　のことについて、数年前に関東学院大学教授の鳴海先生からお話を
　　　聞いたこともございます。しかしながら、いまだに実現をされてい
　　　ないという経過がございました。その時の経過もここで若干聞かせ
　　　ていただきたいと思うんですが、この交流会議が終了しだい、直ち
　　　に準備委員会のようなものを設置できないものかどうか、主催者側
　　　にもお尋ねをいたしたいと思います。

田村（司会）：いま出ました関東学院大学の鳴海さんも来られてますので、
　　　まずコメントをいただいた後、主催者側にもお願いしたいと思います。

鳴海：いま名指しで私に何かコメントをしろということでございます。
　　　じつは私は、神奈川県の自治総合研究センターで出しております季
　　　刊誌「自治体学研究」に「自治体学展望」という連載をしておりま
　　　す。…＜略＞…恐らくそこで「自治体学会を考えよう」ということ
　　　を言っているので、大島さんから質問が出されたんじゃないかと思
　　　います。「自治体学会を作ろうじゃないか」というのは最近のこと
　　　ではなくて、実はこの会場の隣の国際会議場で第1回「地方の時代シン
　　　ポジウム」が開かれた昭和53（1978）年のことなんです。その時
　　　の長洲知事の最初のあいさつの中で「この地方の時代シンポジ
　　　ウムが将来"自治体学会"みたいなものに成長することを願っている」
　　　という言葉があったんです。非常に鮮明に私は記憶しております。
　　　それから6年が経つわけですね。…＜略＞。

田村（司会）：それでは主催者側にもお願いしたいので、神奈川県の自治
　　　総合研究センター所長の清水さん、どうぞ。

清水：大変難しいご質問と申しましょうか、ご提案をいただいたわけでご
　　　ざいます。…＜略＞…自治体学というものの形成ないし学会の設立
　　　というご提案がありましたが、今日の会議の中でそこまでどうなる

かということは、実は実行委員会そのものとしては具体的に考えて
はいなかったわけでございます。…＜略＞…期の熟するのを待ちた
いという感じを持っています。

　　　　　　　　　　…＜略＞…

田村（司会）：＜略＞…江戸川区の田口さんからご質問がございます。今
　　　　日の交流集会は大変有意義だとは思うけれども、今日限りで終わる
　　　　というのはもったいない。今後一体どうするんだ、という趣旨の質
　　　　問です。これもやはり今の問題につながっていると思いますので、
　　　　江戸川区の田口さんお願いします。

田口：今日の会のパンフレットを受け取った時に「第1回」と明記してな
　　　　かったんですね。一般には「第1回」と書くところだと思ったんで
　　　　すが（笑）では、2回目はどうなるのか、ちょっと考えまして、また
　　　　次回も参加したいと思いますので、よろしくということです。

田村（司会）：この件について主催者の側の森さん、お願いします。

森　：本日の実行委員会である横浜、川崎、埼玉、神奈川でこの会議を行う
　　　　にあたっていろいろと話し合いをいたしました。政策研究は交流と
　　　　いうのが1番大切なことではないのか。今日のような会議も、でき
　　　　れば全国的な交流会議として恒例化するということになるとうれ
　　　　しい。そうあって欲しいものだという念願を持っております。実行
　　　　委員会の議論としては、来年度は埼玉県で開催しようではないか。
　　　　しかし全国的な交流会議というイメージをたかめていくには、関東
　　　　圏だけで開催するというのではなく関西で、その次は東北とか北海
　　　　道で、あるいは九州、四国でというように、年1回全国持ち回りで開
　　　　催できればいいと思っています。

　森の仕掛けは、これまでに鳴海と長洲が自治体学を提案してきたことを踏
まえた上で、フロア討論において会場全体の方向性をつくりだしていた。森
が意図したとおりに事は進み、「全国持ち回りで開催する」ことを確認して次

回は埼玉で開催することが決定した。「学会設立の提案」については、352人の参加者全員が宿題として持ち帰り、地域と職場で学会設立の意義と可能性の論議を起こし、その結論を次回埼玉会議に持ち寄る約束になったのである（森2006：68）。このときの様子について、鳴海は「第2回の『交流会議』を来年、埼玉・浦和［現さいたま市］でやるから、そのときに具体的に相談しようと提案しました。しかしその時に、自治体学会をつくろうということについての総意は大体できたのです（鳴海2007：103-104）」と記している。

　自治体学会設立の提案の場にいた3名の役割は、森が自治体学会呼びかけポスターなどの仕掛けを考案し、松下が基調講演で自治体改革の急務と職員の自主研究や提案運動が大切なことを説き、フロア討論において鳴海が自治体学会の経緯を説明するというものであった。いくつかの仕掛けを用意したことにより、森が意図した交流会議の持ち回り開催は決定し、自治体学会の設立準備についても第2回会議の議題となった。

（3）神奈川県上層部との軋轢

　森たちの見込み通りに事が進んだ第1回交流会議ではあるが、第2回交流会議を前に、研究部と神奈川県との間では学会設立の発起人の構成についてのイメージに相違が生じていた。設立準備の経過の中で、参加の主体をどこに置くのかは、その団体の性格ないし設立後のあり方にとって重要なことである。この状況について、鳴海は次のように述べている。

　　著名な学者を発起人にして長洲さんも入れて、全国の学者に呼びかけて学会をつくる。それに自治体職員も参加するという考え方。もう1つは、自治体職員を中心とした自主研究グループを中心として、学者、研究者、市民の3者構成でつくるべきだ。新しい、いわゆる既成の概念ではない学会こそ自治体問題にふさわしいという考え方で、意見の相違があったのです。（鳴海2007：103）

　著名な学者たちによる学会設立を考えていた県の上層部は「自治体職員の声掛けでつくる学会であれば、県としては受け止められない、研究くらいの名称ならいい（鳴海 2015：67）」としており、独自の発起人を用意していた。このことについて、鳴海は次のように述べている。

　　そこに、長洲知事の意思とは別に、行政の上層部の方で、独自に発起人を用意していました。それは、辻清明、高山英華、梅原猛、長洲知事など著名な学者 7 人でした。これに納得をしない自主研グループは、1985 年 10 月に第 2 回の全国交流会議［全国自治体政策研究交流会議］が開かれました。県の行政内部からは密かに松下さんと村田さんに、それには出席してくれるなという要請が来ましたが、松下さんの態度ははっきりしていました。田村さんはどっち側に立つか迷っている風でしたが、松下さんは自主研側に立とうといいました。森さんにはもっと強い圧力があったようですが、最後まではね除けとおしました。（鳴海 2015：67）

　神奈川県が用意した 1985 年 6 月段階での設立発起人は「辻清明・吉良龍夫・高山英華・梅原猛・岸昌・長洲一二」の 7 人であり、この研究者たちによる発起人依頼文書も既に用意されていた（鳴海 2012：6-7）。

（4）第 2 回自治体政策研究交流会議

　こうして一部の意見の食い違いは調整されないまま、1985 年 10 月 17 日と 18 日に、埼玉県県民健康センター［浦和市、現さいたま市］で全国 150 の自治体から 370 人が参加し、第 2 回自治体政策研究交流会議が開催された。歓迎あいさつで、畑和埼玉県知事が次のように挨拶をしている。

　　最近、全国の自治体で職員による自主研究やチーム研究など、それぞれの自治体で抱える課題につきまして、自前（じまえ）の政策研究の取組が

活発化してきております。…＜略＞…「地方の時代」の潮流はもはや押し戻すことのできないものであり時代の要請であろうと思います。…＜略＞…「自治体学会」の発足の動きなどがあるようにうかがっておりますが、誠に時期を得たものであり、私も大いに期待いたすところであります。（畑 1986：20-21）[119]

　第2回交流会議の初日には自治体学会設立について協議する場が設けられた。その様子について森は次のように述べている。

　　第1日目の夕食後、別室で「自治体学会設立についての協議の場」を設けました。この場にいる75人の全員が設立準備委員になる」「設立事務局は当分の間、神奈川県自治総合研究センター研究部が担当する」ことに決まり、協議の進行役を務めた私が翌日の全体会議に報告しました。万雷の拍手で賛同されました。（森 2006：73）

　設立発起人について意見の相違があるまま開催された第2回交流会議では、県側の考えに納得しない自主研究グループが自治体学会の設立を決議した。そしてその翌日、全国版の新聞が「自治体職員、自治体学会設立準備会をつくる」と報道したのである（鳴海 2012：7）。その新聞報道の影響について、鳴海は次のように述べている。

　　朝日新聞は、全国版の社会面に大きく、「自治体職員、自治体学会設立準備会をつくる」と報道したのです。これが効きましたね。みんなが「えっ」となった。そうなると、神奈川県も幕が引けなくなったのです。それで自治体学会をつくろう、学会設立準備委員会をつくろうということになりました。（鳴海 2007：104）

119　畑和（1986）「知事あいさつ」『地方自治通信1986年2月No.195』地方自治センター

　新聞報道が後押しになり、県上層部も自治総合研究センターが学会事務局に
なることを認めることとなった（鳴海 2015：67）。このような経過を経て 2 つの
考え方は調整され、7 人の学者は顧問ということで県側も納得の上、設立事務
局を引き受けることになった（鳴海 2012：7）。第 2 回全国自治体政策研究交流
会議でまとめられた事項は、**資料 8** のとおりである（**地方自治通信 1986：19**）。

資料 8　第 2 回全国自治体政策研究交流会議調整事項

1. 自治体学会設立準備委員会の発足

　　第 2 回政策研究交流埼玉会議において、第 1 回横浜会議からの 1 年間
　の宿題であった「自治体学会の設立」が協議され、準備委員会が発足
　した。代表委員は田村明、塩見譲。事務局は神奈川県自治総合センター
　研究部内。

2. 発起人の応諾状況（543 人）

　　準備委員会の呼びかけに応えて 86 年 2 月 8 日現在、発起人となるこ
　とを応諾したのは自治体職員 223 名、市民 52 名、研究者 268 名である。
　引き続き 3 月末日まで発起人就任を呼びかける。自治体首長に対して
　も発起人・会員としての参加を要請する。

3. 第 1 回準備委員会世話人会議

　　86 年 2 月 12 日、神戸において準備委員会の世話人会議を開いた。（出
　席 32 名）

（1）学会の性格と特色

　　　自治体職員学会ではなく、市民・職員・研究者の三者一体による
　　学会で、現場から問題を発見し、現場に密着した理論づくりをめ
　　ざす。名称は、イメージが結びやすくするため、「自治体政策学会」
　　「まちづくり学会」「自治体学学会」などの対案が出された。

（2）組織

地域分権的組織とする。地域でそれぞれ自由に組織を作り活動する。名称も自由に。本部・支部の関係でもない。つなぎの役割をつとめる。

（3）会費

個人含めて3千円では学会誌の無料配布すらも困難である。だがすでに「3千円の案」が広まってしまっているから、これで当面出発すべきだ。団体会員は1口1万円。団体の規模によって口数の基準を定めることを申し合わせた。自主研究グループのような個人参加のグループや団体は、原則的に個人が参加する（団体会員でない）。

4. 日本列島縦断自治体学連続フォーラム

86年2月12日、神戸で「自治体学フォーラム」が開かれた。127団体、250名が参加。3月・4月に全国各地で連続的に開催する。

5. 設立総会

86年5月下旬、横浜で自治体学会設立総会を開催する。

出典：地方自治通信（1986：19）より引用

（5）準備会の発足

　第2回の全国自治体政策研究交流会議では、自治体学会設立準備事務局の議論も行われた。「自主研究グループだけではなく、市民、研究者にも呼びかけ、『自治体問題から自治体学の創造』を目指すために、3者構成による学会を作ろうという相談ができました。そのためには、『地方の時代』シンポジュームを組織してきた『神奈川県自治総合研究センター』が中心になって欲しい」ということになり、「これには長洲知事も大賛成で、ここから森さんの大活躍

がはじまります」と鳴海は述べている（鳴海2015：66）。こうして、自治総合
研究センター研究部会内に自治体学会設立準備委員会が発足し（地方自治通信
1986：19）[120]、日本経済新聞論説委員の塩見譲が準備会代表になった（鳴海
2012：7）。その構成員について、「センターのなかに研究員たちも加えて、森啓、
田村明、新藤宗幸、神原勝、後藤仁、自治体活性化研究会代表で武蔵野市［三
鷹市］の大島振作などに松下さんも私も加わって、早速、研究会をつくって
議論を始めました（鳴海2015：66）」と鳴海は述べるとともに、活動当初の課
題についても記録をしている。

　　自治体学会というのはどういうコンセプトなのか、イメージすらもまだ
　　十分でない。集まって、「なぜ今われわれは自治体学会をつくらねばな
　　らないのか」という趣意書をみんなでつくって、それをもとに、その年
　　の12月から全国に発起人になってくださいと呼びかけたのです。（鳴海
　　2015：104）

　組織的には神奈川県の主導で始まった自治体学会設立への道のりであった
が、準備会の段階では研究者、自治体職員も加わった。そして、準備会はい
ち早く「なぜ今われわれは自治体学会をつくらねばならないのか」という趣
意書をつくり、全国の自治体に発起人への参加を呼びかけていく活動を行っ
た（鳴海2012：7）。

6　1986年 自治体学フォーラム

　1986年に日本列島縦断・自治体学会連続フォーラムを開催した理由は、

120　地方自治通信（1986）「地方自治通信1986年2月195号」地方自治センター

全国自治体政策研究交流会議を2回連続で開催した上で、「自治体学会」を設立する意図についての理解が得られない現状があったことにある。第1回交流会議開催事務局の責務を果たすため、1985年の夏、神奈川県自治総合研究センターの部員が全国に手分けをして開催者としての参画を呼びかけた。その際には、「自治体学とは何か」という問に答えるべく、同センター研究部が作成した「自治体学に関する研究（B4判141頁）」を持参している（森2006：75）。この全国行脚に対する各地の反応について、森は「『熱い期待』に迎えられました。だが、『冷ややかな反応』もありました」と、次のように振り返っている。

> 自治体関係の方々に大阪東急ホテルに集まっていただきました。だが、顔を見合わせて「大阪府庁や大阪市がどう思うか」「自治労がどう言うだろうか」の発言ばかりでした。「フォーラムを開催しよう」との決断発言が出てこないのです。やむを得ず、翌日、神戸市役所収入役の安好匠さんに相談しました。「神戸市が全面に出ると兵庫県が後ろに下がるので」背後から応援するとの確約を得ました。そこで、第1回政策研究交流会議の報告者であった「21世紀ひょうご創造協会」の福田丞志さんに相談をして、同行して頂いて、兵庫県企画部に「自治体学フォーラム開催」の協力を依頼しました。（森2006：75）

このことは、自治体学会の設立について、自治体が当事者として主体的に参画するほどの意識の醸成が、必ずしも全国的な機運の高まりに達していなかったことを示している。

しかし森は、「関東だけの動きでは全国展開にならない。全国的な『自治体学会設立の機運』をつくり出さなくてはならない」と考え、実現の第一歩として関西で「自治体学・フォーラム」を開催するために、研究部主幹の森田徳と大阪へ出かけ（森2006:76）、翌1986年2月12日には神戸自治体学フォーラムが兵庫県農業会館で開催された。主催は関西活性化研究会、21世紀ひょ

うご創造協会、神戸都市問題研究所、滋賀市民自治研究センターと自治体学会設立準備委員会であり、北海道から沖縄まで253人が参加をしている。

　その後、1986年4月19日に東京自治体学会フォーラム、5月10日に仙台市で東北自治体学会フォーラム、気仙沼市でまちづくり自治体学会フォーラム、沖縄、九州、中国、四国、北海道でも自治体学フォーラムが開催され、「自治体学会の設立」の気運が各地へ広がっていった（森2006：79-80）。その中でも、315人が参加した東京自治体学フォーラムについて、森は次のように述べている。

　　このフォーラムで「自治体学会のイメージ」が見えてきました。すなわち、
　　市民・学者・自治体職員の三者が一体となって地域課題を解明する「実
　　践と理論の自治体学」のイメージが議論の中に現出していました。戦後、
　　自治体革新のメッカであり続けた多摩だからだと思いました。
　　（森2006：79）

　市民と学者の参加が際立って多かった東京自治体学フォーラムは、「理論と実践の緊張のなかから自治体と自治体学のあるべき姿を考える」をテーマに、「いま自治体は、転換期の岐路に立っている」とした上で、「地域と自治体が直面している諸課題を克服するために、理論と実務が一体となった政策研究を行う場が必要」と、参加を呼び掛けている（東京自治体学フォーラム実行委員会1986：3）[121]。そして、このフォーラムは森に自治体学会設立構想の確信を与え、全国自治体政策研究交流会議と自治体学会が各々の目的を明確にするために重要な機会となった。

121　東京自治体学フォーラム実行委員会（1986）『東京自治体学フォーラム』時潮社

資料9　東京自治体学フォーラムプログラム

開会　　東京自治体学フォーラム実行委員会世話人代表　　　　　　江口清三郎
挨拶　　自治体学会設立準備委員会代表世話人 法政大学法学部教授　田村　明
　1．問題提起者・司会の紹介
　2．問題提起
　　　(1) 市民から　　　　　田無・保谷どんぐり代表　　　　　　　鳥海志げ子
　　　(2) 自治体職員から　　小金井市企画部企画財政課主査　　　　加藤良重
　　　(3) 自治体職員から　　東京都墨田区向島保健所衛生課主事　　村瀬　誠
　　　(4) 研究者から　　　　東京大学法学部教授　　　　　　　　　西尾　勝
　3．問題の整理
　　フロアー討論司会　　　専修大学法学部助教授　　　　　　　　新藤宗幸
　4．昼休み
　5.フロアー討論
　　フロアー参加者より意見、質疑等
閉会　　東京都市町村職員研修所長　　　　　　　　　　　　　　　黒田長彦
情報交換パーティ

出典：筆者作成

　このフォーラム開催の意義について、実行委員会世話人代表の江口は開催
挨拶の中で次のように述べている。

　　従来ですと法律と通達に従って仕事をすれば何とか可能な時代でありま
　　したが、最近では、私達の仕事も法律と通達のみでは、目的を達成する
　　ことは、困難な状況に直面しています。このような状況の変化の中で、
　　これまでは理論は自治行政では必要視されないできたのですが、複雑、
　　多様化する時代の要望に対応して、自治体自身の主体性が強調される時
　　代になってきています。…＜略＞…三多摩地方を中心に各市の職員がま
　　ず十数名が集まって、若手グループによって、こうした企画を準備し、
　　自治体学会設立へのステップとしてフォーラムを開催する検討をされて
　　きたのです。（東京自治体学フォーラム実行委員会 1986：8-9）

　なお、このフォーラムを企画した役員は、**表 29** のとおりである。

表 29　東京自治体学フォーラム役員（下線は引用者：多摩の研究会メンバー）

役割	氏名	所属	備考
代表世話人	江口清三郎	三鷹市	
スポークスマン	大島振作	三鷹市	
総合司会	石崎明	武蔵野市	
事務局担当世話人	小口進一	国分寺市	チーフ
	宮崎俊作	国立市	
	秋元政三	三鷹市	
受付担当世話人	真崎治夫	国分寺市	チーフ
	加々美俊	多摩市	
	矢野勝己	三鷹市	
	木俣建明	国分寺市	
	大久保実	三鷹市	
会計担当世話人	大石田久宗	三鷹市	
放送担当世話人	大堀和彦	三鷹市	チーフ
	松寿孝樹	三鷹市	
会場整備担当世話人	大坪善尚	三鷹市	チーフ
	松本恭一	三鷹市	
	吉野俊博	三鷹市	
	松本直樹	中大大学院	
接待担当世話人	小口進一	国分寺市	
写真担当世話人	高橋博文	三鷹市	チーフ
	本多竜夫	小金井市	
	木場邦博	国分寺市	

出典：筆者作成

　この東京フォーラムを機に、自治体学会をつくりあげる大きな流れの一つである神奈川県と、もう一つの流れである多摩地域の自治体職員が合流をしたことを、鳴海は次のように述べている。

　もう一方は、神奈川県だけの動きではなくて、三鷹、武蔵野、小金井など東京都の中央線沿線の自治体の人たちと、埼玉県の浦和、与野、大宮

　などいくつかの自治体職員が、自主的に政策研究グループを結成します。それが多摩政策研究会［通達研究会］です。そこで「自治体を変えなければいけない」「自らの政策を生み出さなければならない」という機運が出てきたのです。…＜略＞…その中心が、神奈川県の森啓［通達研究会メンバーではない］さん、三鷹の江口清三郎さん、大島振作さん、国分寺の小口進一さんなどです。その人たちが自治体学会をつくるときの中心になったメンバーで、自治体学会を生み出す原動力になりました。（鳴海 2007：102）

　多摩地域の武蔵野市、三鷹市、国分寺市、国立市等の若手職員が開催したフォーラムには、革新自治体という共通項が存在しており、そのメッカである多摩地域に位置する府中市の東京自治会館ホールで開催されていた。「古くから自由民権運動に見られるように、自治活動が活発に展開された地域であって、こうした伝統のもとに、多様な地方自治を求める活動もきわめて盛ん（東京自治体学フォーラム実行委員会1986:7）」な多摩地域と、長洲県政の神奈川県は、革新自治体としての共通点が存在していたのである。

　そして、自治体学会設立準備委員会代表世話人の田村明はフォーラムの挨拶で次のように述べている。

　この自治体学会は、普通に学会がつくるのではなくて、グラス・ルーツ（草の根）から学会をつくっていく形がとられています。私自身、現在いくつかの学会に所属していますが、一般に多くの学会は、その道の偉い方々が何人か集まって発起人として呼びかけをして入会する形式であります。今回の自治体学会は、無名の職員が集まって、学者、市民の参加を求めていく、いわばグラス・ルーツな面からこの運動が起こっていることが、従来の学会の作り方とは全く異なる点であります。（東京自治体学フォーラム実行委員会 1986：14）

　グラス・ルーツ、無名の職員という表現で従来の学会には見られない市民目線で自治体現場の課題を考え、先に学会をつくるより、まず自由に討論を行う自治体学フォーラムを多摩地域で開催したことは、市民活動が活発なエリアの特性に合致していた。これらのフォーラムを通じて募集した自治体学会設立発起人の反響について、鳴海は次のように述べている。

　　500人ぐらいの発起人を予定していたのですが、結局、自治体職員で
　　375人、研究者、市民、ジャーナリストが407人、全部で782人の発
　　起人が集まった。500人を目標にしたのが、発起人だけで780人を超え
　　たのです。それだけ反響が大きかったのです。（鳴海2007：104）

　日本列島縦断・自治体学連続フォーラムの開催は、学会設立を着実に進めるとともに、機運を一部の関係者の盛り上がりにしない取り組みであり、神奈川県の業務として行ったことは、各地の自治体の関心と協力を得るために効果的であった。自治体学会がこれまでの学会と異なる理念である、市民、自治体職員、研究者の3者が一体となった意見交換の場であることを、自治体学フォーラムで重ねる中で、浸透し、賛同者を増やしたのである。

7　1986年 自治体学会

こうして、1986年5月23日、約2年間の準備を経て自治体学会が誕生した。

　　横浜開港記念館で「発起人会議」と「設立総会」を開いた。発起人会議
　　には135人、設立総会には620人が出席した。出席者の顔ぶれは自治
　　体職員、市民、学者、シンクタンク職員、コンサルタント、ジャーナリ
　　スト、団体役員、自治体首長など、およそ従来の学会の設立総会とは思

えないほどに多彩な顔ぶれであった。…＜略＞…総会に報告された会員
数は1243人（発起人782人、既入会申込者461人）を数え、規約に
基づき選出された運営委員は46人（自治体職員29人、学者・研究者・
市民17人）。代表運営委員に田村明［元横浜市職員、当時、法政大学教
授］、塩見譲［元日本経済新聞社記者、当時、近畿大学講師］、西尾勝［当
時、東京大学教授］の３氏を選出した。多数の人が発起人になって自治
体学会を設立したのである。（森2006：54-55）

　この時、恒松制治島根県知事、畑和埼玉県知事、横路孝弘北海道知事、坂
井時忠兵庫県知事、広島市長、徳島市長、久留米市長、横手市長、研究者では、
西尾勝、大森彌、篠原一、松下圭一、新藤宗幸などの首長や研究者が、既に
登録を行っていた（鳴海2007：104-105）。設立総会では、自治体学会代表運
営委員の田村明が挨拶の中で自治体学会の５つの特色を述べている。

　＜略＞…「自治体学会」の特色をいくつか申し上げてみますと、従来の
学会と比べまして、5つほどの点がかなり違うのではないかと思ってお
ります。
　第１の点は、“草の根から生まれてきた学会”であるということでござ
います。…＜略＞…
　第2の特色は、いわゆる“学際的”ということであります。…＜略＞…
　3番目の特色は、“市民性”と申し上げてもいいかと思います。…＜略＞…
　４番目の特色は、…＜略＞…なんといっても自治体は現実に動いてお
ります。…＜略＞…そうしますと、単に学問のための学問という形では
なくて、当然、実践に役立っていくということでなければならないと思
います。この“実践性”というのが４番目の特色であろうかと思います。
　　　　　　　　　　　　　　…＜略＞…
　５番目の特色でございますが、“地域ごとの活動”こそがこの「自治体
学会」のいちばん中心的な特色であろうかと思います。…＜略＞

　…＜略＞…この「自治体学会」は、およそ地域のことを考える方々、あるいは自治体のことを考える方々、そういう方々はどなたも仲間だと思います。「自治体学会」というのは開かれた学会でございます。…＜略＞…自治体学会の会員は一緒に研究をしていく。それが「自治体学会」の中身を作っていくものであると私は思います。（鳴海2007：106）

　この田村の挨拶が、自治体学会の基本的な性格を位置づけたと、鳴海は述べている（鳴海2007：105）。

　また、同日、横浜の氷川丸船上で行われた設立記念パーティーでの大森彌のスピーチには「これが日本の新しい地方自治の出発点だ」という、自治体学会の活動宣言のようなフレーズがあったと鳴海は述べており（鳴海2007：105）、その全文は翌日の朝日新聞に掲載された。自治体学会の発足を新聞各社が取り上げ「日本の地方自治体は大きく変わっていく、その出発点にこの学会がなるだろう」という内容の記事を一斉に掲載した。このことについて鳴海は、「やはりあれが、日本の地方分権改革の流れの出発点になったような気がします。また、全国の地方自治体の職員に対して非常に大きな勇気を与えたでしょうね（鳴海2007：106）」と振り返っている。その後、自治体学会は地域運営委員と学識運営委員を置いている。この委員構成について、鳴海は「自治体学会は、自治体職員を中心に多様な分野の研究者と市民という3者の構成で作られた総合的な地方自治についての学会であって、他に例がない組織だと思います（鳴海2007：97）」と述べるとともに、その活動の特徴を次のように記している。

　それぞれの地域でそれぞれの地域が自治体学会を名乗って、独自にどんどん活動する。全国のそれぞれの地域の中で活動していく自治体学会のまとめとして大会がある。自治体学会の実質は年1回の大会ではなく、それぞれの地域の学会活動であるということです。…＜略＞…自治体学会は自治体改革の運動の中から生まれてきたのであって、その基本的な

性格は市民自治を深めていくための学会であると同時に1つの運動体であるということです。（鳴海 2007：107-108）

（1）自治体学会発案の場面

　自治体学会設立の発端は何処にあったのであろうか。鳴海は「松下さん［松下圭一］は生前、私に俺が生きている間はこのことは言わないでくれといっていたのですが、自治体学会設立発想のきっかけがどこにあったかを明らかにすることは、自治体学会の在り方にとっても意味があると思うので、あえてここに記録しておきたいと思います」とした上で、1984年5月28日に開催された全国自主研究交流シンポジウムの帰り道のことを次のように記している。

　1984年5月、多摩政策研究会の呼びかけで「自治体活性化研究会」による全国自主研究交流シンポジウムが東京の中野サンプラザで開かれた。これには自治体職員だけでなく、例えば中野まちづくり研究会など、まちづくり運動のさまざまなグループも参加していました。新しい自主的な政策研究型の自治体職員たちと市民運動グループとが一緒になった初めての集会でした。全国から62団体123名の人たちが集まり、松下さん［松下圭一］と神奈川県の自治総合研究センター研究部長の森啓さんと私の3人も参加しました。その帰り渋谷で3人で一杯飲んだ時です[122]。次のような話題が出ました。それは当時の「中央公論」誌に載っていた自治省某局長の論文でした。それには「地方公務員は国家公務員に較べてレベルが低く、住民から信頼されていない。これからは、良い子、悪い子、普通の子に分けて指導しなければならない」という趣旨でした。これには3人で憤慨しました。そうしたら松下さんから「ただけしからんというだけではなく、今

---

[122]　「渋谷で3人で一杯飲んだ時」については、時期と場所について記述の差異が存在している。「1984年の真夏の夕刻（森啓2006：85）」、「1984年8月、多摩地区政策研究会の帰り（鳴海2007：102）」。

　　日の会合のように、自治体職員と研究者と市民が切磋琢磨する学会組織の
　　ようなものを作ったらどうだろう」という提案がでました。私も森さんも
　　大賛成で具体案を話し合いました。松下さんが、「自治体学会をつくる提
　　案が俺からでたということは外で言っちゃいけない」と言ったのはこのこ
　　とです。松下さんはそういう気遣いをする人なのです。そして、最後まで
　　自治体学会の代表や役員を断り続けました。(鳴海 2015：66)

　鳴海はその語らいの場で、1975年に全国の自治体研修担当職員に講演し
た「自治体問題から自治体学の創造へ」や、論文化した思いを話題にしてい
る(鳴海 2007：102)。鳴海によると、3人は「多摩政策研究会［通達研究会］
や長洲県政が生まれて、新しい職員がどんどん出てきた。単に自主的な研究
グループとしてだけではなく、学者グループや市民との結びつきによる新し
い組織を作ったほうがいいのではないか(鳴海 2007：102)」と話し合い、「森
さんが神奈川県自治総合研究センターの研究部長になっていたことから、『よ
し、やろう』と。そこから彼の活躍が始まる(鳴海 2007：102-103)」とその
経緯について述べている。その後は神奈川県を中心に展開し、森は公務として、
自治体学会設立を本格的に始動させるのである。

　　研究会をつくって、議論を始めました。松下さんの考えははっきりして
　　いました。そこで自治体活性化研が研究者と市民団体に参加を求め、そ
　　の3者で設立準備会をつくっていこう。これまでの既成の学者研究者だ
　　けの学会では意味がないということでした。学会は、学者研究者の勉強
　　の場でもあるといったのは松下さんでした。(鳴海 2015：66-67)

　その後、森の提案により、全国自治体政策研究交流会議が、1984年10月
に神奈川県民センターで開催された。
　ここで、ある疑問が浮かぶ。これまでの森や鳴海の記述からは、松下が自
治体学会設立の中心人物であるように描かれているが、設立総会では松下は

代表運営委員に選出されていない。鳴海、森とともに自治体学会設立を話合い、キーマンとしてかかわりながらも、研究者枠の代表運営委員に就かないばかりか、「自治体学会をつくる提案が俺からでたということは外で言っちゃいけない」と言い、自治体学会の役員を断り続けている。その理由について、鏡は次のように述べている。

　　鏡　：当時は、後ろ盾になっていたのが神奈川県の長洲知事だった。県が事務局を持つから自治体学会というのを作りたいのだと。そこについて松下さんがすごく配慮したのは、長洲さんはもちろん革新系の人だったし社会党の系列の人だったから、松下さんも美濃部［美濃部亮吉都知事］さんを支持していたような政治的な色がある人だったから、その人たちができるだけ前に出ないような運営を考えたんだよね。

　松下は、1964年に東日本革新市長会が発足すると「その方針づくりや活動に参加して自治体首長と交流し、自治体改革を議論している。1967年には東京都美濃部亮吉知事が誕生し、68年の都の『中期計画』策定に参加、71年の『広場と青空の東京構想』の作成にたずさわり、『都民参加』『シビル・ミニマムの実現』のプランを作成（横須賀 2017：9）」するなど、政治的な活動を行っていた。松下は、その政治色が自治体学会に出ないよう、気を配っていたのである。それは、自身が前面に立つことで、学会に政治性があると誤ったメッセージとして受け取られことを避けるためであった。松下の考える自治体学会は、自治体現場の職員が自治体政策研究を行う場である。そのために、自治体学会の開催日程には工夫が施されていた。1日目に政策研究交流会議を自治体が主催し、職員研修など行政組織の参加対象になり得る交流の場としているのである。2日目は個人として自治体学会に参加することで、両日に参加しやすい日程にしているのである。しかし、自治体学会が革新系の政治色を有すると見られた場合、自治体が職員を出張扱いで送り出すことが困

難になる懸念がある。職員は職場で自治体学会へ参加する発言をし難くなり、開催地受け入れ自治体が限られる可能性がある。それでは、全国の自治体政策研究の盛り上がりに水を差してしまう。このような理由により、松下はできるだけ政治色を排除していたのであった。これが、当時の関係者の間では承知されていたことであり、松下が一度も自治体学会の役員にならない理由である。ここで松下自身がとった行動は、学会や参加者を外部の不要な干渉から守るものであり、多摩の研究会における秘匿性に通じるものであった。

（2）他団体との調整

　自治体学会は自治体職員を構成員とする新しい形態であるため、設立過程において自治体職員の労働組合である全日本自治団体労働組合（自治労）と調整を行っている。自治労は1957年から現場職員による自治研活動を行う歴史を有しており、研究機関として自治体問題研究所及び各地に地域研究所を設置している。森は、「自治労の自治研究全国集会には歴史があります。自治体学会の主要な会員は自治体職員ですから、自治労から自治体学会設立に異論が出ると現場で混乱が生じます」と、事前申入れの必要性を考え、自治労本部と自治体問題研究所を訪問している。自治労の小倉政策局長に自治体学会が目指す方向を説明し、丸山委員長と自治体問題研究所から代表の宮本憲一が設立発起人になることで調整を図ったのである（森2006：81）。

　さらに、自治体学会の設立準備と時を同じくして、関西の研究者が自治体政策研究の学会を新たにつくる情報が入り、鳴海はこの研究者グループとの調整に当たった。（鳴海2007：105）

　　鳴海：職員・研究者・市民の3者による自治体学会を作ろうと準備をしていたら、関西の学者グループが独自に地方自治学会を作るという動きがありました。それで私は関西の方に一緒にやらないかと話しましたが、関西はどうしても独自にやるというのです。それで和田八

束さんと2人で関西に出かけていきました。地方自治学会を準備している関西系の学者グループと話し合いました。なにも関西が独自につくることはないじゃないか、自治体学会は関東ではなくて日本全体の自治体問題に関心のある人たちを総意でつくるのだからと呼びかけたのですが、自分たちは研究者だけでもって地方自治学会をつくるというのです。それでは、お互いに相互に会員になりましょう。東西分裂しているみたいな印象は良くないので、私たちもそちらに入る。そのかわり、関西の先生たちもこちらの呼びかけ人に参加してくださいということになりました。

中嶌：外から見ると、どうしても長洲知事のつくる学会に見られてしまうところがあったのでしょうか。

鳴海：やはり関西には長洲知事に対するある種の対抗意識があったのではないでしょうか。対抗というのではないけれど、違いがいろいろあって、ずいぶん苦労しました。

　こうして、関西の研究者との間でも日本全体の自治体問題を扱う学会として準備が進んだ。自治体学会は、設立に至る課程で様々な思想の団体と領域の棲み分けを図るのではなく、関係者の横断的な考えの元で連携を行っていた。そして、これまでの学会と異なる自治体学会の学問体系について、鳴海は次のように述べている。

　今までの日本の学問体系は、各専門分野ごとの縦割りにできています。そして自治体の行政も国、県、市町村の縦割りにできている。しかし実際の自治体の現場あるいは市民生活は、そういう縦割りではなくて横割りなのです。ですから市民生活の現場から問題を捉えていくためには、縦割り行政や横割りの専門分野別の学会ではダメなのです。学際的な学会でなくては、自治体や市民生活者に関わる問題を解決できません。（鳴海2007：106）

　自治体学会には、研究者が分野の枠を超えて大勢参加してきた。農業、医学、建築、土木工学、法律、環境、財政、福祉、あらゆる人たちが参加しており、「研究者の再教育の場」であると言う者もいた。学者や研究者は、自分たちの専門の流れの中で研究を行っており、自治体の現場を知らない場合もある。自治体学会は、そういう専門家が実際の市民生活の現場の中で学習する場として、大きな意味を持っていた（鳴海 2007：106）。

表30　自治体学会年表

1964年11月	東日本革新市長会発足
1978年7月14日	第1回地方の時代シンポジウム（横浜市） 長洲知事「自治体学会」発言
1980年	神奈川県公務研修所を自治総合研究センターに改組
1983年5月	森啓、自治総合研究センター研究部長就任
1984年5月28日	第1回全国自主研究交流シンポジウム開催（中野区）
1984年5月28日	自治体学会設立提案の会話（渋谷区） 松下圭一、森啓、鳴海正泰
1984年10月18日	第1回全国自治体政策研究交流会議（横浜市）
1985年	「自治体学とは何か」作成、神奈川県自治総合研究センター
1985年10月17〜18日	第2回全国自治体政策研究交流会議（浦和市）
1985年10月17日	自治体学会設立準備委員会発足
1986年2月12日	神戸自治体学フォーラム（神戸市）
1986年2月12日	第1回自治体学会準備委員会世話人会議（神戸市）
1986年4月19日	東京自治体学フォーラム（府中市）
1986年5月10日	東北自治体学フォーラム（仙台市）
1986年5月23日	自治体学会設立総会・記念シンポジウム（横浜市）
1986年7月29日	第3回全国自治体政策研究交流会議（神戸市）
1987年8月7〜8日	第4回全国自治体政策研究交流会議（徳島市） 第1回自治体学会（徳島市） ※以降、2010年8月19〜20日の第27回全国自治体政策研究交流会議及び第24回自治体学会まで連携開催。2011年度は東日本大震災を受けて、5月11日に緊急フォーラムin所沢（所沢市）と、10月9日に第25回自治体学会（法政大学）を開催。2012年度の広島大会より再び連携開催。
1988年3月30日	年報自治体学創刊
1996年4月	埼玉県に事務局移転

2002 年 4 月	群馬県に事務局移転
2006 年 8 月	自治体学会 20 回記念大会（横浜市）
2007 年 10 月	自治体学会事務局の独立

出典：筆者作成

8　小括

　第4章では、社会状況の変化とともに自治体の政策が注目されるようにな
り、自治体学会設立につながる自治体政策研究の流れについて、時系列的に
調査を行った。多摩地域を中心に活動する自主研究グループが全国的な自治
体政策研究の組織化に関わった背景には、神奈川県と同様に多摩地域が革新
ベルトと呼ばれる地域であったことが関係をしていた。自治体学会発案の場
面にいたのも、多摩の研究会を主導する松下と、元横浜市職員の鳴海、神奈
川県職員（当時）の森であり、多摩と神奈川の組み合わせであった。

　一連の活動で目指したことは、「政策研究」という言葉が全国の自治体に広
まることである。それは、自治体が政策主体になり、地域の課題を国の政策
ではなく自治体ごとに政策化することを目指したものであった。地域社会と
自治体が直面する諸課題を克服するために、市民・学者・自治体職員の三者
が一同に会して地域課題を研究する自治体学会は、全国自主研究交流シンポ
ジウムを契機に発案され、第1回全国自治体政策研究交流会議以降の全国集
会で具現化されていった。

　これらの展開を社会背景と照らしてみると、高度成長期がもたらした急速
な都市化と工業化による生活環境悪化に伴い、1960 年代後半には地域社会
への関心の高まりとともに台頭した革新自治体の隆盛が存在していた。それ
と入れ替わるタイミングで、1970 年代後半から自治体職員の自主研究グルー
プ活動が全国的に展開している。そして、革新自治体の最盛期に神奈川県知
事に就任した長洲一二の支援を受け、自主研究活動は自治体学会に発展して

いった。その背景にあったのが、経済不況により就職難となった学生の就職
先に自治体が選ばれ、組織が高学歴化したことである。1970 年代に自治体
に就職をした大卒職員の年齢から算出すると、1980 年代の第 1 次自主研ブー
ムの担い手は 30 歳前後の職員が中心であろう。自主研究グループ活動が学
会設立に発展する過程を支えたのは、自治体現場で発生している課題の解決
に、課外活動として取り組む意欲を持った自治体職員達であった。

第5章 終章

　1980年前後にはじまる第1次自主研ブームを発端に、自治体職員による自治体政策研究は全国的なネットワークに展開した。その象徴が1986年に設立された自治体学会である。松下圭一と多摩の研究会は、これらの自治体政策研究史において一定の貢献をしてきたものの、独自の秘匿性を持って活動をしてきたことから、その詳細はこれまで明らかにされてこなかった。そして、その秘匿性は、自治体職員メンバーを外部の軋轢から守ることを目的とした松下の配慮によるものであり、当時の研究会運営に必要な手段だったのである。

　本書は、自治体政策研究の展開における多摩の研究会と松下について、その関与と活動の記録を時系列的に描いたものである。その目的は、多摩の研究会がどのような活動体であり、そこではどのような研究会が実践され、自治体政策研究史の展開にどのようにかかわってきたのかについて明らかにすることにある。多摩の研究会に着目した理由は、1980年代に全国各地で一斉に展開した自治体職員による自主研究活動の収斂先を1986年の自治体学会設立とみたときに、その先駆性と代表性が多摩の研究会にあると考えたからである。調査の過程で明らかになったことは、多摩の研究会は、松下が自治体政策研究の発展可能性に着目した場であり、自身が提唱した職員参加を支援の形態で実践した場であるとともに、自治体職員の人材育成の場でもあった。松下が自治体職員と自治体政策研究の関係性を築く支援活動を行い、全国の自治体職員が参画して自治体学会を設立に導いた活動拠点でもあった多摩の研究会は、大学に研究室を持たない松下が生涯に渡り活動のベースとした場だったのである。

1 検討の過程

　まず、本書の既存研究に対する理論的貢献についてであるが、自主研究グループ活動から展開した自治体学会設立にはキーパーソンとして松下が存在しており、松下がその青写真を描いた場が多摩の研究会であった。先行研究においてこれまで明らかにされていなかったのは、松下の自治体政策研究への関与と多摩の研究会の活動実績の詳細であり、本書ではこれらのことを明らかにしてきた。

　また、本書の既存研究に対する研究の位置づけについてであるが、先行研究においては自治体学会の発案者である松下圭一、鳴海正泰、森啓のうち、鳴海と森はその設立経緯を語っており、神奈川県側の動きは知られてきた。その一方で、多摩地域側の動きとして、松下とその分身ともいえる多摩の研究会メンバーの活動については、その独自の秘匿性ゆえにこれまで語られてこなかった。本研究の研究領域における位置づけは、自治体政策研究史において、これまでは点で存在していた松下と多摩の研究会の活動を線につなげることでその功績を明らかにするとともに、自治体政策研究史の研究領域における空白域の一部を明らかにしたことにあると考える。

　そして、本研究における含意は、これまで明らかにされてこなかった、松下圭一を中心とした多摩の研究会の活動の輪郭を描いたことの他に、論壇の政治評論家としての活動を中止していた80年代の松下が、どの様な活動をしていたかを明らかにしたことにある。

　一方、本研究における課題として、当事者にインタビューを行っている点を挙げられる。自治体政策研究史の展開においては様々なアクターが存在するなかで、検証には客観的な傍証が必要であり、可能であれば第3者による資料が望ましい。しかし、自主研究グループ活動は私的な行動であり、その

記録は当事者が執筆することが多い。さらに、多摩の研究会はその活動に秘匿性を伴っていたことから、記録そのものが限られており、第3者が記した資料は乏しい。このような条件の中で、先行研究との整合性や客観性に配慮をしながらも、本書は一次資料的な記録の整理を当事者の弁を中心に行った。この点においては、事前に既存研究や関連記事の整理を行い、メンバー間の記述を相互にインタービューで確認を行うことで、既存資料との整合作業を行いながらその裏付けに努めている。

　次に、自治体学会設立には多くの関係者の尽力があったにもかかわらず、本書は多摩の研究会の視点に基づいており、自治体学会設立の全体の流れにおける多摩の研究会の位置づけを示していない点を挙げられる。自治体学会の設立は、神奈川県や田村明を中心としたまちづくりを研究するグループの他に、関西地区や全国の関係者の関与と尽力があって実現したものであり、本書における調査はその一部であることを改めてお断りしたい。将来、自治体学会設立経緯の全体像を整理する際に、本書が資料の一つになれば幸いである。

2　自主研究活動の意義

　第1次自主研ブームは、志と期待を持って入庁した大卒職員の活動の場として活性化し、その展開は学会設立という社会的インパクトを残した。その一方で、2010年代に展開した第2次自主研究ブームは、1995年に発足した自治体法務合同研究会のように特定のテーマに対して研究を重ねる一部のグループを除き、スマートフォンとSNSの普及による交流の場としての側面をもっている。それは、異なる見方をすれば、グループ単位の研究から個人単位の自己研鑽に自主研究のスタイルが変化したことを示している。第1次と第2次自主研究ブームには様々な相違点があるものの、共通しているのは、

自らの意思で課題解決や情報収集を行う職員の存在であり、どの時代にも、職場の課題に対する解決策を職域の外側において探そうとする、積極的な職員が存在することである。特筆すべきことは、この活動に対して、第2次自主研究ブームでは自治体職員の活動を職務、職務外に関わらず支援する首長、公的機関、民間団体が生まれていることである。これらの現状から伝わることは、人材育成基本計画等、自治体内部で計画される研修とは別の人材育成手法について、可能性と必要性を認める動きがあるということである。

　では、現役の自治体職員による自主研究グループ活動の成果は、職場でどのようにフィードバックされるのであろうか。おそらく、それを明らかにする術は限定的である。それは、自主研究活動における実践や経験は、職務の参考や課題解決のヒントになることがあっても、自治体業務を遂行する上での一部分であり、それらが自主研究グループ活動の成果であると表出することは稀だからである。例えば、ある自治体において各地で課題とされる地域の問題を解決する政策的手法を開発し、その概念が全国の自治体に模倣されるような取り組みを実現した時、その成果が語られる時に登場するのは首長のエピソードであり、市が設置した研究会に参加した有識者であり、職務として省庁に相談を行った過程などである。もし仮に、自主研究活動の知見が部分的なアドバイスとして活かされたとしても、それは組織的に対応をした過程の一部であり、自主研究活動の成果として記されることはない。そもそも、それらのスキルは通常業務で習得したものか、自主研究グループ活動で習得したものか議論にさえならない。自主研究グループ活動の成果とはそのようなものなのである。そこに手応えを感じ、自主研究の成果を実感するのは当の本人だけなのである。自主研究グループ活動の職場へのフィードバックとは、そういう性格をもったものなのである。

3　多摩の研究会の足跡

　これまでの調査を振り返り、改めて多摩の研究会が残した足跡を確認した
い。多摩の研究会がその後の自治体政策研究に与えた影響は、自治体職員の
パイオニアワークとして複数の事例が物語っている。自治体職員による初の
自治体政策研究書の刊行、政策法務の造語と新たな研究分野の創出、歴史あ
る法律専門誌への連載、自治体学会の原型となった研究活動の実践と自治体
学会設立支援と運営への関与、自治体職員と研究者の交流、学士卒の自治体
職員による実務家教員の誕生、省庁と連携した自主研究グループ活動など、
現役自治体職員として切り開いてきた実績がある。当事者へのインタビュー
からわかることは、いずれも、研究活動を継続する過程で生み出されたもの
であり、前例にとらわれない活動から生じた結果であった。そして、かたち
として残されていないが、多摩の研究会の最も重要な功績は、自主研究活動
に変わり者のレッテルを貼られていた時代に松下とともに自治体政策研究を
追求し、自主研究グループ活動を学会レベルに引き上げる過程にかかわった
ことであり、それが自治体職員による自治体政策研究を社会的に認知させる
に至ったことにある。

　また、通達研究会以降、他団体の自主研究グループと合宿等の交流を行い、
先端行政研究会以降には、自治体政策研究のネットワークを拡大して研究仲
間を増やす活動を行っている。さらに、自治体職員や研究者のメンバーを増
やすことで、研究会の後継者育成を行ってきた。これらは、自治体政策研究
の拡大を意識した活動であった。後に、複数の研究会メンバーが研究者に転
身をした際にも、天野が自主研究グループ活動や自治体学会の活動を展開し
たように、各地で自治体政策研究の伝播が行われている。

　これらの足跡からは、自治体職員の自主研究グループ活動という、所属先

では肩身の狭い思いをする、しかし、自治体政策の課題を抱いた職員にとって必要な研究の場所を確保する活動を行っていたことがわかる。その背景には、「自治体こそが、地域の政策主体である」とする松下の考えが存在していた。

　なお、自治体政策研究の展開、発展にかかわったのは、多摩の研究会に限らない。既存資料に名前が残されていない、若者から管理職まで大勢の自治体職員が存在していたはずである。そのなかで、多摩の研究会は平均的ではないが、特徴的で中心的な役割を担った団体の一つなのである。

4　松下圭一と自治体政策研究

（1）自治体政策研究への邂逅

　本書では、松下が 1970 年代に自治体の政策というものに深く関わっていく過程の一端を明らかにしてきた。以前、構造改良という政治体制をめぐる政治に論点を持っていた松下は、革新自治体を通じてシビルミニマムの議論を行うことで、論点が自治体における政策に移行していく。その後、松下が 1959 年と 60 年に地方政治に関する調査で自治体に関心を抱いた後、自治体政策研究にかかわるまでには、2 つの流れがあった。一つは、1971 年に始まる武蔵野市政への市民参加であり、もう一つは、1980 年代に発生した、第 1 次自主研ブームである。松下は、日本で初めての市民参加形式の委員会で自治体職員の政策能力に着目し、その後、市政研究グループに『職員参加』の編著者として参加をしている。もし、松下の市民参加の実践と、自主研究グループからの声掛けの順番が異なっていたら、松下の自治体政策研究へのかかわりは異なる展開となっていたのかもしれない。

　また、松下は、長洲知事が自治体政策研究の学会を展開しようとした際には、基礎自治体職員による研究の成熟を待つよう提案を行っている。そして、

これまで行っていた論壇での発表を行わず、自ら職員を育て、黒子的に自治体政策研究に活動の中心を置くことで、その実現を果たすことに尽力をしてきた。自治体職員による自主研究活動を学会として全国レベルの研究の場に引き上げ、社会的に認知される域まで高めたことにより、それまで自治体職員に対して門戸が狭かった学会に対し、当たり前に参加できる環境が作られたのである。それは、それまで偏見の対象であった自治体職員による自主研究グループ活動の意義と有効性に光をあてた功績であった。

（2）組織運営論

　松下が自治体政策研究の展開にかかわるなかで確認できたものに、組織運営に対する独自の指導と考え方、距離の保ち方がある。

　まず、多摩の研究会において指導した、相互にライバルと思える人選による活動のクオリティーコントロールである。このことにより、研究する時間を共有することに意義を感じた自治体職員が参集することになり、メンバーは密接に深くかかわり合いながらも、決して仲良しグループではない関係性を保ちながら真剣な議論を展開していた。

　次に、研究会メンバーを職場の偏見から守るための秘匿性である。本書で表現する秘匿性とは、これまでに述べたように完全な秘密主義ではなく、独自のものであり、それは活動時期により変遷している。その中で一貫しているのは、研究内容についての秘匿性である。自治体の政策課題を研究テーマとする上で詳細な現場の情報が扱われるが、研究会の場で誰が、どのような課題について発表し、具体的な資料は何を提示してどんな議論が行われたか、この点について公表される事は無い。これは、通達研究会発足以降、行政技術研究会まで継承されている秘匿性なのである。より具体的な研究を行う上で、発言に対する外部の評価を心配するようでは自由闊達な議論を行うことはできない。クローズな研究の場を用意するための秘匿性なのである。

　最後に、自治体学会設立の過程における、松下の行動である。松下は、自

治体職員への支援や自治体学会設立において、自身の政治色に配慮をして前面に立たなかった。基調講演は行うものの、役員は引き受けない。これは、松下のもつ政治色が自治体現場では影響があることに対しての配慮である。松下は、自治体政策研究の発展に尽力する一方で、いわば、裏方に徹していたのである。これらは、研究会の秘匿性と同様に、目的達成のために必要な間合いをはかる松下の行動様式であり、組織運営論であった。

（3）自治体政策研究の支援

　松下が行った自治体政策研究への支援は、多方面で行われていた。

　先ず、自治体職員の人材育成である。それは、松下が天野に語った「君たちがきちんと育ってくれたから、自治体学会を作ろうと思った」の言葉にも現れている。市民としての自治体職員が政策研究に学術的な理論を加えようとした時、そこには研究を導く指導者が必要である。松下は、通達研究会メンバーの研究活動を支援することで、結果的にではあるが、自治体学会の設立に取り組む自治体職員を育成していた。同時に、自治体政策研究の大会では講演し、全国の自治体職員と交流を行うなど、多摩の研究メンバーに限らず、研究そのもの発展のなかで自治体職員を導いている。そして、自治体学会の設立後に先端行政研究会で若手職員の参加を新たに募ったことは後継者の育成であり、行政技術研究会では研究者を目指す職員の育成を行うなど、研究の展開に合わせて意識を変化させながら人材育成を行ってきた。

　次に、研究フィールドへの支援である。自治体政策研究を深めるために、自治体職員と行政学者が共に研究を行う場を作っていた。鳴海が自治体学会を「専門の学者、研究者が実際の市民生活の現場の中で学習する場（鳴海2007：106）」と述べたように、先端行政研究会において実践されている。それは、自治体職員には研究を深める場であり、研究者にとってはフィールドの提供であった。自治体現場で起きている課題の情報を、行政学者と共有する情報交換の場をつくっていたのである、

　最後に、自治体政策研究の普及に尽力をしていたことである。その支援は、自治体学会設立後にも継続して行われていた。多摩の研究会は他地域の自主研究グループと合同合宿を行うとともに、天野が東北で設立した自主研究グループメンバーの訪問参加を受け入れるなど、自主研究グループ活動の普及活動を行っていた。「ほぼ70歳ごろまで、全国のおおくの地域あるいは自治体を機会あるごとに毎週のように訪れてきた」と松下が述べるように、全国の自治体職員との交流を通じた自治体政策研究を伝播する活動を継続して行っていたのである。

　自治体政策研究にかける松下の熱意について、「26年間継続していますが、松下先生が研究会を欠席したのは私が記憶しているかぎり3度しかない（天野2004：9)」と天野が述べるように、松下は自主研究グループ活動との関わりを重視していた。

　松下は、自治体政策研究の展開にかかわりながら、多摩の研究会メンバー、全国の自治体職員、若手研究者の育成、研究者と自治体職員の研究の場つくりなど、自治体政策研究の発展を多方面から支援していたのである。

5　松下圭一と多摩の研究会

　松下は市政研究グループで自治体職員の自主研究グループに初めて接している。その後、1980年に設立した通達研究会以降は、多摩の研究会の運営を主導しており、自治体学会設立への関与をはじめとして自治体政策研究の展開に貢献をしてきたことは、これまでに述べてきたとおりである。そしてそれは、松下が「マス・メディアないしジャーナリズムでの発言をやめた」と振り返る約10年間に、精力的に行われた活動でもあった。論壇の空白期間は自治体職員と膝を詰めて精力的に職員参加を支援した期間であり、自治体の政策研究を本格的に展開した期間だったのである。このことは、それま

でマスメディアに登場する松下の発表を追っていた者にとっては、知ることのなかった松下の取り組みである。同時に、全国的な自治体政策研究の場面において、代表者として全面に出ることを避けていたことから、松下の果たした役割を知るものは、その実績に対し限定的であったかもしれない。その一方で、行動をともにした一部の自治体職員にとっては、松下が本活的に活動を展開したことを身近に感じた時期でもある。このように、見る者により受け取り方の隔たりが存在していたのが、松下と自治体政策研究の取り組みである。そして、この自治体政策研究を支援していた松下が活動の母体にしていたのが、多摩の研究会という自治体職員の自主研究グループであった。

　本書は、自主研究グループ活動が全国的な組織化がされていく中で、自治体職員が主たる会員構成である学会の設立につながる自治体職員の自主研究グループ活動について、当事者へのインタビューを踏まえて調査を行った。その過程で明らかにしたことは、これまでに記されてこなかった、松下の1980年代と多摩の研究会の活動である。松下は、多摩の研究会と伴奏するかたちで自治体政策研究を展開していた。それ以降、松下は、生涯を通じて多摩の研究会を活動のベースであり、フィールドとしている。かつて論じていた政治体制やシビルミニマムから自治体政策に転換した松下を論じる際、松下が書いたものを追うだけでは欠落が生じてしまう。本書は、松下自身が情報発信をしてこなかった1980年代から90年代の活動について、多摩の研究会の活動を明らかにすることで、研究会活動が何であったという振り返りの中から、松下の理論を読み解こうとしたものである。

　多摩の研究会のメンバーが、親しみを込めて松下のことを「お圭ちゃん」、「お圭さん」と呼ぶ関係性について松下自身は語っていないが、2015年に吉祥寺第一ホテル8F「天平の間」で開催された「松下圭一先生をおくる会」では、その一端をみることができる。天野巡一が実行委員長を務め、発起人代表は西尾勝、世話人代表は天野、小口進一、武藤博己、そして、世話人は加藤良重、鏡諭、昼間守仁であり、通達研究会メンバーを中心に、全員が多摩の研究会メンバーなのである。さらに遡れば、松下の生前に、おくる会の開催許

可を直接得たのは、天野である。弟子をとらないとしていた松下であったが、これらのことは多摩の研究会メンバーとの関係性を物語っている。

　振り返ると、多摩の研究会が活動を開始した1977年から40年以上経過した現在、自治体政策研究の内容は変化し、今や、その研究手段は多様である。1980年代に発生した自治体政策研究の流れは外的要因によりはじまったが、自治体現場における政策研究は今後も継続的に必要とされるものであることから、かつてのような自治体職員による積極的な自主研究活動の展開を期待するとしたら、そこには何らかの新たな要因が必要であろう。そして、自己啓発は人材育成の基本であることを考えると、その意欲を阻害する要素を組織から排除し、活動を支援する体勢が必要であることは、今も昔も変わらないものである。

年表　松下圭一と多摩の研究会

年月日	松下圭一	多摩の研究会	自治体政策研究	国政・地方自治・社会経済
1950年			日本行政学会設立	地方公務員法成立
1952年				自治庁発足
1956年				
1958年				なべ底不況
1959年	『市民政治理論の形成』『現代政治の条件』			
1960年	『大都市における地域政治の構（杉並調査）』（共著）			自治省設置国民所得倍増計画安保闘争
1961年	『地域活動の手引』（共著）			国民皆保険制度昭和の大合併3、472市町村)
1962年	『現代日本の政治的構成』			全国総合開発計画

年				
1964年				東京オリンピック 東日本革新市長会発足
1965年	『戦後民主主義の展望』			いざなぎ景気
1966年				人口1億人超
1968年	『現代政治学』 東京都中期計画策定に参加			文化庁発足 大気汚染防止法・騒音規制法 厚生省イタイイタイ病・水俣病認定 東京都中期計画（美濃部都政）
1969年				新全国総合開発計画 基本構想策定義務付け
1970年	『現代婦人問題入門』（編著） 「革新都市づくり綱領―シビル・ミニマム作成のために」鳴海正泰とともに原案作成		70年代,第1次自治体シンクタンク設立期	70年代、第2次ベビーブーム
1971年	『シビル・ミニマムの思想』 武蔵野市長期計画策定委員 武蔵野市緑化市民委員会委員 『都市政策を考える』 『市民参加』			環境庁発足 ニクソンショック 武蔵野市長期計画・武蔵野市緑化市民委員会 スミソニアン合意
1972年	〜73年『岩波講座 現代都市政策』全12巻			沖縄返還 日本列島改造論
1973年	ヨーロッパ革新市政調査団参加			老人福祉法改正（医療無料化） 第1次石油危機と物価急騰、変動相場制移行

1974 年	～75 年、ロンドン大学（LSE）在外研究員			国土庁発足
1975 年	『市民自治の憲法理論』			高度経済成長の終焉 不況による大卒採用取消続出 長洲神奈川県知事初当選
1977 年	『新政治考』	市政研究グループ発足	現代都市政策研究会発足 都市政策セミナー（法政大学）	第3次全国総合開発計画
1978 年	～79、年朝日新聞「論壇時評」		第1回地方の時代シンポジウム開催（横浜市）長洲知事自治体学会発言	埼玉県行政の文化化推進
1979 年		通達研究会準備会開催	神奈川県季刊「自治体学研究」創刊	革新自治体ブームの終焉 第1回全国文化行政シンポジウム 第2次石油危機
1980 年	『市民自治の政策構想』『職員参加』（編著）	通達研究会発足『職員参加』（編著）（市政研究グループ）	第1次自主研究ブーム 神奈川県公務研修所を自治総合研究センターに改組 『地域社会におけるソーラーシステムの実情と課題』出版（ソーラーグループ）	
1981 年	『文化行政—行政の自己革新』（共著）	『ジュリスト増刊総合特集No.22 地方の新時代と公務員』掲載（市政研究グループ）		第2次臨調（土光臨調）
1982 年		『地方自治職員研修 臨時増刊号No.10 岐路に立つ自治体職員』（市政研究グループ）	8月～83年6月、自主研究グループ調査実施（地方自治体活性化研究会）	老人保健法制定（患者一部負担導入）

1983 年		『地方行政』「許されぬ弁護士費用の公金支出」寄稿（天野）	地方自治体活性化研究会発足 森啓、地域総合研究センター研究部長就任	
1984 年	『都市文化をデザインする』（編著）		『自主研究実践ハンドブック－地方自治体活性化のために』（地方自治体活性化研究会） 機関誌「自治のひろば」創刊（自治体活性化研究会） 自治体学会設立提案の会話 地方自治経営学会、日本地方自治研究学会設立 熱海会議 第 1 回全国自主研究交流シンポジウム 第 1 回全国自治体政策研究交流会議	総務庁設置
1985 年	『市民文化は可能か』	自治体行政法務研究会発足 『法律時報』連載執筆依頼（自治体行政法務研究会）	「自治体学とは何か」神奈川県自治総合研究センター 自治ゼミナール開始（自治体活性化研究会） 10 月 17 日 ～ 18 日、第 2 回全国自治体政策研究交流会議 自治体学会設立準備委員会発足	プラザ合意、円高不況 地方行革大綱の策定
1986 年	『自治体の先端行政現場からの政策開発』（編集） 『社会教育の終焉』	通達研究会解散 『自治体の先端行政 現場からの政策開発』（通達研究会） 先端行政研究会発足、西尾勝参加 『法律時報』連載開始（自治体行政法務研究会）	第 2 回全国自主研究交流シンポジウム開催 神戸自治体学フォーラム 第 1 回自治体学会準備委員会世話人会議 東京自治体学フォーラム 東北自治体学フォーラム 自治体学会設立総会・記念シンポジウム 第 2 回全国自治体政策研究交流会議開催 第 3 回全国自治体政策研究交流会議	平成景気 老人保健法改正（自己負担引き上げ）

1987 年	『ロック「市民政府論」を読む』『都市型社会の自治』		第 4 回全国自治体政策研究交流会議 自治体学会第 1 回大会開催 『アイデア行政　条例・要綱・規則』（自治体政策研究）	第 4 次全国総合開発計画
1988 年	『自治体の国際政策』（編著）『昭和後期の争点と政治』	「政策法務」誕生、赤城山合宿（自治体行政法務研究会）『法律時報』連載終了（自治体行政法務研究会）自治体行政法務研究会解散	第 3 回全国自主研究交流シンポジウム開催（自治体活性化研究会）年報自治体学会第 1 号『自治体の行政技術』	ふるさと創生 1 億円事業リクルート事件革新市長会活動停止
1989 年		『政策法務と自治体』（自治体行政法務研究会）		消費税 3%ふるさと創生推進本部設置ベルリンの壁崩壊、東西冷戦終結
1990 年	『資料・革新自治体』（編著）	江口清三郎、山梨学院大学法学部法学科助教授就任自治体学会報告・自治体学会「政策法務分科会」設置、「個性化時代の自治体法務、政策法務」報告（天野）	90 年代、第 2 次自治体シンクタンク設立期慶應義塾大学総合政策学部設立	90 年代、バブル崩壊と長期不況
1991 年	『政策型思考と政治』	先端行政研究会解散		
1992 年		行政技術研究会発足	地方財政学会設立	
1993 年			中央大学総合政策学部設立	
1994 年	『戦後政治の歴史と思想』	宮城県市町村職員研修開催（全国初の「政策法務」研修、天野）	関西大学総合情報学部設立立命館大学政策科学部設立	

1995 年	『現代政治の基礎理論』	判例自治5月号「武蔵野学派」紹介（鈴木庸夫）	関西学院大学総合政策学部設立 地方自治土曜講座（北海道大学）	阪神淡路大震災 地方分権推進法成立 地方分権委員会発足、西尾勝、行政関係検討グループ座長就任 Windows95 発売 インターネットの普及
1996 年	『日本の自治・分権』 日本公共政策学会初代会長		自治体学会埼玉県に事務局移転 日本公共政策学会設立	第一次勧告（地方分権推進委員会）
1997 年				消費税5% 地方分権一括法制定 三洋証券、北海道拓殖銀行、山一證券経営破綻 介護保険法制定
1998 年	『政治・行政の考え方』 『資料・革新自治体（続）』（編著）	天野巡一岩手県立大学総合政策学部教授就任 行政政策研究会発足		長野オリンピック 日本長期信用銀行、日本債権信用銀行の経営破綻
1999 年	『自治体は変わるか』	大井川町で研究会の提案（鏡） 自治体介護保険研究会発足（鏡）		ふるさと創生推進本部
2000 年	『転型期自治体の発想と手法』 法政大学定年退職 法政大学名誉教授	行政政策研究会、廣瀬克哉参加		地方分権一括法・介護保険法施行
2001 年		愛称「介護保険原点の会」命名		中央省庁再編・厚生労働省に改組 独立行政法人制度創設

2002 年	『岩波講座 自治体の構想 (全5巻)』編集委員『都市型社会と防衛論争』		自治体学会事務局移転 (群馬県)	
2003 年	『社会教育の終焉』『シビルミニマム再考—ベンチマークとマニフェスト』『市民文化と自治体文化戦略』	自治体介護保険研究会最終回 (鏡) 自治体介護保険政策研究会開催 (鏡)	専門職大学院制度	
2004 年	『戦後政党の発想と文脈』『市民立憲への憲法思考』『転換期の自治体計画づくり』『自治体再構築の市民戦略』	『自治のかたち、法務のすがた』(天野)		国立大学の法人化
2005 年	『自治体再構築』『転型期日本の政治と文化』	自治体介護保険政策研究会最終回 (鏡) 岩手自治体学会設立 (天野)		介護保険法等の一部を改正する法律成立道路公団民営化
2006 年	『現代政治＊発想と回想』	天野巡一岩手県立大学退任天野巡一青森公立大学教授就任天野巡一岩手県立大学名誉教授青森県中央地区青森政策研究会発足 (天野)	自治体学会20回記念大会開催	
2007 年	『市民・自治体・政治＝再論・人間型としての市民』		設立30周年記念シンポジウム開催 (現代都市研究会) 自治体学会事務局独立	郵政民営化
2008 年			地域に飛び出す公務員ネットワーク	
2009 年	『国会内閣制の基礎理論（松下圭一法学論集)』			

2010年	『自治体改革＊歴史と対話』	青森町村会職員自主研究会発足（天野）	第2次自主研究ブーム	平成の大合併（1,727市町村）
2011年			地域に飛び出す公務員を応援する首長連合	東日本大震災
2012年	『成熟と洗練＊日本再構築ノート』	青森県市町村課政策法務塾発足（天野）		
2013年	『2000年分権改革と自治体危機』			
2014年			北海道自治体学土曜講座（北海学園大学）	
2015年	松下圭一逝去「松下圭一先生をおくる会」開催			
2019年			『自治体職員かく生きる』（自治体活性化研究会）	

出典：松下（2015）を基に筆者作成

鏡　諭

収録日　2019 年 9 月 6 日（金）　14：00 〜 17：00
場　所　徳樹庵西武所沢駅前店　和室
出席者　鏡諭
　　　　小関一史

多摩の研究会について①

小関：それでは、多摩の研究会についてのインタビューをよろしくお願いしま
　　　す。事前にお送りしました、こちらのシートの順にご質問させてくださ
　　　い。はじめに、多摩の研究会の活動目的について教えていただけないで
　　　しょうか。

鏡　：松下圭一先生が自治体学会をつくろうとか、市政研究グループから通達
　　　研究会、行政技術研究会の一連の動きとかは、それまでは国が主導だっ
　　　た政策づくりを、自治体がローカルガバメントとして、市民に一番近い
　　　ところにある地方政府としての責任を果たすためには、様々な政策能力
　　　が向上しなくてはいけないと考えていたからです。特に、自治体職員は
　　　国から様々な政策が送られてきて、機関委任事務とか、団体委任事務と
　　　か流されていて、ほとんど自主的な政策がなかったということに対して
　　　問題意識を覚えたのだと思うのですよね。それで、とにかく「政策能力
　　　が上がることは、市民生活が豊かになることだ」というのが松下先生の
　　　根本だと思います。それは、「専門家が引き上げるのではなくて、現場の

自治体職員がものを考えて発言する人達が増えることが必要だ」と考えたのだと思います。それが自治体学会に繋がったし、様々な政策研究グループにも繋がったのではないかな。だから、そういう研究活動をする人っていうのは、何かモチベーションがあったりする。例えば上昇志向であってもいいのだけど、あるいは自分の政策を極めたいとか、まちを良くしたいとか、何らかの目標、目的がないとやらないじゃない。思いがないと時間を費やして労力を費やしての活動は継続しない。そういう意味では誰でもいいという話ではなくて、人集めに関して松下さんが言ったのは「自分のライバルを集めて来い」ということを言ったよ。要は、自分のライバルとして、それなりに意識できるような能力ある人たちを連れて来なさいと。

小関：松下先生はそういうお考えだったのですね。

鏡　：そう。松下さんが我々に言っていたのはただ一つ、それだけだったね。あと、当初は「［メンバーに］女性はやめようよ」と言っていた。それは何故かというと、女性がいるとカッコつけて、変にエキサイトするからなんだね。いいかっこしようとして、アドレナリンが出るのかな。あと、男性だけだと結構粗野な議論ができたからね。当時はセクハラについても今よりもゆるかったからね。セクハラとかジェンダーを意識した言葉について、今は当然気を遣わなくてはいけないけど、当時は、特に研究会内部の議論の場では、気兼ねなく話せる雰囲気を大切にしたのかもしれない。そういうことで、松下さんは、とにかくライバルを呼んでこいというのがひとつの基準になっていた。

小関：今の自分から見たライバルを呼んでこいということなのですね。

鏡　：だから多分、スタートの時に三鷹市の江口清三郎さんと、小口さんがいろいろと人選をしたのだと思うのだけど、江口さんのライバルは三鷹市の岡田さんだったんだろうね。

小関：岡田行雄さんですね。

鏡　：そうそう。江口さんが意識していたから連れてきて、岡田さんが意識し

　　ていたライバルは武蔵野市に天野さんがいて。というような構図でしたね。だから、そういう意味では仲良しではなくて、例えば、課長会議や係長会議の横のつながりがあった時に、あいつ気になるなという思いがある人を、会員として声がけしたんだと思うね。だから、そういう意味では、ある意味選別されている人達だった。結局、それがあまり広がらない理由でもあった。要は、だれでも来られるのではなくて、ライバルだからある程度政策的な意識があって、時間を一緒に使うという意識があって、ある意味、高い目的意識がある人じゃないと、一緒に学ぶことができないだろうなというのがあったから。比較的、固定メンバーで進んできたっていうのが実態ですね。一番初めにできた市政研がどんなかたちで集まったのかは知らないけど。

小関：あ、そうなのですね。次に、鏡先生が所沢市役所に入庁した経緯を教えていただけないでしょうか。

鏡　：私は1977年4月に所沢市役所に就職して、退職したのが2009年3月です。はじめに総務部庶務課というところに入ったのです。それで庁舎管理と例規審査をしていました。はじめに、例規の専門職員を作る基礎をやったのです。それまで、独立した例規部門はなかったので、法規係がその後にできた。例規審査だから例規集を読んで、各課長たちが説明することに対して、入庁1年目の職員が質問をしていた。だから、批判もあったと思う。例規審査委員は他の部の部長や課長を含めて5人くらいだった。それこそ、全員部長になったような方だった。それを入って1年目の職員がやっていたんだよね。

小関：ハードルが高い仕事ですね。

鏡　：松下圭一さんの本は、1974年に私は1年間イギリスに留学をしていたので、戻ってきて4年生のゼミで論文を書くということで、その時に副主査の先生がこの本を読んだほうがいいと言われたのが『市民自治の憲法理論』だった。1976年だったと思う。その時大学の授業で読んだのが田中二郎の行政学、ドイツ官房学みたいな行政は法の執行であるとい

う内容で、切り返して、市民生活を維持するためにガバメントである行政があって、それを補完する意味で県があって、さらに国政があるのだというところを松下さんは説いたんだよ。『市民自治の憲法理論』でね。それで、その本を読んで「これは自治体に行かないといけないかな」と思って、所沢市役所に入ったんだ。大学院へ行って教員になろうかとも思っていたのだけど、1回現場へ行く必要があるんだということを松下さんの本を読んでさ。それで松下さんへの想いはあったのだけど、とにかく所沢［市役所］に入れて、それで、庶務課に配属されて、2年間例規審査をやった後に「どこ［の課］へ行きたいか。」と、係長に聞かれたので「企画課に行きたい」と言ったら、翌年に企画課へ行って。当時の総合計画を作るのと、新たにコミュニティ政策を立ち上げるというのが当時の埼玉県の畑知事の政策としてあってね。所沢市においてもコミュニティ政策を立ち上げなくてはいかんということで、「そこをやってくれ」ということになって、コミュニティづくりの「コミュニティは何か」ということを、広報誌に毎月連載していた。松下さんの本をベースにコミュニティ理論を私なりに解釈をしたんだ。広報誌に連載していたので、市民であった大森彌さんが読んで、「なんで、こんなまとまった文章書くやつがいるんだ」と思ったらしいんだよね。大森さんに会ったときに、「大森さんは畑さんのブレーンとして県からコミュニティづくりを進めているけど、それっておかしくないか。コミュニティって自治体問題でしょ。自治体の地域の問題をみんなで共有する、共に担い合う活動なのだから、県からこういう風にしろとか、自治会とは違う新たなグループを作れとか言ったって、そもそも自治会町内会でのねじれもあるのだから。それを上から作り直したらまた同じことになってしまうでしょ」と言ったら、「まったくその通りだ」と言われて。「とは言え、過渡的な段階で畑さんの大きな政策目標として掲げられているので、今はそれを進めている」のだと。「所沢市は所沢市として、独自の政策で結構だ」ということがあって、所沢のコミュニティづくりというのは私の考えを中

心に動いていた。市長も認めていて。それで、たまたま「コミュニティ
づくりの研修会があるから行ってくれ」と言われて、研修会に行ったん
だ。そうしたら、その講師が武蔵野市の塩原恒文さんという、市政研究グ
ループのメンバーだった。塩原さんが市政研究グループのメンバーであ
ることを知っていたから、その日は講義を聞いて帰ってきたのだけど、
本当は名刺交換をするべきだった。まぁ、「いっぱい人が集っていたか
ら、まあいいや」と思って帰ってきたのだけど。「もったいなかったな」と
思って、次の日に塩原さんへ電話をしたんだよ。「実は、昨日講義を受け
た鏡という者なのですけど、塩原さんは市政研究グループで研究をされ
ているけど、私は松下圭一先生のファンで、ぜひ市政研究グループに入
れていただきたいんだ」と。面識もないのに電話したんだ。そしたら塩原
さんは、「わかりました。少し時間をください」って言ってさ。普通それで
終わっちゃうじゃない。だけど塩原さんは律儀に市政研究グループに、
「所沢市に25歳ぐらいの若い職員が参加したいと言っている」と。とこ
ろが、その当時は塩原さんとか、東久留米の坂元さんとか、田無の平賀さ
んとか、重鎮ばかりだったんだ。一時代を築き上げた課長クラスの人ばか
りで、それこそ3年目の若手が入りたいというのは異例中の異例だっ
たようだね。しかもその頃は、活動の中心も政策的な議論よりも、むしろ
山歩きのほうが中心になっているとの事でした。

小関：山歩きとはハイキングのことですか。

鏡　：そうなんですね。皆さん、研究活動を終えたような意識もあったのじゃ
　　　ないかなあ。でも、その中で生煮えだったのは、係長か課長補佐だった江
　　　口清三郎さんと小口進一さんとかでした。彼らは、まだまだ政策研究を
　　　やりたいという想いを持っていたんだよ。それで、塩原さんが諮ってく
　　　れた内容を、江口さんが書き留めていてくれたんだ。塩原さんから「残
　　　念でした。今回は希望に沿えず申し訳ありません」というお詫びの電話
　　　がきた1ヶ月後くらいだと思うけど、江口さんの方から電話が来たんだ
　　　よ。「実は、別の研究会があるんだ」と。「別の研究会があってそれは行政

通達を研究する会なんだ」と。なぜならば「行政通達というのは法律でもないでしょう」、「行政府の課長とか、あるいは局長の通知文でしかないんだ。それによって地方行政が動かされているというのは、これはおかしいのではないか。ということを、読み解いて反論しようじゃないか。ということを、やっていくんだ」という話だった。それで、「実は、その中に松下圭一先生も参加しているんだ」と言っていただいて。それで、即答で「行きます」と言ったんだ。

小関：市政研究グループと通達研究会の活動期間が重なっているのですか。

鏡　：いやね、これもっと早いと思うよ。[提示した資料を見ながら]

小関：鏡先生は修士課程まで行かれたのですか。

鏡　：大学院は行っていないよ。ちょうど学生運動だったので、日本にいても勉強ができないから1年間の留学をしたんだ。大学1年の時なのだけどさ。たまたま師事していた先生が政治学をしていた先生で、イギリスに縁があってその紹介でオックスフォード大学に行ったんだ。自分が入庁したのは1977年の4月だった。それで、『職員参加』を読んだ後の1981年に通達研究会に参加したんだ。通達研究会が1980年に江口さん、小口さんでスタートして、天野さん、岡田さん、加藤さん、遅れて秋元さんと昼間さんと俺だ。これが初期メンバー。秋元さんが岡田さんに誘われて入ったし、昼間さんは江口さん経由だったって聞いたけど、アクションを起こして誘われたんだって。とにかく一番遅かったのが私で、昼間さんよりも私は4つ下だから。幹事役みたいなことをずーっとやっていた。事務局長みたいなことをずーっと。

小関：何年くらい事務局をしていたのですか。

鏡　：20年くらいしていたんじゃないの。

小関：そんなに長くですか。

鏡　：だって、次の人が入ってこなかったから。お圭さん[松下圭一]が「ライバルを入れろ」みたいな話だったけど、もう議論が出来上がっちゃって、自分で政策能力があると思う人が来てもついていけないわけよ。で、当

時はみんな若かったから喧々諤々の議論でさ、お圭さんも「あほじゃ、あほじゃ」が口癖だった。それでも皆は「いやいや、お圭さんそれは違うよ」みたいなやり取りだった。秋元さんとか、天野さんもそうだし、江口さんにもとにかく「議論で勝ってやろう」みたいなところがあったね。お互いにライバルであり人となりが分っていたから「あいつがこう言ったら、こう言うぞ」みたいのがあった。議論は人の発言中でも、大きな声でかぶせていくの繰り返しだったね。最初は、いつも昼間さんと私はほとんど聞き役だった。

小関：そうだったのですね。

鏡　：とにかく人に話をさせないんだから、10年くらい聞き役だったよ。今、会っても「当時はそうだったよな」なんて話をしているよ。

小関：1977年に入庁して庶務課に2年、その後の企画課には何年いたのですか。

鏡　：3年だよ。

小関：通達研究会に参加したのは企画の何年目ですか。

鏡　：1981年だよ。

小関：企画の3年目ですね。

鏡　：そう。企画でやっていた仕事は、所沢市民フェスティバルの第1回目を立ち上げたり、総合計画を作ったりしていましたよね。その後コミュニティ政策を更に専門的にするということで、企画課を2つに分けて自治振興課をつくった。企画の仕事を持って異動して3年位かな。自治振興課のときに大森先生とか、コミュニティ関係の人達との輪が広がったよね。自治体学会に行くようになったのも企画の頃だったと思うから、市政研からの流れの通達研の時に、自治体学会を作るという動きがあってさ。1986年に自治体学会ができ、その2年前の1984年に政策研究交流会議ができて、地方自治体活性化研究会や現代都市研究会も同時期にできていた。

小関：同時期なのですね。多摩の研究会と現代都市研究会の前に政策研究をし

ている団体の活動をお耳にしたことはありますか。

鏡　：庁内の内部研究会とか組合主導の研究会とかはあったと思うけど、自治体をこえた横断的な自主研究会は、市政研究グループがどういう経緯でできたのかわからないのだけど、それぐらいだったんじゃないかなあ。主に、自治体政策って職場の中で上司や仲間と調整しながらやっていけばいいことであって、全国的に波及する必要はないというのが当時の考え方だったのじゃないかな。研究会の方にはそういうことで参加して、松圭さん［松下圭一］は「職員の政策能力を上げる」ということだったので、非常に熱心に参加されていた。ほとんど毎回参加していたものね。結局、地方分権でいろいろ西尾先生［西尾勝］が苦労されたのは、根底にあったのは松下さんの考え方だし。それから、松下さんの『市民自治の憲法理論』を読んで勇気づけられた、あるいは自治体へ行こうと思った職員たちがたくさんいたと思うよ。そういう意味では、今日の自治体を作ったのは松下さんの功績じゃないかなと思うけどね。

小関：自分自身の話になってしまいますが、行政政策研究会に初めて参加した帰りに自主研究の必要性を感じて主宰するようになりました。その行政政策研究会の先に行政技術研究会の存在を知り、ルーツを調べたのですが、多摩の研究会はまるで秘密の団体のように詳細が語られていません。

鏡　：それは、松下さんの美学でもあるんだ。

小関：美学ですか。

鏡　：つるむというかグループ化、セクト化するのを嫌っていた。結果的には、「セクト化した」って言われても仕方ないのだけど。だけど、グループを作るとさ、自分たちが主導権を取ろうとか見られるじゃないですか。それは、松下さんとしてはよしとはしなかった。例えば、松下さんが法政大学の法学部長をやったのだけど、1期で辞めちゃったとかね。

小関：1期だけなのですか。

鏡　：松下さんの基本的な考え方はさ、「ボス化しない」っていうのがあるんだ

よね。それで、通達研究会や先端行政研究会って、きちんと年功序列なんだよ。例えば、研究会で会長を決めようって言うと、「誰が一番歳上なんだ」って。「江口さんです」と言うと、「じゃ、江口は1期やれ」と。で、「1期終わったら、次に天野に引き継ぐんだぞ」、「次は岡田だぞ」と、言って、きちんきちんと会長職を受け渡すような、そういうところがあるんだよ。日本公共政策学会を立ち上げたときにも松下さんが会長だったのだけど、そこでも会長は1期しかやらなかったし、自治体学会の役員でも、例えば天野さんが運営委員で出たとすると、次に加藤さんにするとかさ。こう順番もきちんと決めて、長く権力の座に座らないということに、すごく配慮をした人だった。それが、自治体学会の運営にも反映されているよね。そういう考え方を全く無視してしまった代表運営委員もいたけど。松下さんの配慮というのはそういうこと。ボス化しない、会長職は輪番制であるというところかな。通達研究会が立ち上がったあとに、自治体学会設立の動きがあった。それで、地域ごとの研究会が成熟したり、現代都市研究会や行政通達研究会があったり、関西では亡くなった寝屋川市の荒川さんがやっていたグループとか、各地の動きが漏れ伝わってきて。そんなのが少しずつ出てきたので、それらをつなげる全国組織、そういうネットワークを作る必要があると松下さんが考えて、自治体学会が設立されることになった。当時は、後ろ盾になっていたのが神奈川県の長洲知事だった。県が事務局を持つから自治体学会というのを作りたいのだと。そこについて松下さんがすごく配慮したのは、長洲さんはもちろん革新系の人だったし社会党の系列の人だったから、松下さんも美濃部［美濃部亮吉都知事］さんを支持していたような政治的な色がある人だったから、その人たちができるだけ前に出ないような運営を考えたんだよね。

小関：政治色が出ないような配慮があったのですね。

鏡　：そうそう。それで誰かに託さなければいけないということで、西尾勝さんを引っ張り出したんだよね。それで、当時は西尾さんと、田村明さん

と、関西の新聞社［日経新聞］の塩見さん［塩見譲］というかたちでスタートをした。松下さんは、ボス化しないということと、できるだけ政治色を排除するということを心がけた。だから、1回も役員にはならなかった。だけど、誰もが彼が作った学会［自治体学会］だというのは、昔の人は知っているけどね。今の人は、なかなかそう思わないかもしれないけど。研究会［多摩の研究会］でのベースがあって、自治体学会という風に考えたのだろうと思う。

小関：長く権力の座に座らないように配慮する運営は、松下先生のお考えだったのですね。研究会の名称についてですが、政策法務の分野では武蔵野学派という呼称があります。武蔵野学派は誰が言いはじめたのですか？

鏡　：千葉大の鈴木庸夫さんじゃないかな。武蔵野でグループ活動があって、それを見て「武蔵野学派」と、言ったのじゃないかなぁ。

自治体学会への関与について

小関：自治体学会の設立に話を戻しまして、武蔵野学派、神奈川県の流れと、森啓先生が全国行脚でフォーラム開催というかたちで口説いて、関西でも学会設立の動きがあって相互乗り入れでやろうという話があったと聞いているのですが。

鏡　：関西のことはちょっとよくわからないな。設立の頃はね、天野さんもいたけど、江口さんと小口さんだったかもしれない。関西の方は、代表運営委員をやった室さんとか、荒川さんとか、関東でいう自治総研にあたる関西自治研修センターの流れの活動があったのじゃないかな。

小関：神奈川県の流れは、森啓先生が起点になっていたのですか。

鏡　：森啓さんがスタートの事務局長で、事務局が自治体学会を主導しているところがあって、実質的に動き出してからは中出さんが中心だったよね。動き出す前は森啓さんが中心だったのだけど、反対した人もいたんだよ。で、結構苦労して。鳴海さんが彼を支援したんだけど。そのころ、

久住という人がいて、彼らが自治創造コンソーシアムというグループ[NPO法人自治創造コンソーシアム、CAC]を立ち上げて、将来、自治体学会が独立した時の事務局を担おうと思って、古くからの人たちを勧誘していた。出資金を募って。群馬の田中氏とか、今の杉渕氏は、CACの流れを担っていた。当初、神奈川県事務局というのは中出さんという事務局長のキャラもあって、事務局中心に動かしていたんだよね。それは寄り合いだからさ、どこかが主にならなくてはならないので、中出さんがいろいろ中心になっていたのだけど、将来、事務局を神奈川県の次にどこかがやったときに、[事務局の]持ち回りが厳しくなるのではないかと思って。それで、それに直接関われる市民組織を作った方がいいのではないかと思って。というのが、CACの考え方だった。久住氏のほか、田中氏とか、大阪の寝屋川の荒川さんもそうだった。それから、八尾市の室さんね、藤沢の杉渕氏、そういう方がCACを構成していた。あと、もう亡くなってしまったけど与野市の田中氏が理事長だった。自治体学会も神奈川県の次に埼玉県が事務局になっていたんだけど、その後に群馬県に行って。要は、事務局持ち回りだった。それは財政力がなかったから、ある程度財政的な支援をしてもらうということで県が後ろ盾になってもらうことがひとつと、もうひとつは、これもお圭さんの考えだと思うのだけど「ボス化しない」ということだと思う。だから、あるグループが事務局を握るとなると逆にボス化してくるでしょ。そういうことやっぱり嫌っていて、できたら持ち回りがいいんじゃないかというのが、松圭さんの考えだった。ところが、自治体学会の事務局移転も結構大きな問題で、それで、神奈川県の長洲さんが知事を辞めて保守系の首長さんになった時に、自治体学会の事務局を持っていることが重荷になって。それで結局、埼玉県に移行したわけよ。移行して、5、6年やった後に群馬県に行くことになって。それで運営が厳しくなって、それで自治体学会で事務局を持とうという動きになってね。それが丁度、20周年くらいの時だよね。20周年委員会を立ち上げることになって、私が委員長になっ

て議論した。ただ、結局、人事面も人材の輩出が厳しくなってきた。松圭さんが言うように、松下研究会［多摩の研究会］の流れでいうと、きれいに2年毎にローテーションを作っていたわけよ。実は2年ごとにローテーションを作っちゃうと、最後がないんだよ。さっきも話したとおり8人が中心的なメンバーだったわけじゃない。それで、その8人が1期2年ずつやっていくと16年で詰んでしまう。その後がないんだよ。だから、結局私が1番最後で、ほったらかしになって企画部会を10年ぐらいやって、研修部会10年やってとか、合せて20年ぐらい自治体学会の取り回しをやっていたわけ。

小関：それは長いですね。

鏡　：その取り回しって結局、政治的な無謬性とね、色のない仕切りをするというのと、それなりのエリートだね。将来の自治体学会を背負っていく人材と動かしていく人材の獲得なんだ。要は、自治体学会の職員についても、例えば企画部会や編集部会に入れるだけの資質があるかどうか見極めて、一応6年という不文律があったから、6年毎に交代させると。代表委員もそう。中心となるような人たちをうまくピックアップして自治体学会に送り込むという作業は、実は研究会の中の大きなイシューだった。表向きはそんなこと書いていないけど、ずっとそうやってきたからさ。それが2年ごとだったのだけど、俺の先輩たちは2年ごとで回れたけど、俺の後はいなかったから20年間位ずっとやり続けちゃったんだよね。この前の自治体学会の総会［第35回堺大会］は出たかい。

小関：いえ、総会終了後から参加しました。

鏡　：総会で監査委員に言われたんだよ。「企画部会や運営委員会の人数が多い」と。「規約には10人程度と書いてあるのに、今は18人とか19人とかいる」と。「規約か実態に整合させるべきだ。どちらかにすべきだ」という話だったけど、これも自治体学会の運営を反映しているなと思ったのは、かつては10人というひとつの枠を作ったのは経費を上げないということがあって、企画部会や編集部会に入れる人は選ばれた人達だっ

た。それなりの能力があって、それなりの力を発揮できる人が企画部会や運営委員会に。で、そのピックアップの役割は、実は、我々研究会がやっていた。だから、役員推薦委員会の名簿も全国的に誰かいるか聞いて、その人の業績を調べて、ピックアップして、「編集部会に欠員が出たからこの人とこの人をいれるんだ」という動きをずっとしていた。それから後は、代表運営委員も同じで、1番初めに西尾先生に入ってもらったので、その後は途中から大森さんが入って、その後に新藤さんが入った。いわゆる行政学者でメインになる人たちを中心に回してもらうという組織運営をしていた。なので、結構そこも大変で、どんなに偉い先生でも6年で辞めてしまう。3期で辞めちゃうから。なので、誰々の後は誰々のような話を常にしていた。昔の多摩の研究会の後の飲み会の話って、そればかりだったよ。それで、内部で話をして「次はこの人だからね」とか動きを作っていた。それに対しての批判もあったよね。

小関：そうなのですね。

鏡　：だから、そういう意味では自治体学会の運営には、水面下でこの研究会が関わっていた。それで、松下さんの言うところのエリート主義を、ライバルを、それなりのクオリティを保障するような維持するための人事構成をしていたんだよね。ところがさ、この前の堺の大会でさっきの特別基金の話と企画部会の人数の話があったじゃない。当然、出るのは当たり前なんだよね。昔は10人でできる人材を選んでいたから。誰でも入れないんだ。今は、公募なんだよ。だから、やりたい人が手を挙げる方式だから、やりたい人が来るじゃないですか。その人達が能力あろうがなかろうが関係なく意欲だけで採っているから。だから、10人でできる仕事が19人になっちゃうんだよ。そこは、従来のようにエリート中心で行くのか、広げていくのか。ある意味の質の担保が松下さんの考え方にあったし、政策能力を強化していくためには「自分のライバルを呼べ」と言ったくらいだから、「誰でもいいよということではないよ」ということをある意味言っているわけだよ。それこそ初期の20年間に私が事務局を

　　　やった時みたいに、なかなか広がらなかった理由もそこにあるんだよ。
　　　１期の人たちがある意味、成熟していけば行くほど入りにくくなるじゃ
　　　ん。

小関：そうですね。

鏡　：そういう状況はあったよね。結果的にまぁ、これも反省かもしれないけ
　　　ど、セクト化しちゃったかなぁという思いはあるよね。政策研究の難し
　　　さで、誰でもいいってなると、やっぱり質が問題になってくるよね。とは
　　　いえ、かなり高いハードルを課すと入れる人が限られちゃうし、段々と
　　　少なくなって高齢化によって抜けていくことになる。そこもやっぱり根
　　　幹の問題だと思うよ。これは自治体学会も行政技術研究会も同様の問題
　　　だと思う。

小関：研究会もある時期から次の世代に担い手を育成することに、方針を変え
　　　ているようですね。

鏡　：ある意味、自治体での成果を挙げることと、それを普遍化して他の自治
　　　体に伝えることが求められていた時代だからね。それは似たような政策
　　　作りをしていたからなんだよね。でも今難しいのは、そういった政策作
　　　りが他の自治体で参考になるかというと、必ずしもそうじゃないところ
　　　もあるでしょ。そこは難しいよね。

小関：自治体の状況で大分違うと思います。以前、「中央線から1km離れると政
　　　策が10年遅れている」という話を聞いたことがありますが、そういう時
　　　代では無くなって、違う意味での遅れだと思います。やりたくても出来
　　　ないという。

鏡　：そうだね。そういうところと全然関係なく飛び抜けてやっちゃう人もい
　　　るけどね。だから、なんとも言えないね。政策研究を誰か人に育てられた
　　　とか、教育されたとかということよりもむしろ、一人ひとりがどういう
　　　モチベーションを持っていたかで違うんじゃないかな。やっぱり、刺激
　　　があるかないかというのは、ひとつはあると思うんだけど、それがじゃ
　　　あ、人を育ててきたかというと、必ずしもそうとは言えない。自分自身が

貪欲さを持たない限り、これはなかなか獲得できないと思うけどね。まあ、研究会もそういうことで進めてきて、大きくなったり小さくなったりして来たと。

多摩の研究会について②

小関：研究会の人数は最大で何人くらいだったのですか。

鏡　：一応さ、来たことのある人は名簿に載っているんだけど、それはもう50人位いるけど、一番多く来ても、いつもやっている部屋にいっぱいくらいだから、まあ、30人がマックスだったんじゃないの。

小関：昔からあの部屋なのですか。

鏡　：そうだよ。あと、通達研究会のときは国分寺だった。国分寺の私塾の屋根裏みたいな部屋を貸してもらって、当時は最大で8人だったからそういう部屋でやらせてもらった。その後、小口さんが公民館に異動して本多公民館［国分寺市］でやったこともあったよ。で、どこかないかということで、小金井だったんじゃない。武蔵野コミセンでやったこともあったよ。本多公民館と順番でやってた。

小関：最初は8人だけだったのですか。

鏡　：そう。松下先生、小口さん、江口さん、岡田さん、秋元さん、天野さん、加藤さん、昼間さんと私。あともう1人、三鷹市の大島［大島振作］さんが『自治体の先端行政』を書いていたんだけど、来たり来なかったりだったんだよ。

小関：有名な人ばかりですね。

鏡　：結果的には松下さんに育てられたよね。「とにかく発言しろ」と、江口さんにはよく言われたもの。それで「お前、ちっとも発言していないじゃないか」って。松圭さんは、ほったらかしだからね。発言しようがしまいが。反論することはとにかくウエルカムだったから、議論をするのが好きな人だったから、とにかく議論をしましょうということだったのだけ

ど。そういうメンバーだったね。

小関：この10人が通達研究会だったのですね。市政研究グループは三鷹で
　　　やっていたのですか。

鏡　：それはね、わからない。俺は参加していないから。これは、それこそ小口
　　　さんじゃないの。市政研究グループでは江口さんが中心だったのかな。
　　　何人か会ったことがあるけどね[『職員参加』の執筆者紹介一覧を見な
　　　がら]。平賀さんはある。平出さんはあまり知らないなぁ。柏木さんもな
　　　いな。坂元さんはある。みんなもう抜けちゃっているよね。当時の熱い
　　　熱気とか。だから、江口さんと小口さんがそういう意味では市政研究グ
　　　ループの精神を持ってきたんじゃないの。

小関：そして、6年後がこのメンバーです[『自治体の先端行政』の執筆者一覧
　　　の10名を指しながら]。

鏡　：そうそう。市政研究グループの後の通達研究会のメンバーがこの10人。
　　　まあ、大島さんがいつもいなかったから9人のイメージはあるんだけ
　　　ど。

小関：通達研究会の活動が終わる時期は分かりますか。

鏡　：『自治体の先端行政』を作った時じゃないの[1986年7月刊行]。結局、大
　　　島さんがその時ぶらぶらしていたので、「最後これを作って、次の研究会
　　　は大島さんを呼ばない」ということになって。それで、「先端行政」という
　　　名前を[本の題名に]つけたので、「先端行政研究会」にしようというこ
　　　とになって。それで、2グループになったのかな。

小関：そうなのですね。2グループの話を聞いたことがあるのです。ここで2
　　　つになったのですね。

鏡　：そう。この時に、誰が来たかな・・・。新しい人を呼ぼうということになっ
　　　て、それで小金井、国分寺、武蔵野の若手とかね。あまり定着しなかった
　　　んだ。次の世代を育成しようということになって、新しいメンバーを集
　　　めようという話になったんですよ。それで、メンバーを集めたんですよ。
　　　それで何回かは一緒にやったんだけど、「やっぱり、人数が多過ぎるよ

な」ということで会を分けたんだ。旧の通達研究会メンバーと新のメンバーに別れて。

小関：先端行政研究会の時に何回かやって、多いから２つに分けて・・・

鏡　：片方が「行政技術研究会」だったと思うな。

小関：あ、そうなのですか。行政技術研究会が出来たのはその時だったのですね。

鏡　：そうだったと思うよ。先端行政研究会と一緒だったと思うよ。一応、名前を分けようということで、「先端技術」と「行政技術」。で、暫くやったんだよ。半年くらいやったんだけど、やっぱり大変だというので、一年はやっていなかったと思うんだけど、それで一緒になったんだ。で、行政研［行政技術研究会］に改めようというんで、行政研のメンバーになったんだ。

小関：そこで、先端行政研究会の名前はなくなってしまったのですね。

鏡　：そうそう。「先端研はもういいよ」ということになって。

小関：そういう経緯なので、この時には本が出ていないのですね。

鏡　：出てない。通達研の最後にこれ［『自治体の先端行政』］をまとめたからね。

小関：研究会の記録を残してきていないこともありますが、まるで秘密の会ですね。

鏡　：そうだよ。「口外するな」って言われていたよ。何故かというと、「松下と付き合うと評価に影響するぞ」ということを凄く気にされていた。例えば、研修会に松下さんに講師できてもらうじゃない。先生のところへ行って色々話し相手になった方がいいかなって思って講師席に行くじゃない。そうすると、「もう現場へ帰ったほうがいいぞ」とか、すごく気にしていました。

小関：そんなに気を遣ってくださる方なのですね。

鏡　：そうなんだよ。多摩の研究会が果たした役割は結構大きかったと思うし、私は松下さんに対する恩返しだと思っている。

小関：市政研究グループのころの話になってしまいますが、松下先生が、なぜ、武蔵野市の長計委員をして、緑化委員をして、その後に自治体職員とどういう気持で研究会を作ろうと思ったのか、このあたりの話題について何かご存知でしょうか。

鏡　：松下さんは結局、市民主体の政治をつくりたいと思われていたのじゃないかな。根底はロック［の思想］だったと思うけど。それぞれ基本的な人権として絶対不可侵の財産権を持っていて、それを行使するための、様々な装置としての自治体政策があって、それらが自分たちの意に沿わなければ革命も辞さないという、強い基本的な人権感があったと思うんだよね。それを実施するためには、市民生活に一番近いローカルガバメントとしての自治体が力を持って、そこに参加していくということが社会としてあるべき姿ではないかという考えだった。そういう意味で自治体職員の政策能力を強化、あるいは、一方でやっていったのは市議会議員だよね。Dファイルを作っている青木菜知子さん［イマジン出版社］のところの自治体議員政策交流研究会というのがあるでしょ。議員が政策作りを更にレベルアップしていけるようなかたちを作ろうということで、お圭さんはかなり支援をしていたのね。

小関：そうなのですね。

鏡　：1970年代は自治体にとって、まだまだイケイケの時代だったから、予算も大きくなって新たな政策づくりをしやすい時代だったから、自治体学会としては、どこかの自治体での成功した政策を普遍化して、共有化していく流れというのは当然の流れだと思う。けれど、80年代が過ぎ、90年代になると行革志向になってくる。行革とか評価が入ってきて、どちらかというと政策の拡大よりも、いかにスクラップしていくかという話になってきた。そこに帰ってくると自治体研究のあり方も変わってくるね。昔は新たな政策づくりということで、白地に絵を書いておけばよかったけど、それがだんだんと制約の中で絵を書かなくてはいけないとか、あるいは、むしろスクラップして縮小したとかが、良しとされる流れ

になってきた。そういう意味では、新しい政策や新しい人が入りにくい環境になってきている。

小関：積み上げてきた背景があって研究をしているから、新しい人が来るとついていけないことに加えて、求められる政策が変化しているのですね。

鏡　：政策自体のレベルが上ったこともそうなのだけど、政策づくりの意味がなくなってきた。行革等で現場の人間は減ったのに、仕事は増えてパンパンになってきた。でも、予算がないので新たな政策づくりを出来ない。経常収支比率が95％とか100％超えたとか、投資的な経費をほとんど割けない自治体とかが増えてきたじゃない。

小関：そうですね。

鏡　：そうすると新たな政策づくりは必要なくて、今あるものをいかにスクラップしていくかが政策になってくる。だから、政策の立て方とか仕事の仕方が随分変わってきたというのが大きいのじゃないかな。新たな人が入ってこないから、段々と高齢化していくし、人が少なくなっていく。自治体学会もそうだし、うちの研究会の中でもそういう構造があるよね。通達研究会のときにも、私一人だけ埼玉県だからね。それ以外はみんな東京都下の職員だから、ある意味、違和感はあったよね。それが、先端行政研究会のあと行政技術研究会になった時に、東京都の外にも広げたんだ。行政技術研究会のスタートの時に川越市の風間さん［風間清司、後の川越市副市長］とか、富士見市の石川さん［石川久、後の淑徳大学コミュニティ政策学部教授］が入ってくれた。それから所沢市の関根［関根久雄］。だから、ライバルを呼んでこいと言うんで、それこそ風間さんや石川さんはそれぞれきちんと自治体の仕事をしている方だったし、埼玉県からクオリティを保ってくれた人たちだった。入間市の清水英弥さんも、結構早い時期に参加を希望したんだけど、結構、待たせちゃったよね。その後、清水さんが入会して事務局長をした時代にはハードルを低くして、色んな人が参加できるようになったよ。

小関：清水さんは行政技術研究会の事務局長をしていたのですか。

鏡　：そう。事務局長は途中から東京と埼玉の交代制になったんだよね。で、関根さんがそれと並行して所沢の研究会[行政政策研究会]を作って、「多摩研究会の次の人達をつくるんだ」という彼の思いがあったんじゃないかな。その時に比較的若かった廣瀬さん[廣瀬克哉]に声をかけて、松下圭一さん役を廣瀬さんにお願いしたっていう話だよね。廣瀬さんは西尾先生から言われて研究会に入るようになった。廣瀬先生は結構来ていて、法政大学の中で、松下さんから現場のことをもっと学んだほうがいいと言われて、それで来るようになったんじゃないの。所沢の研究会は自分の責任があると感じているのじゃないかな。

小関：そういう経緯があったのですね。

鏡　：現場のことがわかった方がいいって。松下さんは法政大だから、研究者を研究会に呼んでいた。廣瀬さんとか、早稲田の小原さん[小原隆治]とか、ICU の西尾隆さんとか、法政の宮﨑さん[宮﨑伸光]、武藤さん[武藤博己]。

小関：前出の方たちは、行政技術研究会に来ていた人たちですか。

鏡　：そうそう。当時はそういう意味では一本釣りだよね。「誰でもいいっていうのじゃないんだ」ということ。

介護保険原点の会について

小関：研究会の活動実績について、政策法務の概念ですとか、分権改革時の西尾先生への情報提供ですとか、研究会が影響を与えた事例を考えているのですが、介護保険原点の会の活動を含めても良いですか？

鏡　：入れないほうがいいんじゃないの。介護保険については、何故そうになったかというと、大森彌先生が介護保険の政策作りの中心になったんだ[厚生省「高齢者介護・自立支援システム研究会」座長]。それは、厚生省の山﨑史郎という職員がいて、当時の福祉の研究者は給付の拡大ばかりを主張するので、給付と負担のバランスをとる介護保険の設計には

向いていない。保険制度は給付の大きさによって負担料が決まる制度なので、給付のことだけを考える福祉学者だとパイが大きくなってしまうということを危惧したのだと思う。それで、負担のこともきちんと考えられる行政学者が誰かいないかというので、それで大森彌さんにやってくださいという話になったんだよ。当時所沢市にお住まいだった大森さんが私のところに来て、新たな保険制度を作る話があるが「国保の二の舞になるから、新しい保険制度についてはちょっと冷ややかなんだ。しかし措置制度は潰さなければならないと考えている」と言っていた。その時に介護保険制度というのは、「例えばケアマネージャーの制度を作るので、給付の管理をきちんとできるケアマネージャーが機能すれば、それは国保の二の舞にならないんじゃないのか。予算管理も結構しやすい制度になるんじゃないのか」ということを言って、それで「現場からの情報提供もしますよ」ということで、大森さんが制度を進めていくので「支援しますよ」ということになった。それで、大森彌さんの流れと、もう一つは、介護保険が出来た当時って、自社さの時だった。自民、社会党、さきがけだったかな。菅さん［菅直人］が厚生大臣になって、当時、民主党に宮地さんという政策づくりを担っている人がいて、大学時代からの友人である菅大臣と同時に新藤宗幸先生ともパイプがあって、制度設計を手伝える人材を探していて「自治体学会からだれか介護保険について詳しいやつはいないか」ってことになり、新藤さんから「勉強会があるから行ってくれないか」という話が来た。それで、菅さんの勉強会に行くことになったんだ。介護保険のスタートの前だね。そこには、後々に介護保険を動かしていく多くの人材がいた。当時亡くなった池田省三という人が自治総研の事務局だったので、彼とも様々なかかわりがあった。

小関：このときは自治総研だったのですね。月1回の開催ですか。

鏡 ：そう月1回で。自治総研主催というわけではないのだけれど、要は「菅研究会」ね。そこで、関係業界で介護保険を立ち上げるための政策作りを

はじめた。そんな流れで厚生省とパイプが出来たりして、大井川町［現焼津市］で大森さんの介護保険の政策の勉強会をやるっていう話になった。1990年だったと思うけど、大森さんが呼ばれて、自治総研の池田省三のほかに山崎史郎さんとか、神田裕二さんなど介護保険の厚生省側の人が来て、シンポジウムがあったんだ。シンポジウムが終わって、その席で「自治体にも政策づくりに長けた人がたくさんいるので、厚生省の現状は非常に厳しいので、自治体と厚生省がともに研究をできる介護保険の研究会を立ち上げないか」と打診した。神田さんが厚生省内部で協議した結果、「ぜひお願いします」ということになったんだ。

小関：鏡先生の発案だったのですね。

鏡　：そうそう。それで、じゃあ人を集めるかという話になって、当時、介護保険制度を作るために、自治体の福祉の現場にはいわゆるエースが集まっていたんだよ。通常だと、財政にいたり、企画にいたり、職員課にいたりした人がさ。自治体学会の関係者も「あなたも介護保険なんだ」という感じで介護保険の担当になっていた。それで集まってきて、私もその当時いろんなところで発言したり、新聞とかシンポジウムで発言していたから、そこで一緒になった人たち、例えば品川区の新美まりとか、神戸だと森田っていう人がいたんだけど、そういう名前の出ている人たちを含めて20人ぐらいでグループを作ったんだ。それで、いわゆる第1期の介護保険原点の会。当時、対外的に文書を作る際には「自治体介護保険研究会」と書いていた。なぜそう言っていたかというと、厚生省は「自治体勉強会」って言っていたんだよ。内部では、自治体との研究会などあり得ないとの意見もあったみたいで、「自治体勉強会」というのは、自治体が厚生省に勉強に来る会と呼んでいたんだ。だから、あえて勉強会ではなく研究会なんだよと、この正式名称で通したよ。当時の環境は、自治体学会はあるものの、厚生省は正式には地方公共団体と呼んでいた時代だった。地方政府を自治体であるとの認識をさせたかったからね。国と地方が対等の関係で研究活動を行う事が重要だって考えていたから。要は、

「俺は学ばせてもらうつもりはないよ」ということでもあるね。最初は、「そこで自治体の職員が介護保険についての研究をする」としたの。要は介護保険について毎回テーマ設定して、それについて議論をすると。それを、「厚生省の人間が聞きたいのだったらどうぞご自由に。その代わり、集まりやすいのが厚生省［霞が関］なので、神奈川県、千葉県、埼玉県の人間が集まってくるわけだから、真ん中の厚生省が一番集まりやすいわけだから、会議室を貸してね」という話をしたんだ。そういうのは条件だったけど、当時、神田さんが更に上司である介護保険制度実施推進本部事務局長の堤修三さんに話しをして、イエスという答えをもらったんだ。それも画期的なことだったよね。堤さんは、この自治体と厚生省が一緒に介護保険づくりに向けて行った取り組みについて「介護保険原点の会」と名付けているよ。

小関：そうですね。お願いしても実現しなそうな条件です。

鏡　：自治体の一職員がいきなりそういう事をやらせてくれと言って、それをきちんと真摯に受け止めてくれて、OK を出した厚生省も「度量が大きいな」と思った。初回は20人くらいの自治体職員で、当時課長補佐クラスから係長とか主任の人たちが集まった。それで、審議会の介護給付研究部会で使う部屋を用意してくれたんだよ。マイク付きの部屋を一番初めに用意してくれたんだよ。初めに堤修三さんが「介護保険制度について研究したいという皆さんの意欲を応援したい」とか挨拶してくれて、皆高揚していたね。

小関：今の部分、謎だったのですよ。「自治体職員が研究会をやりたいから、場所を貸してくれたらそれを見ていていいよ」という。

鏡　：研究会を自治体が主導する形で進めた。何故かと言うと、厚生省主催にすると、「何故その自治体なんだ」という僻みやっかみが出るんだよ。「何故、所沢市なんだ」と、厚生省がいちいち説明しなくてはならない。さらに、出席者は自治体に所属しているが、個人としての参加とした。もちろん出張手当や時間外手当がでない自主的な集まりにした。だけど後から

聞いた話では、復命していた職員もいたんだ。だから、様々な障害を避けるために、「表向きは自治体がやっているんだということにしたほうが、厚生省も都合が良いでしょ」という話はしたんだ。それで、研究会は私が案内文書を作成して、自治体からの参加者や厚生省に通知する私的な研究会にしたんだ。「人選もこっちでやるからね」と。1人は厚生省からの要望で入れたんだけど、それ以外のメンバーはすべて一本釣りだったんだ。多摩の研究会と同じように「こういう研究会があるから来ないか」というやり方で来た人たちばかりだから。だから、力があったよね。研究会がはじまって、初めは厚生省の人たちがびっくりしちゃって。「自治体の人たちはこんなに政策能力があるのか」ってね。資料なんかすごかった。みんなきちんとした資料を出してくれて。発表するのを前提に資料作成を依頼したのだけど、みんな発言したがってた。わが市の考え方や取り組みについて、素晴らしい内容の資料をまとめてきた。介護保険の問題とか、こういう風に進めた方が良いとか。自治体のメンバーは、一秒でも多く発言や発表をしたくて、いつも研究会の時間は超過していたよね。厚生省は喜んでいたと思うよ。こんなにきちんと介護保険制度を考えてくれている自治体があるのかということになって、それからは毎回、横須賀の資料[2011年『総括・介護保険の10年』公人の友社、p82-198]にあったように、厚生省の人が来てくれて、きちんと情報提供をしてくれた。「今こういう事を考えているんだけどどうだ」みたいな。我々にとっても政策作りに役立った。言われたことは、「公になっていない資料だから［外に］出すな」という事は言っていた。それは、研究会［多摩の研究会］と同じ方式だった。「ここで話し合っている事はしゃべるな」という事と、「ここに来ていることは言うな」という事は言われていた。でも、よく聞いてみたら出張扱いで来て復命している人たちがいたので、後でびっくりしたのだけどさ。私の思いとしては、スタイルとしては研究会スタイルだからさ、復命出して、まさか出張旅費をもらっている人がいるとは思わなかった。

小関：研究スタイルを初めから説明していたのですか。

鏡　：言ってはいなかったのだけど、旅費をもらうとは思わなかった。まぁ、自治体職員だから、その感覚から言えば、そういうところに行くときには上司の断りをもらわなくてはいけない時もあるのかなあとは思ったけど。俺はそんなことしないで平気で「休みます」で行っていたけど。

小関：メンバーだった城西大学の勝浦先生［勝浦信幸］は、当時課長だったので、部下に指示を出して、その資料を研究会に持っていくと、それに関係した厚生省からの通知がすぐに出るから、職員の士気が上がったと言っていました。職務として準備をして、部下も喜んでいたと。

鏡　：介護保険のときは人事バブルみたいのがあって。大変な仕事でしょ、新たな保険制度を作り運用するなんて。政策能力と胆力のある人が集められたのだろうね。

小関：人事バブルですか。

鏡　：そうだよね。当時、絶対福祉に行かないような人がさ、異動してきた。当時の福祉の職場って、どちらかというと、あまり文句を言わないけれど、生活保護のワーカーみたいに過酷な業務に耐えられる、簡単に潰れない人達が行く職場みたいなところがあった。人事担当者は、冷静に見ているよね。財政とか職員課のスタッフ部門には、それなりの人を付けるじゃない。国も財務省や外務省には同じような事があるでしょ。厚労省の仕事を積極的にやりたいって人は別だけどさ、人事的な序列がまったくないとは言えないよね。介護保険をやるにあたっても、まあ、これまでライン部門に異動しなかった人達が集まってきた。だからその当時の介護保険部門の政策形成能力は高かったと思うよ、だから研究会も成立した。それが証拠に、制度創設後、何年かすると人事異動で人が離れることによって、正直レベルダウンすることがあり、仕方なかったけれど現実を感じたよね。

小関：一時期、そこだけ職員のレベルが高かったのですね。

鏡　：人事政策って正直じゃない。そういうさ、例えば自立支援法ができれば

　　それは大変な仕事だし、広域の後期高齢者医療制度ができればそれなり
　　に人事配置しなければならない。そういうものだと思うよ。生き物なん
　　だよね。介護保険法もまさにバブルだったよね。

小関：介護保険原点の会には1期と2期があるのですが、期間やメンバーにつ
　　いて教えていただけないでしょうか。

鏡　：大熊由紀子さんのブログに文書になったものあるから、探せばあると思
　　う。彼女のブログの中に、介護保険の関わった人たちの話が載っている
　　から。

小関：ジャーナリストの方ですか。

鏡　：そう。「えにしの会」で検索して。えにしの会で介護保険の連載をしてい
　　たんだ。［ゆき.えにしネット「物語・介護保険」　社会保険研究所刊「介護
　　保険情報」の連載をその場で検索］

小関：この方はメンバーではなく、ジャーナリストとして取材をしていたので
　　すね。

鏡　：そうそう。その中の何話だろう。2回くらい出ている中に2期の話が出
　　ている。

小関：「燃えた市町村職員たち」ですか。2000年現在ですから、2期のスタート
　　か1期の終わりですか？1期は平成11年（1999）8月11日に第1回を
　　開催して、その時の正式名称は自治体介護保険研究会ですね。

鏡　：ほんとは第1期で止めたかったのだけど、アンテナショップみたいな
　　かたちで有要ということになって、やってくれと厚労省から頼まれたん
　　だ。せっかくだから人選を改めて。2期の人達も人選し直して。

小関：2期のメンバー選定も一本釣りですか。

鏡　：そう。一本釣り。でも、2期の人たちの方が、パフォーマンスが落ちてい
　　たね。で、2期やって、2005年頃には2006年改正にかかる議論で介護
　　保険の理念や方向性が全く食い違うようになった。小泉内閣になって財
　　政主導の政策作りになってきた。サービスをいかに小さくするかとい
　　う。介護保険はサービスを提供することを前提に考えられているので、

それって生活できない人が出てくるんだよ。給付と負担のバランスを重視して我々は議論していたのに、なんかいきなり小さくする話は違うんじゃないのか。2005年から介護予防事業の話が出てきた。「介護予防事業なんて保険じゃないでしょう」という話になって、原理原則から外れているから平成17年4月に［活動を］止めた。そんなこともあって、1期と2期では名前とメンバーが違うんだ。途中、2001年9月に合宿があって、そこに参加した堤さん［堤老健局長］から、「自治体と厚労省が一緒になって政策づくりを行う稀有な研究会であり、これが介護保険の原点の会である」と発言があって、それ以降は愛称になっているよ。昔の人達は今でも付き合いがある。合宿が続いていて、去年は神戸であったけど、30人くらい来ている。今年は横浜でこれから11月にあるんだ。それも30〜40人来るんだよ。当時は厚労省側も人が変わって、神田さんとかもいなくなって、石黒さんとか課長補佐くらいの人は残っていたんだけど、その人は我々の考え方を受け止めてくれたけど、人が変わって厚労省側を信頼できなくなったというのが大きかったかもしれない。で、まあ、厚生省側は5番目の保険制度として介護保険制度を作ったのだけど、各市町村が保険者になるから、保険者として機能するか確信がもてなかったのではないかな。従来の様に県をとおしてだと、きちんとした意見が伝わらないと思ったんだと思うよ。だから、保険者である自治体職員と直接話せることはメリットがあると思ったんだよ。もちろん自治体側は、直接厚生省の担当者と話をすることによって制度の問題点とか、実際に運営しての課題とか「ここが辛いよ」とか、直接やりとりすることができるじゃない。さらに、一番新鮮な情報が得られるということがあるので、お互いにWIN-WINな関係が作れたと思ったよ。ただ、厚生省が気にしたのは、「なんでこの自治体なんだ」ということなのだけど、「そこはオープンにしないよ」という話で、ずっと研究会を維持できたことだと思う。個々のスタイルは松下研究会のやり方を踏襲したということだよ。研究会の運営や合宿の実施は、旧通達研や今の行政技術研究会

　　　の手法がベースになっているよね。

小関：やはり、多摩の研究会の運営手法なのですね。多摩の研究会メンバーと
　　　の交流はなかったのですか。

鏡　：始めの頃は加藤良重さんとか、介護保険関係にはいたんじゃないかな。
　　　この研究会は加藤さんだけだったかな。別の地域包括の研究会には秋元
　　　さんを呼んだことがあったけど。まあ、加藤さんも来たんで、武蔵野［多
　　　摩の研究会の系譜］の端っこに入れてもらってもかまわないけど、お圭
　　　さん［松下圭一］はいい顔をしなかったよ。「お前は厚生省と付き合って
　　　いる」とか「魂を売った」とか。「迎合している」、「堕落である」と厳しい
　　　意見をもらって。準則づくりのお手伝いした際には「西尾［西尾勝］に
　　　怒られるぞ」と烈火のごとく怒られたよ。まあ、初めはそういう事を言っ
　　　ていたけど、介護保険というのは自治体主導の政策にならないという事
　　　は、ご本人もお考えだったと思うんだ。「ケアマネジメントとかそれぞれ
　　　の政策についての意見を市町村が考える制度だ」ということを説明した
　　　よ。結局、「介護保険の自治体側の発表者」みたいな「政策を提起する人」
　　　という役割は、メディア等での認知は頂けたように思う。講演すること
　　　も多かったし、本を書くことも多かった。当初、松下先生は、省庁と付き
　　　合う事については評価してなかったけど、その後、自治体寄りの政策を
　　　少しずつ入れていったら、「良くやった」と言ってもらえるようになった
　　　よね。単著を出したり、文章化をした時は喜んでくれたよ。あと、ほとん
　　　ど切れること無くいろんな仕事をいただいたよ。当時は自治体職員とし
　　　てやっていたときも、本来でいうと職員課に断るものなのだろうけど、
　　　断ったとしても「良い」と言うと思って、ほとんど言わなかったんだよ。
　　　後は、どこかで講演なんかもほとんど言わずに休んで行っていた。本来
　　　は言うものなのかもしれないけど。

小関：自治体によって、そのあたりの扱いは温度差がありますよね。

鏡　：断りの方は、どうせ「良い」って言うんだから、どうせ出すだけの話だか
　　　ら。それに対する僻みややっかみはすごくあったよ。あんまり気にしな

　　かったから、誰かが「言っていたよ」と言われても、「ああそう」という感
　　じだったし。

小関：あっという間に、こんなお時間になってしまいました。

鏡　：なんか中途半端になっちゃったけど、なんかあったらまた聞いてくださ
　　い。また、こういう機会が必要だったら話をしますよ。

小関：はい。時間になってしまいました。今日はありがとうございました。

鏡論活動年表

1976 年	松下圭一『市民自治の憲法理論』に出会う
1977 年 4 月	埼玉県所沢市役所入庁総務部庶務課（庁舎管理、例規審査）
1979 年 4 月	企画課へ異動（総合計画、コミュニティ政策立上げ担当） 広報誌に「コミュニティは何か」を毎月連載 大森彌に出会う 武蔵野市塩原恒文（市政研究グループメンバー）に出会う 「市政研究グループ」への参加を断られる 江口清三郎に出会う
1997 年 12 月	介護保険法制定、2000 年施行
1980 年	「通達研究会研」スタート
1981 年	「通達研究会」に参加（以降、事務局を 20 年担う）
1982 年	自治振興課へ異動 自治体学会に参加
1984 年	第 1 回全国自治体政策研究交流会議開催
1986 年 7 月	『自治体の先端行政 現場からの政策開発』刊行 「通達研究会」の活動終了 「先端行政研究会」設立、メンバー増員 「先端行政研究会」と「行政技術研究会」に分割 「行政技術研究会」に統合 参加者を東京都外の職員に拡大
1999 年	静岡県大井川町の介護保険政策勉強会の席で自治体職員研究会を提案
1999 年 8 月	「自治体介護保険研究会」第 1 回開催（3 年 7 ヶ月 41 回）
2001 年 9 月	「介護保険原点の会」命名（以降の愛称）
2003 年 3 月	「自治体介護保険研究会」第 41 回最終回
2003 年 4 月	「自治体介護保険研究会」活動休止
2003 年 4 月	「自治体介護保険政策研究会」第 1 回開催（約 2 年 20 回）
2005 年 2 月	「自治体介護保険政策研究会」活動休止通知
2006 年 8 月	自治体学会　総務・活性部会部会長就任

2009 年 3 月	所沢市役所退職
2009 年 4 月	淑徳大学コミュニティ政策学部教授就任
2018 年 4 月	淑徳大学コミュニティ政策学部学部長
2022 年 3 月	淑徳大学退職

天野　巡一

収録日　2019年10月22日（木）　14：30-18：30
場　所　天野巡一邸　和室
出席者　天野巡一
　　　　小関一史

武蔵野学派について

小関：今日はよろしくお願いいたします。多摩の研究会は天野先生の政策法務
　　　の研究をはじめ、西尾勝先生が地方分権改革推進委員会委員をされてい
　　　た時に現場の情報を提供されるなど、松下圭一先生の市民参加と職員参
　　　加のお考えが継承されているのではないかと思っています。[質問票を
　　　示しながら]

天野：うんうん。そう。色んな人が色んなところで「政策法務」と言っているけ
　　　ど、実は、似て非なるものなんだよね。私が主張している「政策法務」は
　　　もっと広いのよ。

小関：市政研究グループ、通達研究会、先端行政研究会、その後に行政技術研究
　　　会が展開されているのですが、一連の研究会の呼称について、松下研究
　　　会、武蔵野学派など、様々な呼び方があります。武蔵野学派が正式な名称
　　　なのでしょうか。鈴木庸夫先生は「政策法務」の3つの流れがあるとし
　　　た中で、武蔵野学派という言葉を使用しています。

天野：うん。あれは間違っているんだよね。「武蔵野学派」って、私が勝手に言っ

た言葉を引用しているけど、その対象がどの研究会でどの人脈なのかというのが、ぜんぜん違うんだよね。

小関：鈴木先生は「政策法務には3つの流れがある」とした上で、武蔵野学派の他に、阿部泰隆先生の「行政法学改革派」、木佐茂男先生の「研修改革派」を挙げています。

天野：そうそう。じゃあ、説明しようか。[質問票を見ながら]

小関：お願いします。天野先生は市政研究グループのときは参加されていたのですか。

天野：してない。

小関：その後なのですね。年表だとこんなかたちになると思うのですが［用意した資料を示しながら］。市政研究会についてご存知のことがありましたら教えていただけないでしょうか。

天野：私は市政研究グループに参加をしてないから詳しいことはわからないけど、個性的なメンバーの集まりだったから、会の存在は当時から知っていたよ。私が知っているのは国立市の宮崎さん、武蔵野市の塩原さん、田無市［当時］の平賀さん、こういう皆さんが市政研究グループでやっているという事は知っていた。だけども、皆さん、一匹狼なんだよ。そんな人たちばっかりだったから、意識的に集めたのではなくて、何かの関係、例えば趣味の関係で集まって、それぞれがバラバラにいろんなものを頼まれたり、投稿したりして執筆しているというグループだったんじゃないかな。

小関：あ、そうなのですか。

天野：始めの頃は論文なんて書ける人間もなかなかいなかったせいもあるのかもしれないけど。だから、私達は、自治体のなかで大きく見たら、2世代目なんだよ。通達研究会は。初代は市政研究グループで、あの人達は講演会を中心にしていたんだ。だから、本格的な論文を書くのを目指したのは、通達研究会が初めてなんだ。一時期、市政研究グループは自治体問題研究会を名乗っていたんだけど、当時、武蔵野市の課長だった塩原さ

ん、三鷹市の江口さんとその友人が集まった会で、どちらかというと、それぞれが講演会の講師などをする個人プレーヤーの集まりだったと思うよ。山登りや飲み会とか、仲良くやっていたんだよ。

小関：そうでしたか。その後、市政研究グループから通達研究会設立への経緯についてご存知のことはないでしょうか。

天野：市政研究グループから通達研究会の流れは、江口さんの主導だよ。市政研究グループでは山登りの活動もあって充分に研究活動をできなかったから、市政研究グループをやめて通達研究会を作ったんだ。実質的な研究は通達研究会からじゃないかな。松下先生も、それから江口さんも、市政研究グループに物足りなさを感じていたんだと思う。本格的な自主研究会をつくり、研究を中心に活動する人を集めると同時に、松下先生に指導を仰ぐ。そうじゃないと、仲良しグループになってしまう。それで、松下先生が指導して、自治体の先端行政として本を出して、一旦解散して、松下先生以外に研究者をもっと入れましょう、若手をもっともっと入れましょうと。こういう流れで研究会が本格的になっていった。自主研究会の本当の卵は、通達研究会なんだよな。市政研究グループについては、私は参加していないんで、これを知っているのは江口さんと小口だと思う。

小関：で、市政研究グループの成果物がこちらです。

天野：そう、『職員参加（1980）』。

小関：市政研究グループと通達研究会の関係性は、通達研究会の前身のような位置づけでしょうか。

天野：前身とはどういう意味？

小関：通達研究会では松下先生の「ライバルを連れてきなさい」の言葉のように、切磋琢磨するメンバーの関係性と聞いています。市政研究グループでは、仲の良い関係性が伺えます。通達研究会以降の研究会は、運営方法の継承性があるように感じますが、研究スタイルは異なっている。そういう意味での前身です。

天野：市政研究グループは、気心の知れた人間が同じような趣味などを目的と
　　　して集合して、自治体問題を物書きとして登場した最初の世代というこ
　　　となんだよ。研究会としての研究活動ではなくて、執筆できる個人が、目
　　　立った優秀な人たちが、何かの縁で集まって活動をしていたグループな
　　　んだよ。この研究会と、三多摩の研究会は別物。これについては、本を出
　　　すことで目的を達成したので、ほとんど活動をしていないはず。それで、
　　　私の松下先生と佐藤竺先生との出会い。この２人が武蔵野市民で、長期
　　　計画策定委員会の委員。で、その後に西尾勝さんが来て、その３人を私は
　　　「武蔵野学派」って言ったんだよね。それを、鈴木先生が間違えて、この通
　　　達研究会とか多摩の研究会を「武蔵野学派」だと思っていたわけ。鈴木
　　　さんが政策法務を３つの流れということで判例地方自治に書いた前に、
　　　松下先生に会わせたんだよ。鈴木さんと私は、逗子市の環境基本条例の
　　　研究会で一緒だったんだ。それで、やっているうちにいろんな話になっ
　　　て、私は「武蔵野学派」という言葉で鈴木さんに話をしたら、それを多摩
　　　の研究会を含めて、武蔵野学派と紹介したんだよな。その時は、研究会の
　　　存在自体を明らかにしていたし、南青山の飲み会に鈴木さんが同席した
　　　際に、小金井の加藤君も三鷹の岡田さんも一緒に立ち会いながら飲ん
　　　で、そこでメンバーをきちんと発表しているんだよ。その時も、同席して
　　　いた松下先生は何も言ってないよ。メンバーを発表して「そうだそうだ」
　　　と言っている。その経緯を踏まえて、鈴木さんは武蔵野学派と書いたん
　　　だ。

小関：鈴木先生は、研究会をあえて明確にしないで、ぼやかしたのでしょうか?

天野：武蔵野学派の定義は、私は研究会ではなくて、武蔵野市出身だとか在住
　　　の学者が武蔵野学派というふうに付けたつもりが、それを受け取った鈴
　　　木さんは、あの研究会を武蔵野学派というふうに書いたんだよね。だけ
　　　ど、まぁ、それはそれでね。別に広く解釈すればそれでいいかな、という
　　　ことで反論もしてこなかった。

小関：研究会メンバーはどなたも公には反応をしていないのですね。

天野：そう誰も公には反応していない。まぁ、大きな意味では間違っていないからね。でも、私は松下、西尾、佐藤、遠藤［遠藤湘吉］先生を含めて、その人たちが武蔵野市の長期計画策定委員をやっていたので、武蔵野学派と言ったんだよ。その武蔵野をキーワードにして、私が研究会に参加しているから、武蔵野学派というふうに間違えられたんだな。だから、研究会そのものじゃないんだよね。そんな、職員の研究会に「学派」なんて使うのは、いかにも大げさだよ。要するに、私が何を言いたかったかというと、当時、国と地方の関係は、国から見た地方の関係で地方自治論が構成されていたんだ。これが普通だった。だから、松下圭一先生が『市民自治の憲法理論』で、自治の視点、国民の視点、住民の視点から見たら、法律を見たら、あるいはシステムを見たら、どうなるのかって、初めて捉えたんだよ。で、武蔵野市で、市民参加を実践したんだよ。市民委員会を起こしたりとか。いずれにせよ、武蔵野学派というネーミングは、三多摩の研究会を鈴木先生が位置づけた。これにより、現在は三多摩の研究会を武蔵野学派と呼称され、この言葉が定着したんだ。しかし、私が言いたかったのは、「武蔵野市の市民参加に、地方自治を市民の目でとらえる学者が集まっていた」ということだったんだよ。

小関：長期計画を作る過程とかで、ですね。

天野：そうそう。それで、佐藤竺さんと松下先生は、佐藤さんの方が松下先生より一つ［年齢が］上かな。だから、多分影響されてないと思うけど、地方自治という点では一緒だった。もしかしたら、地方自治を日本で初めて研究した研究者は佐藤竺さんかもしれない。市民の視点で。私は、昭和41年だったか42年だったかな、私が議会事務局に配属されていた当時、佐藤先生に議会報に掲載する年頭のあいさつの依頼に行ったんだけど、昭和40（1965）年当時、佐藤先生は既に地方自治学者として有名で、テレビ、ラジオ、マスコミに引っ張りだこで、「今後は地方自治が研究テーマになる」って思ったんだ。マスコミに色々と論文書いたり登場したり、地方自治では佐藤竺さんが成功したんだよ。で、その後、武蔵野市

民になった松下先生が、シビルミニマム論や市民参加論だとか、コミュニティ論だとか、研究成果を発表して、それで、火付け役は確かに佐藤竺さんだけども、推進、エンジンは完全に松下先生だったんだよ。で、それが何だったかというと、『市民自治の憲法理論』だったんだよ。それで、『市民自治の憲法理論』は30年、50年も経てば社会学、人文科学の分野の本は陳腐化するんだけど、先生のこの本はいまだに陳腐化していないものね。

小関：そうですね。最近、新書で再版されましたね。

天野：50年経っても今、全然通用するものね。それだけ、天才的な、先を見越した地方自治論。だから、現在の地方自治の文献は松下理論に基づいている事は間違いないんだよ。で、その実践者が西尾勝さんなんだよ。このことについてはね、松下、西尾両先生は、どこで繋がったかといったら、読売新聞の取材旅行で、アメリカに松下先生が行ったんだよ。その時にボストンかどこかで、「日本人の研究者なり、留学生がきていないか」って、先生が言ったんだよ。新聞記者は、「じゃ、調べてきます」って言って、まだ助手時代だったかな。「西尾勝という、新進気鋭の若手の学者が来ています」って言うんだよ。「じゃ、呼べ」って言うんで、呼んだんだよ。そして、徹夜で飲んで、それでお互いに気心がしれて、そこからの付き合いになった。で、今までの統治の理論から自治の理論。これを、松下先生が推奨した理論を、分権改革で影響を与えていると。それで、その後、松下先生が、武蔵野市民になって、市民参加、コミュニティ、市民委員会、シビルミニマムと、次々と出して。だから、どちらかというと、火付け役が佐藤竺先生で、理論と実践が松下先生だと。

小関：そうなのですね。地方自治論を調べるなら、時代を遡らないとですね。

天野：それで、この二人と西尾さんが市民だった。だから「武蔵野学派」なんだよ。

小関：それに研究会が含まれてしまったのですね。

天野：そうそう。研究会とオーバーラップさせちゃったんだ。私と飲みながら話した話をそっくりそのまま誤解したか。この頃ね、彼と飲んでいたん

だよ。「武蔵野学派」という言葉を創ったのは私なんだよ。私が飲みなが
ら、「武蔵野学派に私は関与していたんだ」みたいな事を話したんだ。そ
うしたら、研究会が「武蔵野学派」になっちゃったんだよ。そんな、大げ
さな。学派を構成するほどさ、研究会としてはそんなもんじゃないって。

小関：謎が解けました。

天野：松下圭一、佐藤竺さんから始まった地方自治論を、松下先生はむしろ、
　　　政治学の視点から地方自治を捉えたらどうなのかって、具体的に実践に
　　　入ったんだよ。いろんな委員会で。その当時、後藤喜八郎のブレインに
　　　なったんだよ。

小関：後藤喜八郎は、武蔵野市の元市長で革新派ですよね。

天野：そう。社会党。元々は、職業軍人で飛行機乗りなんだよ。B級戦犯になっ
　　　て巣鴨［巣鴨拘置所］に入ったんだよ。昭和26年まで巣鴨にいたんだよ。
　　　刑務所に。それで刑務所を出てきて、直ぐに市会議員［選挙］に出たら、も
　　　う、大人気なわけ。その当時、自民党だとか保守系は［出馬］枠がないか
　　　ら、出るのは社会党［日本社会党］しか無いんだよ。それで社会党で出た。
　　　だから、元々は社会党じゃないんだよ。自民党なんだよ。

小関：じゃあ、この中央線沿線地域の革新派のハシリは・・・

天野：そう。後藤市長が作った。だから、中央線沿線は全部、革新系になってい
　　　る。で、当時、飛鳥田一雄が革新系の中心だったのだけれども、その下で
　　　後藤喜八郎が革新市長会の会長になったんだよ。だから、私なんかは、飛
　　　鳥田市長のところへはよく行ったよ。

小関：そうなのですか。横浜市や神奈川県と多摩地区のつながりがあるように
　　　感じていたのですが、自治体学会発案の場にいたのは、松下圭一、鳴海正
　　　泰、森啓の3氏と聞いています。元横浜市職員の鳴海先生は佐藤竺先生
　　　と一緒に、武蔵野市の市民委員をされたと思うのですが、自治体学会を
　　　作る前に、多摩の研究会と神奈川県はつながりがあったのでしょうか。

天野：そう。多少ね。それは何かと言ったら、横浜国立大学の学者から神奈川県
　　　知事になった、長洲一二と松圭［松下圭一］さんは、「市町村職員の政策能

力の向上を図らなければならない」と意気投合しているんだよ。

小関：自治体学会を推した長洲知事ですね。自治体学会の発案や設立への時期は、1980年代の自主研究ブームや、通達研究会の活動時期と重なっているのですが、松下先生が自治体学会を設立しようとした意義は、どのようなお考えだったのでしょうか。

天野：松下先生が自主研究活動を自ら実践して、自信を持って自治体学会を設立しようと思ったんだよ。その背景に多摩の研究会があるんだよ。で、政策交流会議［全国自治体政策研究交流会議］というのをつくったんだよ。長洲さんは、この時代に都道府県レベルで。そうしたら、松圭さんが「都道府県だけではもったいないよね。市町村も入れようよ」と言ったと聞いている。それで、市町村を入れたんだよ。それが、自治体学会になったんだよ。したがって、政策交流会議を自治体学会に発展させたのが、松下先生なんだよ。今、自治体学会へ行けば、政策研究交流会議と自治体学会は別［日程で開催している］でしょ。

小関：1日目は全国自治体政策研究交流会議を自治体が主体で開催して、2日目は自治体学会が運営をするスタイルですね。

天野：そうそう。その流れなんだよ。これは松下先生のアイデアで、長洲知事が受け入れてくれたんだ。私も自治体学会の発起人メンバーだったから、当時のことをよく覚えているよ。

小関：1日目は政策交流会を開催するから、自治体が主体でやるので、自治体が会場を受け入れて、自治体が運営をして。その流れなのですね。

天野：政策交流会議と自治体学会が別々にやっているというのは、その流れなんだよ。もともと、政策交流会議だったんだよ。それを、「自治体学会」ということで市町村も入れようという話になって、2本立てになった。これは、松下先生のアイデアなんだよ。それを、長洲さんが受け入れてくれたんだよ。私も自治体学会の発起人のメンバーなんだけどね。だから、よく知っているんだよ。

小関：そうなのですね。森啓先生の著書から自治体学会設立の様子を知ること

　　　　ができるのですが、多摩の研究会の視点を知りたいです。多摩の研究会
　　　　の視点から見た記録がないと思っていました。

天野：うんうん。そうでしょう。松下先生は表に出ることは嫌いだからね。だか
　　　　ら、本来だったら、自治体学会は松下先生が初代会長にならないとおか
　　　　しいのに、一切、表に出ていないからね。その代わりに我々を送り込んだ
　　　　んだから。それで、生前に「君たちがきちんと育ってくれたから、自治体
　　　　学会を作ろうと思ったんだ」と散散、言っていたんだ。「君たちが育った
　　　　から、もう、自治体学会を市町村が、学会を運営できる能力ができている
　　　　ということを確信したんだ」という意味だよ。代々、多摩の研究会が企画
　　　　部会や運営委員会に［メンバーを］送り込んだのは、そういう意味なん
　　　　だよ。

小関：自治体学会の歴代運営委員を調べようと思っています。多摩地区の研究
　　　　会メンバーが、どれくらいいるのか、継続的に参加しているかを調べよ
　　　　うと思っています。

天野：計画的にやっているんだよ。それは、松下先生が、自治体学会を長洲さ
　　　　んに頼んで作ってもらったのは、多摩の研究会メンバーが育ってきたか
　　　　ら、十分に［学会運営を］できると自信があるから、だから作ったんだ。
　　　　それで、私事だけど、本来ならそういう主流というのかな。自治体学会の
　　　　中心的なメンバーで、その運営を、多摩の研究会が担ってきたという自
　　　　負があるんだな。

小関：多摩の研究会の話に戻りまして、通達研究会からの一連の研究会の流れ
　　　　を、何と呼んだらいいでしょうか。総称はないのですか。

天野：東京三多摩地区の研究会と書いてあるけど［資料を指しながら］、元々
　　　　は通達研究会で、鏡を入れたことによって、鏡が埼玉県の人間を連れて
　　　　くる基礎になったんだよね。本来は三多摩研究会。で、それを私は三多摩
　　　　と埼玉でヨンタマって呼んでいるんだよ。三多摩地区と呼んだのは、私
　　　　が作った言葉。

小関：これまで、研究会の名称を武蔵野学派だと思っていて、間違っていたこ

とに気がついたのは、今年の夏でした。

通達研究会について

小関：自治体学会設立に関与されていた時期の研究会は、通達研究会だと思います。その通達研究会についてお聞きして良いでしょうか。

天野：通達研究会ができたのは1979年。昭和53年。

小関：書籍［『森啓（2000）自治体の政策水準　如何にして上昇したか』］に「1980年の8月に今度は「通達研究会」をスタートする」と記述があるのですが、1979年が設立の年なのですか？

天野：1979年は、［天野に参加の］声がかかって、検討をしたんだ。1979年の10月に、立川の市民会館で江口さん、小口さんと私の3人で集まって研究会を作ることを確認して、メンバーも確認した。で、実質的にスタートしたのは、1980年の8月から。研究会のスタートはね。で、そのあとのメンバーが、岡田さんは初めから参加している。加藤さんと秋元さんは2回目から。昼間さんは6回目くらいから。その後に鏡さん。大島さんはほとんど参加していない。［著書に］名前が出ているけど。

小関：そうすると、最初のメンバーは・・・

天野：江口さん、小口さん、私と岡田さん。で、岡田さんと私が加藤さんを推薦した。岡田さんは、東京の市町村研修所で行政法を受講した仲間なんだ。で、岡田さんが「面白い人がいるよ」ということで、加藤さん［を推薦した］。加藤さんは「私［天野］も知っているよ」ということで。なので、最初は江口、小口、岡田と私。4人だよ。その後、2回目から、加藤、秋元かな。遅れて、昼間、鏡が加入。最初は4人で小さく初めた。それで、当初は、私の名前は上がってこなかったんだよね。私が通達研究会に参加したきっかけは、［武蔵野市役所の］総務課文書担当だった先輩の丹内千秋さんという人がいたんだけどね、この人に声がかかった。丹内さんと江口さんが飲み友達で繋がっていたんだ。同じくらいの年齢だから。この人は、

「飲み会は行くけど勉強会は苦手だから」ということで、当時の私は職員課にいたのだけど、「武蔵野市の長期計画策定委員だった松下圭一法政大学教授が参加する自主研修グループを立ち上げるが、君の方が向いているので参加してみないか？」と言われて。会の内容も何もわからないまま、私が行くことになったんだよ。1979年10月、私は指示された立川市市民会館の広い部屋へ行き、そこで初めて江口さん、小口さんに会って。当時、小口さんは、公務員らしい雰囲気ではなかったから、松下先生の弟子かと思ったんだけど、後から、自治体職員であることがわかったんだ。4人目の岡田さんは私が推薦した。5人目の加藤さんは、研修所で知り合った仲の岡田さんが推薦をして、私も加藤さんとは大学のゼミが一緒でよく知っていた仲だったので推薦したんだ。鏡さんと昼間さんは江口さんが連れてきて。大島さんは数回しか研究会に出席していないと思うけど、おそらくは江口さんの推薦だと思うよ。江口さんの凄さは、岡田さん、大島さんという自身のライバルをメンバーにしたことなんだけど、江口さんは2人に論文発表で先行されていたのにも関わらず、研究会に受け入れているんだ。こうして、江口さんを中心に、半年ほどかけて研究会のメンバーが決まった。研究はどういう目的でやったかというと、[当時、自治体行政の]最先端のものは通達なんだよ。通達集を全部読み込んできて、それを議論すると。こういう位置づけで研究会が始まって、それで、その通達集を買いながら問題点、そのときには誰が発表というとかじゃなくて、問題設定にフリートーキングしながら、要するに、この研究会の目的は本を一冊書くことだった。ライバルと思える人選で集まったから、発表テーマについて相手を論破しようとするような、喧々諤々の議論だったんだ。市政研究グループが一緒に山登りをしていたような仲の良い雰囲気とは正反対なんだよ。これらを考えると、市政研究グループと通達研究会の研究スタイルは違うっていうことだよな。市政研究グループはその後、多摩の研究会とは別の活動をしていたんだ。どちらの研究会も江口さんが中心になっていたことは共通して

いるけど、だから、研究会としての出発点は通達研究会なんだよ。

小関：活動スタイルが違うということなのですね。鏡先生が市政研究グルー
　　　プに入りたいと思ってアポを取ったのは、塩原さんだそうです。「市政研
　　　究グループに入れてほしい」と申し出たのですが、そのときは時期尚早
　　　ということで、見送られたのだけども、そのやり取りの様子を江口さん
　　　が記録に残していて、対応をしてくれた。で、そこから1ヵ月ぐらい経っ
　　　て、「実は通達研究会をやるのだけども」という連絡が入ったという経緯
　　　だそうです。

天野：それで、江口さんが連れてきたのか。それは間違いない。そこまでは知っ
　　　てて、その前のいきさつは知らなかった。まあ、最初の頃は若かったせい
　　　もあるけれど、鏡さんも、昼間さんも、ほとんどついて来れなかったね。

小関：当時はほとんど聞き役だったと、鏡先生も言っていました。

天野：鏡はその後に淑徳大学に行ったんだよね。

小関：大学教授といえば、メンバーから4人の副市長と4人の教授を輩出して
　　　いる記事を見ました。

天野：副市長は、樋口［国分寺市］、昼間［小平市］、風間［川越市］、豊田和雄［立川
　　　市］。立川市は政策特別行政法の研究会のメンバーで、行政技術研究会は
　　　関係ない。推薦したけど来なかった。忙しくなって、立川の開発部長で都
　　　市計画で駅前をやって成功して、それで4人だ。

小関：話が戻りますが、市政研究グループから通達研究会へ移行したのではな
　　　いのですね。そして、通達研究会で研究した内容を1冊にまとめると。そ
　　　れが、1986年7月に学陽書房から出版した、この『自治体の先端行政』
　　　ですね。

天野：そう。この時に、私が『自治体の法務行政』というのを書いているんだよ
　　　ね。これに。［「自治体法務行政の構築を」『自治体の先端行政』（1986）を
　　　手に取り］。これが政策法務の論文の原点。法務行政の必要性を最初に訴
　　　えた論文なんだよ。

小関：その時代に、法務行政を論じる・・・

天野：当時、「法務行政」なんて言葉は一切無い。

小関：言葉そのものがなかったのですか。

天野：自治体が自主解釈する、自主立法を作るなどという概念さえない。これ
　　　が、日本で最初の法務行政、政策法務の原点になった論文なんだよ。松下
　　　先生は通達研究会に参加して、「これはすごいグループだ」と。「実務って
　　　こんなに凄いことか」と。「実務を知らなかったら、わからないことがあ
　　　る。地方自治を研究するなら実務を研究しろ」ということで、西尾勝先生
　　　を誘ったんだよね。それで、私が先端行政研究会の初代会長だったので、
　　　私に「天野、お前が西尾先生を口説いてこい」ということがあって、「しょ
　　　うがない。会長だから行くか」ということで西尾勝先生にお会いしたら、
　　　「わかりました。いつからですか」なんて、簡単に引き受けてくれて。松
　　　下先生と話が事前についていたのだということがわかって、安心したん
　　　だよ。それからいろんな学者が参加するようになって、武藤さん［武藤
　　　博己］や、廣瀬さん［廣瀬克哉］、西尾隆さんとか。一方、松下グループで
　　　はない研究会が、自治体行政法務研究会なんだよ。このグループで松下
　　　先生と直接関係のある学者は、法政大学の江橋崇先生だけ。早稲田大学
　　　で民法が専門の鎌田薫先生、青山学院大学で行政学が専門の神長勲先生
　　　も、江橋先生の紹介なんだ。松下先生は江橋先生を研究会に連れてきた
　　　けど、他の学者は江橋先生が連れてきたから、実際には松下先生とはか
　　　かわりがなかった。こういうメンバーで自治体行政法務研究会を開催で
　　　きたから、4 人の学者が関わっているから、きちんとした研究ができる
　　　のは当然なんだよ。その先生方の査読を得ているわけだから。そういう
　　　面で、自治体行政法務研究会と通達研究会では、研究方法も、質も異なっ
　　　ているということなんだ。

小関：自治体行政法務研究会と通達研究会では、メンバーが重複しているこ
　　　ともあって、先行研究では、研究会の境界が明確に示されてこなかった
　　　ように思います。自治体行政法務研究会は、政策法務に特化した研究会
　　　だったのですね。

天野：松下先生主導の通達研究会とは別に、私が自治体行政法務研究会を設立
　　　したんだけど、実際に論文を書いたのは私であっても、元々は通達研究
　　　会を元にした松下先生の仕掛けなんだよ。ただ、通達研究会を分離した
　　　かたちじゃなくて、通達研究会のメンバーである私に声がかかって、私
　　　が文書法規経験者を中心にメンバーを集めたんだ。加藤さんや岡田さん
　　　は、たまたま通達研究会のメンバーだったということ。もし、通達研究会
　　　のメンバーでなくても、その2人を誘ったし、誘わなければならない人
　　　たちだったんだ。

小関：研究会のことを武蔵野学派として認識している方の中には、自治体行政
　　　法務研究会の存在をご存知ない方もいるように感じます。

天野：私が鈴木先生に言った武蔵野学派というのは、武蔵野市の長期計画策定
　　　委員の学者グループなんだよ。具体的には、松下先生、西尾勝先生、それ
　　　から遠藤先生、佐藤先生、田畑先生で、この先生方に我々研究会が影響さ
　　　れていると言ったんだよ。だから、当時、研究会［通達研究会］のほかの
　　　メンバーたちは、松下先生と西尾勝先生以外の先生に直接会ったことは
　　　ないはずなんだよね。

小関：天野先生は、武蔵野市役所で委員をされている先生方と、庁舎内で職員
　　　としてお会いしていたのですか。

天野：そうそう。初期の地方自治を牽引した先生が松下先生、西尾先生、佐藤
　　　先生で、3人が全国の地方自治を理論的に引っ張っていたんだから。で、
　　　その3人が武蔵野市の長期計画策定委員だったわけ。それをもって、私
　　　は武蔵野学派と言ったんだ。遠藤先生、田畑先生を含めてね。それを鈴木
　　　先生が、行政技術研究会のことを武蔵野学派と紹介したんだよね。われ
　　　われ研究会メンバーはそんな意識はないし、学派を作ってやろうなんて
　　　いう事は考えてないし。もし私が勝手にそんなことを言うと、他のメン
　　　バーに怒られるよね。少し筋が違ってるから。

小関：武蔵野学派の呼称は、研究会の外で意図せずに広まっていったのです
　　　ね。通達研究会の設立については、亡くなってしまった江口先生にも話

をお伺いしたかったです。なぜ、こういう研究会を、どういう心持ちで始めようと思ったのか、何か理由があったのではないかなと思います。通達研究会で研究して、その時に出した成果が『自治体の先端行政』で、このタイトルを次の研究会の名前にしたのですか？

天野：そうそう。通達研究会の目標は、論文を書くことだったんだよ。きちんとした論文を書くとことが。それを主導、発想したのが江口さんであり、実践、主導したのが松下先生ということなんだよ。そういう人が集まった会なので、そういう意味で通達研究会は職員の自主研究会として全国で最初のものだったんだと思うよ。

小関：そういう意味でも、市政研究グループと通達研究会は、別の団体ということでしょうか。

天野：そうそう。市政研究グループについては『職員参加』を出版することで目的を達成したので、その後はほとんど活動をしていないと思うよ。

自治体行政法務研究会について

小関：次に、自治体行政法務研究会は通達研究会の活動時期と重なっているのですが、その設立経緯について教えていただけないでしょうか。

天野：そうそう、通達研究会をやりながら、1985年に私の職場に電話が入ったのが、［法律時報編集部の］渡辺俊介という初代編集長。「市民目線で法律論を展開してくれないか」と。「どうして私なのですか」と聞いたら、「松下先生の推薦です」と。「そうしたら、断るわけに行かないね」って。それで、今はなくなったけど、三鷹駅の南口に降りてすぐのところに書店があって、そこの2階の喫茶店で会ったんですよ。「こういうことをやってくれないか」と。それで、私一人で担当するのは荷が重いから、自治体職員から推薦したんだ。［『政策法務と自治体』を執筆した］メンバーは全員、文書課の職員。小金井の加藤にしても、府中の原［原拓二］にしても、三鷹の岡田にしても、八王子の水野［水野直哉］にしても、研修所で結構

評判になるくらい目立っていた連中を集めたんだよ。「自治体行政法務研究会」となっているけど、正式な名前は「行政法特別研究会」だったんだ。「連載が終了したが、評判が良いので、本として出版したい」と編集長から話があって、出版することになったんだ。で、本にする時に松下先生が考えていたのは「行政特別法」というタイトルだったんだよね。お圭ちゃんが推薦したのは。で、私は「自治体の法務政策」としたんだよね。「法務政策は法務テクニックみたいになるな」ということで、ひっくり返して「政策法務」では。と、提案したら、松下先生は「これだ！」と、目を輝かせたんだよ。これが、政策法務の名前の由来。これは赤城の温泉の話。そうそう。政策法務研究会［自治体行政法務研究会］の最初の開催通知が偶然に出てきたんだよ。ちょっと待ってて。

～開催通知を持ってくる～

天野：これが始めて法律時報で書いたときの、研究会の第 1 回目の［開催］通知なんだよ。そうしたら、法律時報の担当者が加藤と岡田を間違えて、加藤は小金井なのに、加藤を三鷹市と書いて、面識がないから間違えちゃうわけ。それと、これが、政策法務を命名したときの写真。

小関：この写真を撮った場所は、赤城山の山頂にある大沼ですか？［写真の沼に浮かぶ島と赤い橋から］

天野：そうそう。それで、合宿を赤城山の山中でやって、その翌日に記念写真を撮ったんだ。松下先生と、編集者と、加藤と、岡田と、私と。

小関：場所は赤城温泉ですか？

天野：国民宿舎だったのだけど、今はなくなっていたよ。これ、線が入っていないからわかりにくいけどさ［政策法務の概念図を示して］、これが法律学ね。学問的な話になるけど、法律学の中には実用法学と基礎法学があるわけね。で、実用法学の中には法解釈があって、民事法とか、刑事政策とか。と、ここまでなのだけど。そこであと、基礎法学の中に法哲学と法

　　　事実学があるわけね。この基礎法学と実用法学の中間領域なんだよ。

小関：こういう位置づけなんですね。

天野：そう。そうすると、法事実学、法制史学、比較法学だとか、その他に政策法
　　　務は自治体政策とか国政策法務だとか、国際法務だとか、そのうちの中
　　　間なんだよ。政策法務は。だから、少しは学問的なことを分類しないと。
　　　これ、コピーするね。ということは、法学部の勉強は法解釈学しかやって
　　　いないんだよ。一部、法哲学だとか、法社会学だとかはあるけれど。立法
　　　だとか、新たな政策だとかが欠けているんだよ。立法政策法学は法学の
　　　分野ではなくて、むしろ行政学の分野だとか、政治学の分野だとされて
　　　いる。しかし、政治学も行政学も法律の分野では検討をしたことがない
　　　んだよ。学者は。職員研修なんかでも、政策学だとか、政策をどういうふ
　　　うにやっていくとか、そんな事をやっているけど、法的な視点が欠けて
　　　いるからアイデア集になっているんだよ。政策法務については様々な人
　　　が様々な場面で言っているけど、私が主張している「政策法務」はもっ
　　　と広い対象を指しているんだよ。実は似て非なるもので、『訴訟法務と自
　　　治体』に掲載されて。これが政策法務の概念図。この本、武藤博己先生と、
　　　森田朗先生との共著で、私が政策法務の項を執筆したんだ。

小関：そうですね。政策の基礎はこういう経緯で法律ができていて、その上で、
　　　これを実施するためには、何処をどう解釈して、その上で実施できるん
　　　だ。と、考えないといけないのですね。

天野：それで、もし、できなかったら、それをどう解決するか。どういうふうに
　　　立法学で解釈して、立法学で改正させるか、新しい法律をつくっていく
　　　か。ということなんだよ。で、私が［武蔵野市総務部で］訟務を担当して
　　　いて、判決の言い渡しがあって、そのときに『地方行政』に書いたのが弁
　　　護士費用の公金支出［「許されぬ弁護士費用の公金支出」］。これが昭和
　　　58 年で、まだ市の職員で現役時代。この論文が契機になって、地方自治
　　　法の住民訴訟が改正されたんだ。

小関：先生が書いた論文が法改正につながったのですか。

天野：この論文が一番最初だった。

小関：弁護士費用というのは、市が提訴された場合の弁護士費用ですよね。

天野：市が訴訟の弁護士費用を支出したことが、公金支出の住民訴訟に問われたんだよ。

小関：マンション建設で水道を止めた時の訴訟ですか？

天野：そうそう。で、住民訴訟で、公金違法支出が問われたんだよ。だけども、公金の違法支出と言ったって、政策そのものの問題だよ。議会で市長を擁護する議決をしているし、この弁護士費用をわざわざ補正予算を組んで議会で議決してる。反対も殆どいなかった。それを、個人で訴えられるのはおかしい。個人が非違行為をしたものじゃない。政策に基づいたものじゃないか。個人を損害賠償で追求するのはおかしい。個人の問題ではないだろう。行政庁の長としての問題だろうと。それをはっきり分けないとおかしい。そう考えて、初めて論文を提出して「そうだ、そうだ」になったんだ。それで、地方自治法の243条の1項の4号の住民訴訟が改正されたんだよ。私が最初だから、この問題が議論されると「天野説」というのが出てきたんだよ。

小関：天野先生の論文が法律改正につながったなんて、すごいです。まさに、自治体現場からの発信ですね。でも、市長が個人で訴えられるのは・・・

天野：刑事事件だから。微妙なんだよ。確かに。水道法違反で刑事事件で訴えられて。それを弁護士に公金を支出したら「それは違法だろ」っていう。それは刑事事件ではわかるけど。だとしたら、個人が悪いことをしたわけじゃなくて、政策の問題だよ。政策そのものの問題。非違行為ならわかるよ。個人で。市長であろうがなんだろうが。それが、どうして違法公金支出なのか。それを個人で請求されるのはおかしいでしょ。

〜資料をコピーに行く〜

天野：これが現場サイドから見た論文で、それで、地方自治法改正になったん

だ。地方制度調査会で西尾先生が副会長をやっていたんだ。この年にね。それで、「あなたの主張のとおり地方自治法を改正するから」と、電話がかかってきた。だから、たぶん、この日付け以前にこれに関する論文はないはず。随分、引用をされたから。

小関：この論文は、市の主張を後押ししているわけですから、市役所内部では反論は無いのですよね？

天野：ないない。

小関：この論文は、先生がご自身で投稿されたのですか。それとも寄稿の依頼があったのですか？

天野：依頼があった。その前に、新聞記者とか散々取材があるわけ。取材にきちんと答えていると、たぶん、記者も私の名前が伝わってきて、それで、「書いてくれって」依頼があるんだよ。私は、自分で投稿したことは殆どない。全部依頼だよ。

小関：そうなのですね。先生のこの論文に救われた自治体って、たくさんあったのではないでしょうか。どこでも起こり得る問題だと思います。

天野：あるある。これは昭和58年、1983年で40歳くらいの時だよ。

小関：根拠と主張のしっかりした論文を書いていると、依頼が来るものなのでしょうか。

天野：そうそう。その後、田中二郎先生が60歳の還暦記念論文をつくったときの論文選者の一人で、東京地裁の裁判官の経歴がある行政法学者の濱秀和先生から、「すごいことを書きましたね。それは気が付かなかった。ぜひ一度お会いしたい。一杯飲みましょう」って、連絡があったよ。ということは、法律の専門家からみても理にかなった論文ということなんだよ。これが、私が法律時報に書いたときの原稿。今の職員でも、法律時報に原稿を書けるって人はいないよな。法律時報って法律の専門誌だろ。裁判官とか弁護士とか、学者しか読まない本だからな。

小関：そうですよね。自治体向けの本ではないですものね。

天野：そこに原稿書くっていうだけですごいことなんだよ。

小関：そうですね。先生は法律を専門に研究していたのですか？

天野：大学を卒業しても研究生として残っていて、役所が終わってから大学の研究室へ行って勉強していたもの。先輩が2人に1人ぐらい付いて、面倒みてくれるんだよ。その中に、司法試験に受かって裁判所の書記官から裁判官になった先輩がいて、私の面倒を見てくれて、それで実務を教わったんだよ。[卒業した大学には]専門の研究室があって、試験があるんだけど、なかなか受からない。私は1年の時から受けて、2年から入ることができたんだ。それで、加藤[加藤良重]と一緒だったんだ。

小関：普通に自治体職員で働いていると、論文を書く機会はないと思います。続けてなのですが、その後の、天野先生の政策法務や職員研修の取り組みを教えていただけないでしょうか。

天野：宮城県の研修で政策法務を1994年に全国で初めてやって、このときの1期生が今の岩沼市長の菊地啓夫さん。かなり震災でやられたのを高台に移転して、日本一成功している事例だよ。来月に公共政策学会を岩沼でやることになっているんだ。その他に、宮城県の県会議長で山中耕一さんが一期生で、最年少かな。

小関：教え子のみなさんが活躍されているのですね。赴任した岩手県立大学は自治体とのつながりが多くあったのですか？

天野：つながりが多いのではなくて、私がつながりを作ったんだ。

小関：そうではないかと思いました。

天野：行って直ぐに、岩手自治体学会とか、岩手の研究会を作ったんだ。岩手県って広いから、県央地区じゃないとダメなので、大学に頼んで、毎月1回、教授会室を借りたんだ。「開かれた大学なんだろ。開かれた大学なんだったら、私、自主研究会を作って、各市町村の連中が学校に来て勉強会をやって、もちろん私はボランティアで全てやるんだから、だから、教授会室を貸してくれ」と言って。それで、毎月1回、教授会室を借りて。地域の人と大学との交流の接点ができて。だから、未だに市町村と県立大学のつながりがある。あるいは、[自治体の]委員をしたり。パートナーシッ

　　プ21というのをつくってね、そこで自主研究グループをやって。で、そ
　　れを基にして、2005年に岩手自治体学会を作って、そこで松下先生に
　　講演をしてもらったんだ。それを基に、岩手の自治体学会盛岡大会をコ
　　アメンバーが中心になってやってくれて、大成功だったんだよ。

小関：岩手県で人材育成をされたのですね。研究会では、天野先生以外にも、県
　　立大の先生が出席されていたのでしょうか。

天野：いた。政治学者で朝日新聞社出身の増子義孝先生、当時若手だった助教
　　授が3人ほど研究会に参加していたよ。研究会をきっかけにして、市町
　　村の委員をするとか、その後の連携につながったんだ。それで、青森［青
　　森公立大学］に行ったら、そこでも同じことをやったんだよ。青森の自
　　主研究。青森市、弘前市、三沢市、七戸町、十和田市など、ほぼ青森県中央
　　の市町村を中心に青森県の自主研究会を設立して、松下先生に基調講演
　　をしてもらったんだ。このときのことは、東奥日報社の記事にあるよ。そ
　　の記事を見た青森県の部長で、後に青森町村会の常務理事になった加賀
　　谷久輝さんは「これからの人材育成はこれだ！」と言って、十和田、三沢、
　　下北地区の自治体職員の自主研究会を設立したんだよ。私が設立した研
　　究会は、大学を退職するまで継続して、その後は、当時の青森県市町村課
　　長の安藤課長に引き継いでもらったんだ。私が［青森公立大を］辞める時
　　に、自主研究のメンバーが最終講義を企画してくれてね、新聞にも載っ
　　たんだよ。一教授が辞めるのに、これだけ大きく新聞が取り上げるのは
　　初めてだって言っていたね。［東奥日報の記事を示しながら］

小関：退職記念講演会の横断幕が先生の後ろに写っています。「県内外の自治
　　体職員が世話人・発起人になり」と写真にありますが、県内外というの
　　は、岩手県も入っているのですか。

天野：岩手も宮城も入っている。宮城は研修所に頼まれてやっていたけど、青
　　森も全部私のボランティアでやっていたから。

小関：そうなのですね。この記事でも先生の紹介で、「政策法務という新たな概
　　念を研究」とありますね。現場を変えることができるのは自治体職員で、

現場にいれば・・・

天野：事実だけで埋没しちゃうんだよ。目の前のことだけでね。実は、すごいこ
　　　とをしていることに気がつかないんだよ。学者にはわからない実務の世
　　　界があるんだ。自治体の職員は、自信をもって実務を大切にしていただ
　　　きたいね。私がいつも主張しているのは、「百聞は一見に如かず」ではな
　　　く「百見は一験に如かず」。体験してはじめてその奥深さが理解できるん
　　　だよ。実務家が専門家なんだ。それを、講演会や自主研究などの場で職員
　　　に向けて訴え続けているんだよ。だいたいこんなところでいいかな。政
　　　策法務と自主研究の話は。

小関：はい。ありがとうございます。次に、天野先生は学士卒で教授職になられ
　　　ているようですが、当時は、博士や修士ではなくて、学士で教授になられ
　　　た自治体職員が他にもいたのでしょうか。

天野：いないと思うよ。江口さんも大学教授になったけども、彼は助教授から
　　　だったから。自治体職員から大学教授というのは、あの当時はなかった
　　　よね。私自身は、ここで頑張らないと、今後、市町村職員から教授職にな
　　　る道がなくなるといけないから、頑張ることに集中したよ。全国的に、市
　　　町村職員には［大学教授は］務まらないとなってしまうから。だから、市
　　　町村の職員もここまでできるということを示すためにも、ちょっと緊張
　　　しながら気合を入れて仕事していたよね。

小関：大学院改革で実務家が働きながら大学院へ通えるようになったのは
　　　1990年代後半だとすると、天野先生が自治体職員、それも学士から大
　　　学教授になったのは前例がなかったのですね。

天野：そうかもしれないな。

先端行政研究会について

小関：それで、先端行政研究会のときは参加人数に変化があったのですか。

天野：増えている。ここで一区切りついたんで、解散して発展的解消というか

たちをとって、先端行政研究会になったんだ。それと、ここで、もっと若手を入れようということで、若手を入れて。この時に20人以上のメンバーになって、研究者を西尾先生[西尾勝]だけではなくて、もっと入れようということになって、武藤[武藤博己]さん、西尾隆さん、坪郷[坪郷實]さんだとか。

小関：このときの20名というのは、自治体職員のセレクションがあったのでしょうか。

天野：ない。武蔵野の私の場合には、企画課長をやっていたから、武蔵野市のエース級を送り込んだのね。小森[小森岳史]とかもそうだけど。他のメンバーも自分の自治体の職員を入れてきたんだよ。埼玉は鏡が熱心で、埼玉からいろんな人を連れてきたんだよね。そうこうしているうちに人数が多くなりすぎて、何人か調整したことはある。受け入れができない問題があったんだ。だから、新しく入ってきた清水君なんかは、入るのに試験があるんだなんて思っていた。そういう意味では、誰でも良いというのではないんだよ。

小関：清水さんは今、法政大の大学院で講師をされています。

天野：そうそう。

小関：先端行政研究会のときの20人は、メンバーの入れ替わりがあったのでしょうか。

天野：コアの部分は変わらない。通達研のメンバーで変わらず。実は、この本[自治体の先端行政]を出すときの名前を誰にするかというのが問題になって、松下圭一編になっているけれど、松下先生は「だめだ」と言ったんだよ。「俺はやらない」と。「市町村の職員の中から出せ」って言ったんだよ。私に「やれっ」て、いうことなんだよ。「自治体と政策法務」もそうだよ。

小関：松下先生は、研究会が書いた本にも名前は出さない方針だったのですね。

行政技術研究会について

小関：それでは、次に、こちらをお伺いして良いですか。その後、先端行政研究会から行政技術研究会になるわけですが、1991年12月まで先端行政研究会で、1992年1月に行政技術研究会へ移行した理由は何だったのですか？

天野：これは、「もっと人数を増やそうよ」というのと、「若手にもっとこういうこと［研究会］を知ってもらおうよ、研究者を目指す人がいたら手助けしようよ」というのが我々の意識の中にあったね。松下先生もその意識があった。

小関：会場は小金井ですか？部屋が狭くて人数が入らないのではないでしょうか。

天野：通達研究会の最初のうちは、そこではなくて国分寺の民間が経営している2階の会議室があって、そこでやっていた。1回1,000円くらいお礼して。小口が借りてきたのかな。それで、これを期に人数を増やすというんで、今の会場。あそこは30人くらい入るから。

小関：最初は国分寺でやって、その後に小金井へ移ったのですね。人数が20人くらいになって、その後にもっと増やそうということになって。でも、会の名称を変更する必要は無いような気がするのですが。

天野：大体、10年を目安に変えようということなんだ。発展的に解消しようということなんだよ。マンネリ化を恐れたんだね。その後、行政技術研究会は自治体学会の会報誌「行政技術」から名前を取ったんだよ［『自治体の行政技術（1988）』］。

小関：解散と出版、書籍のタイトルと次の会の名称のつながりが途絶えたと思っていたのですが、続いていたのですね。

天野：その時に、小口だとか、我々だとかが企画［自治体学会の企画委員］だとか編集委員に絡んでいたんだ。その時のテーマが行政技術で、自治体学

会でやったんだよ。それを名前に使ったんだね。

小関：本のタイトルから命名することが継承されていたのですね。その後は、行政技術研究会の活動が長いですね。

天野：そうそう。人を入れて、今は幽霊会員も増えているからね。それで、若手にどう繋げようかというのは我々の責任で、今は、5年以上出席してない人は整理しようと思ってるんだ。別に会員を切るのではなくて、通知を出さないけども、どうぞ、参加は自由にと。そういうソフトな運営をしていこうと考えている。

小関：それで、先生の著書『自治のかたち、法務のすがた』の中で、「よろしかったら一度ご参加ください」としているのですね。行政技術研究会から参加はオープンになったのですか？

天野：基本的にはオープン。だから、清水が「入りにくかった」だの、「テストがあった、ハードルが高いんだ」、「大変だった」というのは、結構、衝撃的に伝わったよ。

小関：研究会のメンバーは、みなさん、個性的ですね。

天野：個性的だよ。私だって、役所で半分浮いていた人間だから。

小関：次の研究会のメンバーを育てるのは難しくありませんか。

天野：そうなんだよ。だから私は、なるべく生意気なやつを連れてこいと言っているんだよ。「はいはい」と人のいうことを聞いているようじゃダメだと。

小関：松下先生は、自分のライバルを連れて来いと言っていたそうですね。

天野：そうそう。それなんだよ。あとは、自分の仕事を大事にする。それと同時に、尊敬できる人間を作る。私なんか、松圭ちゃんの格好から歩き方まで真似したからね。

小関：そうなのですか！

天野：ポケットに手を突っ込んで、歩く姿まで真似したからね。

小関：まるで、アイドルですね。

天野：そこまで徹底すれば、相手もわかるよ。こいつは、俺の真似をしている

なってわかって。いやな顔をしないよ。

小関：仕事を探求して、尊敬する人を作る。ですね。

研究会の秘匿性について

小関：次のテーマですが、革新自治体や地方の時代とか、地方自治が注目された1970年代の後半からは、自治体職員によるムーブメントがありました。1980年前後に、第1次自主研ブームとも呼ばれる、全国的な自治体職員の自主研究ブームが発生しています。当時の自主研究グループの活動状況について教えていただけないでしょうか。

天野：当時、手弁当で運営をしている自主研究会は数多くあったんだ。私自身も、昭和39（1964）年の入庁後、加藤良重さんや都庁の職員など、大学時代の仲間と一緒に法律の研究会を5年ほどやっていたんだよ。

小関：多摩の研究会の活動の前に、自主研活動をされていたのですね。その後、1980年代当時、自主研活動は職場ではどのような扱いだったのでしょうか。

天野：現在では、自主研究グループ活動は当たり前になっているけど、当時は自主研活動なんかをしていると、変わり者と言われて出世コースから外されるような雰囲気だったんだ。自主研なんかやったら、あの頃は変わり者か、それとも反体制派としか思われていない時代なんだよ。松下先生はものすごく人に気遣うタイプの先生だったから、私が目立っていたのもあって、「研究会に参加していることは言うな」と先生から、飲み会の時に何度も、いやっていうほど聞かされていたんだよ。

小関：市政研究グループの対談が掲載された1982年の『岐路に立つ自治体職員』では、メンバーの顔写真や所属などのプロフィールが掲載されています。その後、通達研究会で松下先生が、「研究会に参加していることを口外しない」と指示していた理由は何だったのでしょうか。

天野：松下先生からは、「松下研究会に入っているなどと言うと、出世が遅れる

から言うな」と言われていた一方で、先生は常に「職場では偉くなれ。そうすれば自分の考えた政策が実施できるようになるからだ」と言っていたんだ。事実、私が平成5年に企画課長になった際には、「そうかそうか、よかったな」と大変喜んでくれたんだよ。松下先生が通達研究会、先端行政研究会の存在自体を積極的に公表しなかったのは、メンバーが所属先で異端児扱いされることを避ける目的があったんだ。これは、松下先生から直接聞いて確認しているんだよ。松下先生と研究した自治体政策や制度設計を職場で実践するには、ある程度の権限を持った職位につく必要があるんだ。だから、将来、自治体の政策を担う職員の一員になれるよう、その機会が来るまでは、自主研究グループ活動のことは口外しないように言っていたんだよ。それは、職場で変わり者のレッテルを貼られないようにするための配慮であって、参加している自治体職員を守るためのものなんだ。

小関：行政技術研究会では基本的にはオープンに参加できるようになったとのことですが、多摩の研究会は秘密に包まれているようなイメージがあります。研究会の秘匿性について教えていただけないでしょうか。

天野：私が多治見市の講演会に登壇したのは、松下先生の推薦だったんだよ。その講演録を一般にブックレットとして販売したのが『自治のかたち、法務のすがた（2004）』。その中で、通達研究会の経緯や、西尾先生を先端行政研究会に誘ったいきさつと一緒に、「この研究会［行政技術研究会］は、会員の条件、資格など細かい会則はございませんので、よろしかったら一度ご参加ください」と書いたんだ。そして、ゲラの段階で松下先生に送って見てもらって、これで大丈夫かどうかということで、松下先生は何の反応もなくて、「よくできているから」ということなんだよ。普通、秘匿性があったら「そんなことを言っちゃだめだ」って松下先生が怒るはずなんだけど、何も言ってない。過去に一度だけ、私が松下先生にすごく怒られたことがあったんだけど、それは、雑誌にまちづくりのことを書いたら、少し松下理論と違ったのかもしれない。合宿に行く車の中で、み

んなの前で怒られたんだ。だから、研究会への参加をオープンに募る原稿を松下先生が読んで、気に入らなかったら隠しだてなんてしないよ。怒るときはちゃんと怒るんだよ。そもそも、松下先生は、研究会に秘匿性があるんじゃなくて、シャイな気持ちで「松下研究会に参加していることを公表すると、後の出世が遅れるよ。だから、君たちはこの研究会に入ったなんて言わないほうがいいよ」という、そういう軽い気持ちなんだよ。だから、秘匿性があるわけじゃないんだ。

小関：これまで秘匿性と思われていたのは、研究会の存在や活動を隠すものではなくて、参加している自治体職員を外部の軋轢から守るためのものだったのですね。

天野：そうそう。だから、「積極的には言わないほうがいいよ」、「松下先生が参加している研究会で自主研究活動をしているなんて、言わないほうがいいよ」というシャイの気持ちで言っているんだ。それが、秘匿性がある研究会というふうに誤解をしたのは、参加した一部の研究者なんだよ。「俺はメンバーなんだ」と。その反応も、「こういう研究会に入っているという事は、言うんじゃないよと、先輩から教えられて入ったんだ」という認識なんだよ。松下先生は、「松下研究会に入っていると、出世できないからやめとけ」というふうに、飲み会でよく言っていたんだ。それに、松下先生は「行政技術研究会の名刺を作ろう」と言っていたこともあるくらいなので、内緒でも何でもない。「研究会に入っていると、出世できないからやめとけ」と、言っているのはなぜかというと、真の意味は「通達や、上から言われた通りの仕事をやることがお前たちの仕事だ、余計なことを考えるな」というふうに考えるタイプの管理職と、勉強をするということ自体にアレルギーを持っているタイプの管理職と、［上司は］大きく２つに分かれるんだよ。要するに、新しいことをやるアレルギー。そういう時代だから、勉強会なんてとんでもない時代だったんだよ。それを、勉強会あるいは自主研究会［に参加する］っていうのは、革新としか思ってないわけだ。昔の我々以前に、研究会や勉強会だと称して、政党が自治

体の職員を集めて自主研修を、何か補助金を出してやっていた。だから、そういう面で[考えると]、手弁当で参加することが自主研究なんだよね。一定の政党なり思想なりに基づいて集まって勉強会をやるのは、自主研究会なのか。ということなんだよ。自主研究の要件というのは、手弁当で住民自治のために何ができるかということを、きちんと政策手段として考える。だから、制度設計、それから、政策実施手段。それを目指した研究会だったんだということだね。だって、彼らがやっていたのは。講師にもお金がどこかから出ているだろうしね。政党の勉強会じゃなくて、研究会と称した研修会だよね。自分の広告をするための研修会という位置づけなんだよ。昔は、[市役所内部では]勉強会なんかをやるような人間なんていうのは、とんでもない奴なんだよ。国から言われたことを通達通りにやればいいんだと。まぁ、こんなような感じが結構あったからね。今でも残ってるよね。

小関：当時、自主研究グループ活動をすることは、肩身の狭いものだったのですね。

天野：そうそう。それが当たり前だったんだよ。そういう事は、今でもあるよ。外部に向かって勉強をするだとか、研究会に参加してるだとか、積極的に喋って良いことはないんだよ。だから多分、そういうことを松下先生は慮って、「松下研究会に行っているということを、自慢げにしゃべるなよ」ということなんだよ。やっぱり、世の中の風潮は変わり者っていうふうに位置づけられているんだ。昔は自主研修だの研究会なんかやれば、変わりもので、当時、私が仕事で問題点を改善しようとすると、「いらない事はやらなくていい」なんて、怒鳴られたよ。それが当たり前だった。当たり前に、今までやっている通りのことをすればいいと。それだと人事異動の効果ってないんだよね。人事異動をなぜ行うかというと、新しい目で、今までの事務を正すという意味なんだ。だから、昔のままの通りやっていたら人事異動の効果って出てこないんだよね。

小関：そうですね。前例踏襲が繰り返されるだけです。

天野：だから、通達研究会の位置づけは、その背景にある前例踏襲主義の打破なんだよ。国が政策集団で、自治体は、ただ現場の実行集団に過ぎないという位置付けだったんだ。それを、「自治体も現場を踏まえた政策集団にしなければいけない」っていうのが、松下先生の主張なんだ。私は、専門家っていうのは実務家のことだと思う。学者は実務を知らない。私は学者と専門家を両方ともやってるから、両方の世界を熟知している。だから、そう思うよ。実務家というのは、それくらいの専門性を持ってる。

小関：そのような自治体の組織風土のなかで、自治体職員の高学歴化を背景に1980年代は全国的に自主研究グループが盛んになり、全国自主研究交流シンポジウム、全国自治体政策研究交流会議などの開催へ経て、自治体学会への設立に向かっていく時代でもあります。自治体学会の設立の発案は、松下圭一、鳴海正泰、森啓の3氏の会話が発端とされています。自治体学会の発案や設立への時期は、1980年代の自治体職員による自主研究グループ活動ブームや通達研究会の活動時期と重なっているのですが、松下先生が自治体学会を設立しようとした意義は、どのようなお考えだったのでしょうか。

天野：松下先生が自主研究活動を自ら実践して、自信を持って自治体学会を設立しようと思った背景は、多摩の研究会なんだよ。松下先生が、政策交流会議を自治体学会に発展させたのは、自治体職員が当たり前に研究のための学会に参加できる環境を作ったということなんだよ。松下先生は、自治体政策研究活動を行う自治体職員が、職場で変わり者扱いされない研究の場として、自治体学会を設立したということなんだ。

小関：その自治体学会設立と多摩の研究会の関係について、神奈川の動きを中心とした先行研究はあるのですが、松下先生を含めた多摩の研究会の動きについての先行研究が見つからないのですが、なにか理由をご存じでしょうか。

天野：そうでしょう。松下先生は表に出ることが嫌いなんだ。本来は自治体学会の初代会長にならないとおかしいのに、一切、表に出ていない。自治体

学会は松下先生の提案と主導により設立されたという事実を知っている自治体学会員は、今や皆無でしょう。通達研究会、先端行政研究会、行政技術研究会メンバーの非公開性も、松下先生の考えによるものだしね。松下先生は、自身が自治体学会の役職に就く代わりに、我々を委員として送り込んだんだよ。先生が生前に何度も言っていたのは、「君たちがきちんと育ってくれたから、自治体学会をつくろうと思ったのだ」ということなんだ。「君たちが育ったから、もう自治体学会を市町村が、こういう学会を運営できる能力ができるということを確信した」という意味なんだよ。

小関：松下先生は、自ら表に出ないことを決めた上で、自治体学会設立に望んだということでしょうか。今日は、貴重なお話をいただき、ありがとうございます。初めて知るお話ばかりで、消化不良気味ですが、内容を整理してきます。今日はありがとうございました。

天野巡一活動年表

1964 年 4 月	武蔵野市役所入庁
1979 年 10 月	通達研究会準備会参加（立川市民会館）
1980 年 8 月	通達研究会発足
1983 年 8 月	「許されぬ弁護士費用の公金支出」『地方行政』執筆
1985 年 7 月	『法律時報』連載執筆依頼
1985 年 10 月	自治体行政法務研究会発足
1986 年 7 月	通達研究会解散 「自治体法務行政の構築を」『自治体の先端行政 現場からの政策開発』執筆
1986 年 9 月	先端行政研究会発足
1986 年 10	『法律時報』連載開始（市町村職員初の法律専門誌執筆）
1988 年 7 月	『法律時報』連載終了
1988 年 7 月	「政策法務」造語（赤城山合宿）
1988 年	自治体行政法務研究会解散
1989 年 2 月	『政策法務と自治体』刊行
1990 年 7 月	自治体学会報告「個性化時代の自治体法務、政策法務」 自治体学会「政策法務分科会」設置

1991 年 12 月	先端行政研究会解散
1992 年 1 月	行政技術研究会発足
1993 年 4 月	武蔵野市企画課長
1994 年	宮城県市町村職員研修（全国初の政策法務研修）
1997 年 8 月	文部省大学設置審議会において教授資格ありと判定（M ○合）
1998 年 3 月	武蔵野市退職（水道部長）
1998 年 4 月	岩手県立大学総合政策学部教授
1998 年 10 月	岩手県市町村職員自主研究会設立
2004 年 3 月	『自治のかたち、法務のすがた』刊行
2005 年 10 月	岩手県自治体学会設立（基調講演：松下圭一）
2006 年 4 月	青森公立大学経営経済学部教授
2006 年 5 月	岩手県立大学名誉教授
2006 年 10 月	文部科学省大学設置審議会において博士後期課程教授の資格 ありと判定（D ○合） 青森県中央地区青森政策研究会設立（基調講演松下圭一）
2007 年 4 月	青森公立大学経営経済研究科博士後期課程教授
2010 年	青森町村会職員自主研究会発足　青森県町村会主催
2016 年 3 月	青森公立大学退職記念講演会「私と政策法務」（アピオあおもり）
2016 年 3 月	青森公立大学退職
2016 年 4 月	青森県市町村課政策法務塾発足（青森県市町村課主催）

参考文献

行政資料等

自治省（1997）「地方自治・新時代における人材育成基本方針策定指針について」自治省行政局公務員部長通知

自治省（1997）「地方自治・新時代に対応した地方公共団体の行政改革推進のための指針の策定について」自治事務次官通知

総務省（2004）「地方公務員法及び地方公共団体の一般職の任期付職員の採用に関する法律の一部を改正する法律の運用について」総務省自治行政局公務員部長通知

総務省（2005）「地方公共団体における行政改革の推進のための新たな指針」総務事務次官通知

書籍・論文等

秋吉貴雄・伊藤修一・北川俊哉（2015）『公共政策学の基礎［新版］』有斐閣

天川晃・稲継裕昭（2009）『自治体と政策』一般財団法人放送大学教育振興会

天野巡一（1986）「自治体法務行政の構築を」『自治体の先端行政』学陽書房

天野巡一（2004）『自治のかたち、法務のすがた ～政策法務の構造と考え方～』公人の友社

天野巡一・岡田行雄・加藤良重編著（1989）『政策法務と自治体』日本評論社

石川義憲（2007）「日本の地方公務員の人材育成」政策研究大学院大学比較地方自治研究センター

石森久広（2002）「自治体政策法務論の現況―自治立法権を中心に」『アドミニストレーション第9巻1・2合併号』熊本県立大学総合管理学会

稲継裕昭（2008）「プロ公務員を育てる人事戦略－職員採用・人事異動・職員研修・人事評価」ぎょうせい

江口清三郎（1986）「自治体職員と自治体学会」『いま草の根現場から自治体学の構築を』日本評論社

大島振作（1986）「自主・政策研究と職員研修」『自治体の先端行政』学陽書房

大塚信一（2014）「松下圭一 日本を変える―市民自治と分権の思想―」トランスビュー

大森彌（1985）「自治体職員による自主研究活動」『地域開発1985年1月号』日本地域開発センター

大森彌（1987）『自治体行政学入門』良書普及会

大森彌（2015）『自治体職員再論～人口減少時代を生き抜く～』ぎょうせい

大矢野修（2000）「自治体の政策研究と政策情報誌」『公共政策』日本公共政策学会

鏡諭編（2010）『総括・介護保険の10年〜2012年改正の論点〜』公人の友社

笠原英彦・桑原英明編著『公共政策の歴史と理論』ミネルバ書房

加藤年紀（2019）『なぜ、彼らは「お役所仕事」を変えられたのか？』学陽書房

加藤良重（2011）『なぜ自治体職員にきびしい法遵守が求められるのか』公人の友社

金井利之（2019）「自治体学会と自治実践研究・分権改革」『地方自治研究の30年』
　日本地方自治学会

関東自主研サミット（2013）『自主研等活動団体履歴書集』関東自主研サミット実行
　委員会

神原勝・辻道雅宣（2016）『戦後自治の政策・制度辞典』公人社

木佐茂男（1996）「自治体法務とは何か」『地方自治土曜講座ブックレット No.6』北海
　道町村会企画調査部

経済評論増刊（1986）『いま草の根の現場から自治体学の構築を』日本評論社

現代都市政策研究会（2008）『30周年記念誌　どうするこれからの自治体〜新分権時
　代の行政改革と自治体、市民、職員の今後のあるべき姿を探る』現代都市政策研究
　会

現代都市政策研究会（2017）『都市研40周年記念シンポジウム新しい世代につなぐ』
　現代都市政策研究会

公務職員研究協会（1982）『地方自治職員研修臨時増刊号 No.10 岐路に立つ自治体職員』
　公務職員研究協会

小関一史（2019）「自主研究活動と自治体政策研究の展開 ―多摩地区の自治体職員に
　よる政策研究会の活動と関与―」法政大学大学院修士論文

後藤好邦（2021）『「知域」に1歩飛び出そう！　ネットワーク活動で広がる公務員ラ
　イフ』ぎょうせい

自治体学会編（1988）『自治体の行政技術』良書普及会

自治体活性化研究会（1987）『アイデア行政　条例・要綱・規則』総合労働研究所

自治体活性化研究会編著（2019）『自治体職員かく生きる』一般社団法人生活福祉研
　究機構

椎川忍（2012）『地域に飛び出す公務員ハンドブック』今井書店

椎川忍ほか（2021）『飛び出す！公務員　時代を切り拓く98人の実践』学芸出版社

清水英弥（2000）「行政政策研究会」『Think-ing 第2号』彩の国広域連合自治人材開
　発センター

田口富久治（2001）「戦後日本における公共政策学の展開」『政策科学8(2)』立命館大
　学

田村明・森啓・村瀬誠（1986）『自治体における政策研究の実践－ローカル・ガバメ
　ントの展望を拓く－』総合労働研究所

地方自治体活性化研究会（1984）『自主研究実践ハンドブック－地方自治体活性化の
　ために』総合労働研究所

地方自治職員研修（1982）『臨時増刊号 No.10 岐路に立つ自治体職員』公務職員協会

土山希美枝（2017）「松下圭一『都市型社会論』の成立―大衆社会論から都市型社会

　論へ一」『法學志林第 114 巻第 3 号（第 780 号）』法政大學法學志林教會

堤直規（2018）『公務員の出世の作法』学陽書房

東京市政調査会（2009）『地方自治を掘る』東京市政調査会

東京自治体学フォーラム実行委員会（1986）『東京自治体学フォーラム』時潮社

東京大学先端科学技術研究センター牧原出研究室編集（2018）『西尾勝オーラル・ヒ
　ストリー 1』東京大学先端科学技術研究センター

中西規之（2003）「都市シンクタンク論序説 -- 現状と課題」『都市とガバナンス / 日本
　都市センター 編 4 号』』日本都市センター

鳴海正泰（2012）「自治体学会に今求められるもの」『自治体学 VOL.25-1』自治体学
　会

鳴海正泰（2013）「覚書　戦時中革新と戦後革新自治体の連続性をめぐって－都政調
　査会の設立から美濃部都政の成立まで－」『自治研かながわ月報第 141 号 2013 年 6
　月号』公益社団法人神奈川県地方自治研究センター

鳴海正泰（2015）「松下先生と自治体学会の設立課程」『自治体学 VOL.29-1』自治体
　学会

鳴海正泰（2016）「松下圭一の『自治体改革・都市政策論』の源流－ 1960 年代・戦後
　日本の転換期のなかで－」『自治研かながわ月報第 160 号 2016 年 8 月号』公益社団
　法人神奈川県地方自治研究センター

西尾勝（1999）『未完の分権改革』岩波書店

西尾隆（2016）『現代の行政と公共政策』一般財団法人放送大学教育振興

西尾勝（1988）「自治型の行政技術」『自治型の行政技術』良書普及会

西尾勝（2008）『行政学［新版］』有斐閣

日本評論増刊（1986）『いま草の根の現場から自治体学の構築を』日本評論社

橋本勇（2016）『新版　逐条地方公務員法〈第 4 次改訂版〉』学陽書房

昼間守仁（2015）「松下圭一先生のタカラの言葉」『自治体学 VOL.29-1』自治体学会

広瀬創一（2014）「地域の健全な水環境の維持・保全に関する研究 ─政策法務的な視
　点から─ 」長崎大学大学院生産科学研究科 (博士論文)

牧瀬稔（2017）「自治体シンクタンク（都市シンクタンク）の過去、現在、未来」『都
　市とガバナンス Vol.27』日本都市センター

牧瀬稔（2018）「自治体シンクタンクの設置傾向と今後に向けた展望」『公共政策志林
　6 巻』法政大学公共政策研究科『公共政策志林』編集委員会

松下圭一編（1971）『市民参加』東洋経済新報社

松下圭一（1987）『都市型社会の自治』日本評論社

松下圭一（1991）『政策型思考と政治』財団法人東京大学出版会

松下圭一（1996）「基調講演　日本の公共政策研究」『日本公共政策学会会報 No.1』日
　本公共政策学会

松下圭一（1999）『自治体は変わるか』岩波書店

松下圭一（2006）『現代政治＊発想と回想』財団法人法政大学出版局

松下圭一（2010）『自治体改革＊歴史と対話』財団法人法政大学出版局

松下圭一（2015）『松下圭一＊私の仕事―著述目録』公人の友社

松下圭一編（1980）『職員参加』学陽書房

松下圭一編（1986）『自治体の先端行政　現場からの政策開発』学陽書房

松下圭一・西尾勝・新藤宗幸（2002）『岩波講座　自治体の構想3　政策』岩波書店

御厨貴（2002）『オーラル・ヒストリー　現代史のための口述記録』中央公論新社

御厨貴編（2007）『オーラル・ヒストリー入門』岩波書店

御厨貴編（2019）『オーラル・ヒストリーに何ができるか―作り方から使い方まで』岩
　波書店

水戸市政策研究会『水戸市政策研究会のススメ　令和元年度新メンバー募集案内』

溝口泰介（2005）「地方分権時代における自主研究活動とその支援のあり方」福岡県市
　町村研究所研究年報

光本信江（2013）「構想・計画と法務」『シリーズ　自治体政策法務講座・第4巻　組織・
　人材育成』ぎょうせい

宮本憲一（2019）「地方自治研究史私論―日本地方自治学会創立の意義と課題―」『地
　方自治研究の30年』日本地方自治学会

宮本憲一（1986）『地方自治の歴史と展望』自治体研究社

宮本憲一編（2005）『日本の地方自治　その歴史と未来』自治体研究社

森啓（1992）『自治体の政策研究―職員研究所の改革問題―』公人の友社

森啓（2000）『職員の政策水準　如何にして上昇した』公人の友社

森啓（2003）『自治体の政策形成力』時事通信社

森啓（2006）『自治体学の20年・自治体学会設立の経緯』公人の友社

森啓（2014）『自治体学とはどのような学か』公人の友社

森啓（2022）『自治体学理論の系譜　歩みし跡を顧みて』公人の友社

山口道昭（2013）『シリーズ自治体政策法務講座第4巻組織・人材育成』ぎょうせい

山梨学院大学行政研究センター（1997）『分権段階の自治体と政策法務』公人の友社

横須賀徹（2017）「社会構造の大変革期に正面から次の時代に向けて発信した松下圭一」
　『法學志林第114巻第3号（第780号）』法政大學法學志林教會

和田裕生（1997）「地方公共団体職員の人材育成」『地方自治 No.593』地方自治制度
　研究会 / 編

新聞・雑誌記事等

天野巡一・岡田行雄・加藤良重（2012）「政策法務の成り立ちと法務研修」『自治体法
　務 NAVI 2012年2月25日発行 vol.45』第一法規

天野巡一（2012）「政策法務と東京三多摩地区研究会の系譜」『自治体法務 NAVI 2012
　年3月第45号』第一法規

小口進一・塩原恒文・田村明・平出宣一・大森彌（1981）「地方公務員の思想と行動」『ジュ
　リスト増刊総合特集 No.22 地方の新時代と公務員』有斐閣

鏡論（2014）「職員の政策研究～市職員として、介護保険原点の会のメンバーとして」『地
　方自治職員研修2月号』公職研

川口和夫（1981）「自治体職員の「自主研究」活動の現状と課題」『ジュリスト増刊総合特集 No.22 地方の新時代と公務員』有斐閣

ぎょうせい（2004）「『もの言わぬ公務員』から『良いことを言い実行する公務員へ』」『ガバナンス 2004 年 12 月号』ぎょうせい

ぎょうせい（2015）「もっと自治力を 水戸市政策研究会」『ガバナンス 2015 年 3 月号』ぎょうせい

自治体活性化研究会（1989）「自主研究活動は職員・自治体をどう活性しうるか」『月刊自治研 8 月号 31 巻 8 号 No.359』自治研中央推進委員会事務局

鈴木庸夫（1995）「自治体の政策形成と政策法務」『判例地方自治 1995 年 5 月 133 号』地方自治判例研究会

須藤文彦（2015）「政策法務研究グループ紹介 水戸市政策研究会」『政策法務ファシリテータ Vol.46』第一法規

地方自治通信（1985）「地方自治通信 1985 年 2 月 183 号」地方自治センター

地方自治通信（1986）「地方自治通信 1985 年 3 月 183 号」地方自治センター

地方自治通信（1986）「地方自治通信 1986 年 2 月 195 号」地方自治センター

鳴海正泰（2007）「自治体学会設立で開いた扉」『都市問題 2007 年 11 月号』後藤・安田記念東京都市研究所

古川康（2012）「飛び出す公務員を応援する首長連合への参加を」『都市とガバナンス第 17 号』日本都市センター

畑和（1986）「知事あいさつ」『地方自治通信 1986 年 2 月 No.195』地方自治センター

ホームページ等

一般財団法人地域活性化センター「地域に飛び出す公務員ネットワークメーリングリストサービス管理運用規程」https://www.jcrd.jp/publications/pdf/tobidasu_unyoukitei.pdf（閲覧日：2022 年 4 月 5 日）

一般財団法人地域活性化センター HP「地域に飛び出す公務員ネットワーク」https://www.jcrd.jp/publications/network/（閲覧日：2022 年 4 月 5 日）

一般社団法人日本経営協会 HP「職員の人材育成に関するアンケート調査報告書」http://www.noma.or.jp/Portals/0/999_noma/pdf/result200903_02.pdf（閲覧日：2021年 5月 31日）

大熊由紀子 ゆき.えにしネット HP「物語・介護保険 第 63 話 燃えた市町村職員たち（月刊・介護保険情報 2009 年 10 月号）」http://www.yuki-enishi.com/kaiho/kaiho-63.html（閲覧日：2022 年 4 月 5 日）

オンライン市役所 HP https://www.online-shiyakusho.jp/（閲覧日：2022 年 4 月 5 日）

加藤年紀「Forbes JAPAN 公務員イノベーター列伝『敷居は低く、志は高く』東北から広がる公務員ネットワーク」 https://forbesjapan.com/articles/detail/19567/1/1/1（閲覧日：2022 年 4 月 5 日）

関西テレビ「報道ランナー」2022 年 1 月 25 日放送「『オンライン市役所』休日に集う公務員たち 自治体の枠を超えた情報交換 ワクチン 3 回目接種を成功に導け」

https://www.ktv.jp/news/feature/220125/（閲覧日：2022年4月5日）

現代都市政策研究会HP「都市研20年の歩み」http：//www.geocities.co.jp/ WallStreet/3999/（閲覧日：2019年2月11日）

コミックマーケット公式サイト「コミケッとスペシャル5in水戸アフターレポート」 https://www.comiket.co.jp/info-a/CS5/CS5AfterReport.html

自治体職員有志の会HP「自治体職員有志の会の概要」https://sites.google.com/site/ cdkikaku/home（閲覧日：2021年5月31日）

自治体ワークスWEB「縦割り社会を飛び出して悩みやアイデアを共有する『オンライ ン市役所』とは」https://jichitai.works/article/details/466（閲覧日：2022年4月5日）

旬刊旅行新聞「『ホルグ代表加藤年紀氏に聞く』自治体支援で幸福度向上を」http:// www.ryoko-net.co.jp/?p=20882（閲覧日：2022年4月5日）

政治山「創業から売上ゼロ！『地方創生』ではなく『地方自治体』にこだわる社会起業家」 https://seijiyama.jp/article/news/nws20170607.html（閲覧日：2022年4月5日）

総務省HP「地方行政運営研究会第13次公務能率研究部会報告書」https://www. soumu.go.jp/news/971127b-1.html（閲覧日：2022年4月5日）

総務省「地方公共団体における人材育成・能力開発に関する研究会 令和元年度報告書」 https://www.soumu.go.jp/main_content/000677545.pdf（閲覧日：2022年4月5日）

総務省「通信利用動向調査」https://www.soumu.go.jp/johotsusintokei/statistics/ statistics05.html（閲覧日：2022年4月5日）

地方公務員オンラインサロン HP https://community.camp-fire.jp/projects/ view/111482（閲覧日：2022年4月5日）

日テレNEWS「公務員が知見持ち寄る「オンライン市役所」」https://news.ntv.co.jp/ category/society/881221（閲覧日：2022年4月5日）

日テレNEWS「公務員の能力が1%上がれば社会はさらに―」https://news.ntv.co.jp/ category/society/392797（閲覧日：2022年4月5日）

北海道自治体学土曜講座・最終回『松下圭一理論の今日的意義』―「シビルミニマム 論と市民参加・職員参加論」西尾勝（東京大学名誉教授） https://www.youtube. com/watch?v=BECnKLnuN1w（閲覧日：2022年4月5日）

宮﨑伸光研究室HP http://nmiya.ws.hosei.ac.jp/html/Activity/v9asociety.html#asociety_ midashi（閲覧日：2019年12月22日）

よんなな会HP http://47kai.com/（閲覧日：2022年4月5日）

【著者略歴】

小関　一史（こせきかずし）

1971 年埼玉県深谷市生まれ
法政大学大学院公共政策研究科公共政策学専攻修士課程修了。
　現在、埼玉県東松山市生涯学習部きらめき市民大学事務局長、法政大学大学院公共政策研究科博士後期課程在籍。
　［共著］
『クイズde 地方自治：楽しむ×身につく！自治体職員の基礎知識』『クイズde 地方自治』制作班編　公職研（2023）
　［主要論文］
「自主研修・政策研究活動報告 運営者から見た、自主研修活動のリアル：公務員人生におけるサードプレイスのススメ」『Think-ing 彩の国さいたま人づくり広域連合政策情報誌』彩の国さいたま人づくり広域連合事務局政策管理部政策研究担当編（2018）
「自治体政策研究史における多摩の研究会」『公共政策志林』法政大学公共政策研究科『公共政策志林』編集委員会（2021）

自治体職員の「自治体政策研究」史
松下圭一と多摩の研究会

2023 年 3 月 28 日　第 1 版第 1 刷発行
　　　　著　者　　小関　一史
　　　　発行人　　武内　英晴
　　　　発行所　　公人の友社
　　　　　　　　　〒 112-0002　東京都文京区小石川 5-26-8
　　　　　　　　　TEL 03-3811-5701　FAX 03-3811-5795
　　　　　　　　　e-mail: info@koujinnotomo.com
　　　　　　　　　http://koujinnotomo.com/
　　　　印刷所　　倉敷印刷株式会社

ISBN978-4-87555-894-1　C3030